Franziska Schößler

Einführung in das bürgerliche Trauerspiel und das soziale Drama

Einführungen Germanistik

Herausgegeben von
Gunter E. Grimm und Klaus-Michael Bogdal

Franziska Schößler

Einführung in das bürgerliche Trauerspiel und das soziale Drama

Wissenschaftliche Buchgesellschaft

Einbandgestaltung: Neil McBeath, Stuttgart.

Die Deutsche Bibliothek verzeichnet diese Publikation
in der Deutschen Nationalbibliografie;
detaillierte bibliografische Daten sind im Internet über
http://dnb.ddb.de abrufbar.

Gedruckt auf säurefreiem und alterungsbeständigem Papier
Printed in Germany

Besuchen Sie uns im Internet: www.wbg-darmstadt.de

ISBN 3-534-16270-6

Inhalt

I. Gattungsbegriff 7

II. Forschungsbericht 12

III. Methoden der Interpretation 16
1. Sozialgeschichtliche Ansätze 16
2. Kulturwissenschaftliche Ansätze 20
3. Gender Studies 24

IV. Gattungstheorien 29
1. Mitleidsdramaturgie und die Entdeckung des Individuums (Lessing) 29
2. Offene Formen und die Poetik der Determination (Lenz) . . . 34
3. Das epische Theater und die Abschaffung des Individuums (Brecht) 38

V. Geschichte der Gattung 44
1. Genese und Varianten des bürgerlichen Trauerspiels im 18. Jahrhundert 44
1.1 Die Dramen Lessings 47
1.2 Die Dramen des Sturm und Drang 52
2. Radikalisierungen im 19. Jahrhundert 63
2.1 Soziale Miseren von Büchner bis Hauptmann 64
2.2 Das hohe Pathos der Kleinbürger bei Hebbel 72
3. Soziale Programme im 20. Jahrhundert 76
3.1 Sozialdramen der Zwischenkriegszeit 77
3.2 Arbeit und Familie nach 1945 84
3.3 Soziale Dramen der 1990er Jahre 93

VI. Einzelanalysen repräsentativer Werke 96
1. Jakob Michael Reinhold Lenz: *Die Soldaten* 96
2. Gerhart Hauptmann: *Die Weber* 109
3. Marieluise Fleißer 123
3.1 *Fegefeuer in Ingolstadt* 123
3.2 *Pioniere in Ingolstadt* 132

Kommentierte Bibliographie 139

Register 155

I. Gattungsbegriff

Wer ist tragikfähig?

Seit Mitte des 18. Jahrhunderts bis zur Gegenwart lässt sich ein zentrales Anliegen in der deutschsprachigen Dramatik ausmachen, das mit unterschiedlichen Gattungsbezeichnungen belegt wurde – das Anliegen, die durch gesellschaftliche Entwicklungen benachteiligten, von politischen wie wirtschaftlichen Ressourcen ausgeschlossenen Bevölkerungsschichten tragikfähig zu machen, d. h. als tragische Gestalten auf der Bühne zu präsentieren. Lässt sich das durch Diderot, Mercier und Lillo beeinflusste deutsche bürgerliche Trauerspiel als Versuch beschreiben, den Bürger zum Gegenstand des Mitleidens zu machen, so zeichnet sich das soziale Drama des 19. und 20. Jahrhunderts durch das Bestreben aus, dem gegen das Bürgertum scharf abgegrenzten vierten Stand, den Proletariern und Kleinbürgern, tragische Dignität zukommen zu lassen. *Tertium comparationis* von bürgerlichem Trauerspiel, dessen (quantitative) Marginalität (es werden hauptsächlich zwei Stücke Lessings, *Kabale und Liebe* von Schiller und Hebbels *Maria Magdalena* dazu gerechnet) vielfach betont wird (Rochow, 1999), und sozialem Drama, das bis in die Gegenwart hinein als aktuell gelten kann, ist der Versuch, gesellschaftlich eindeutig positionierte, genauer: unterprivilegierte Figuren in den Raum des tragischen Pathos zu überführen. Die auf ästhetischer Ebene gestellte Frage: „Wer ist tragikfähig?" ist also immer zugleich auch eine gesellschaftliche, ist die Frage nach der ästhetischen Sichtbarkeit von Randgruppen, nach ihrer Partizipation am (hoch-)kulturellen Repräsentationssystem und seinen Pathosformeln, denen in besonderem Maße ästhetischer Ausdruckswert zugesprochen wird. In Hettners *Ästhetischen Untersuchungen* heißt es in Zusammenhang mit Hebbels bürgerlichem Trauerspiel *Maria Magdalena*: „Nur Könige oder bedeutende geschichtliche Helden sollten ein bedeutendes, weltbewegendes Schicksal haben? Und in der Enge häuslicher Kreise sollte kein großes, gigantisches Schicksal sein, sondern nur niedriger Jammer und prosaisches Elend? Unbegreifliche Kurzsichtigkeit! Durchzuckt ein großer Schmerz nicht alle Teile des Körpers gleichmäßig und oft den unscheinbarsten Nerv am allermächtigsten? Wo ist derjenige, der sich heut vor uns hinstellen könnte, ohne daß er stolz oder beschämt gestehen müßte, auch in seinem Inneren suche sich die furchtbare Tragödie der Gesellschaft ihr Opfer?" (Hettner 1924, 75) Durch die Übernahme tragischer Ausdrucksformen, beispielsweise der Tragödie, wird mithin die bürgerliche Lebensform nobilitiert und mit Pathosformeln, mit Ausdrucksenergien, versehen. Ganz in diesem Sinne hält Brecht über die Genese des bürgerlichen Trauerspiels im 18. Jahrhunderts fest: „Die Wirklichkeit betritt die Bühne, das heißt, die Klasse betritt sie, die anfängt, die Wirklichkeit zu bestimmen. Dabei tritt ein eigentümlicher Widerspruch auf. Einerseits wird die vornehme Bühne mit einem gewissen Behagen entweiht durch die ordinäre Redeweise der Plebs, aber zugleich erhält doch auch diese Plebs ihre Weihe, indem sie sich der bisher monopolisierten gehobenen Formen bedient. Sie entwickelt, das Zeremoniell der herrschenden Klasse verhöhnend, sofort ihr eigenes Pathos." (Brecht 1967, 362 f.) Zu berücksichtigen ist, dass es in aller Regel bürgerliche Autoren sind, die sich zum Sprachrohr von Minori-

Die Sichtbarkeit von Randgruppen

Projektionsstrukturen

täten machen; damit werden die Unterprivilegierten zum Gegenstand projektiver Zuschreibungen (Bogdal 1978, 1991). Vor allem im Kontext der sozialen Dramen manifestiert sich neben dem Interesse der Autoren an Verfallserscheinungen, Abstiegsgeschichten und plebejischem Milieu die Berührungsangst mit eben dieser Sphäre. Die Geschichte des bürgerlichen Trauerspiels und des sozialen Dramas bleibt also im Wesentlichen eine des Bürgertums und seiner Ausdrucksformen.

Das Problem der Fallhöhe

Dieses Ringen um Pathos ließe sich umgekehrt auch als Suche nach bedeutungsstiftenden Konfliktstoffen beschreiben, die der bürgerlichen Lebensform auf den ersten Blick nicht genuin zu sein scheinen. Bereits Herder weist auf das ästhetische Dilemma hin, „daß je geordneter die Menschen und die Staaten werden, der Zunder zur tragischen Flamme sich mindre." (Herder 23 1877/1913, 389) Ist die bürgerliche Kultur „und war stets vornehmlich Erwerbskultur", wie sich mit Dosenheimer formulieren ließe (Dosenheimer 1949, 10), so lässt sich die pathetische Erhabenheit dieser Existenz durchaus in Frage stellen, wie beispielsweise Schopenhauer und Grillparzer anregen. „Schopenhauer will zwar das bürgerliche Trauerspiel keineswegs unbedingt verwerfen, auch sei das Objekt, wodurch menschliche Leidenschaften ins Spiel gesetzt werden, gleichgültig, 'und Bauernhöfe leisten so viel wie Königreiche'. Trotzdem seien Personen von großer Macht und Ansehen eher für die Tragödie, 'nicht weil der Rang dem Handelnden oder Leidenden mehr Würde gibt', sondern weil 'von der Höhe der Fall am tiefsten ist. Den bürgerlichen Personen fehlt es demnach an Fallhöhe'." (Dosenheimer 1949, 13) Es ist also das Gesetz der Fallhöhe, das gegen eine bürgerliche Tragödienproduktion Einspruch erhebt. Die 'bürgerliche Tragödie' steht unter dem Legitimationsdruck, das tragische Konfliktpotenzial bürgerlicher Existenz plausibel zu machen. Entsprechend wird über die Jahrhunderte hinweg wiederholt die Debatte aufflackern, woher das bürgerliche Drama seinen Konfliktstoff beziehe – aus äußeren Determinanten oder aber aus immanenten Strukturen; letzteres erhebt Hebbel zum Maßstab eines gelungenen bürgerlichen Trauerspiels.

Die Familie als Sujet

Das bürgerliche Trauerspiel und das soziale Drama lassen sich noch in anderer Hinsicht, in Hinsicht auf ihr Sujet – die Familie –, verbinden. Bereits Szondi hält in seiner Vorlesung *Die Theorie des bürgerlichen Trauerspiels im 18. Jahrhundert* fest, dass Diderots *Père de famille* am Anfang einer Tradition stehe, „welche die Geschichte des neueren Dramas wesentlich mitbestimmt hat: der Tradition des Familiendramas, man denke an Hebbels *Maria Magdalena*, an Strindbergs *Vater*, Tschechows *Drei Schwestern* […] – einer Tradition, in der das, was Diderot als höchstes Gut gilt, als der einzige Ort, an dem der Mensch glücklich sein kann [gemeint ist die Familie; Anm. v. Verf.], allmählich zur Hölle pervertiert." (Szondi 1973, 126) Jenseits des gemeinsamen Themas Familie führt eine weitere Linie von der Gattung des bürgerlichen Trauerspiels zum sozialen Drama: „Moderne Dramatiker, die sich von bloß privaten Themen abwenden wollten und dezidiert politische Wirkungen anstrebten [wie z. B. Brecht, Hacks, Kipphardt, Bruckner, die Adaptionen von Lenz' und Wagners Stücken vornehmen; Anm. v. Verf.], konnten an diese Texte anknüpfen" (Jacobs 1983, 297) – gemeint sind die bürgerlichen Trauerspiele des 18. Jahrhunderts. Die Gattung des bürgerlichen Trauerspiels vermag also auch zum sozialen Drama mit politischer Zielrichtung transformiert zu werden. Das Trauerspiel, wird es nicht streng an „normgebenden Mustern orientiert" (Jacobs 1983, 294), entfaltet eine ganze Genealogie an dramatischen Varianten, die ihren Fokus im (tragischen) Familialen wie in der gesellschaftlichen Depravation finden. Mit McInnes, der ebenfalls eine Linie vom Sturm und Drang zu den Dramen des Jungen Deutschland und Hauptmann zieht, ist jedoch festzuhalten: „It is not possible, however, to see this as a clear, unbroken development. Looking at the period as a whole, the concern with social drama, critical and creative, appears indeed as rather fitful and fragmented." (McInnes 1976, 1)

Gesellschaftliche Umstrukturierungen

Die Geschichte des bürgerlichen Trauerspiels und des sozialen Dramas kann dabei aus zweifacher Perspektive präsentiert werden. Zum einen lassen sich diese Gattungen auf Verschiebungen und Umschichtungen innerhalb der bürgerlichen Gesellschaft zurückführen, zumindest indirekt. So können die Stücke des ausgehenden 18. und beginnenden 19. Jahrhunderts als Indikatoren der krisenhaften Formation des Bürgertums gelesen werden, das sich zu Beginn des 19. Jahrhunderts als (wirtschafts-)liberalistisches zu etablieren beginnt; die gesellschaftliche Hierarchie verschiebt sich vom Stand zur Klasse und wird durch neue Ordnungsfunktionen wie z. B. das naturalisierte Geschlechtermodell organisiert. Stehen in den bürgerlichen Trauerspielen wie *Emilia Galotti* die Standesgegensätze auf dem Prüfstand und spielen diese auch noch in Lenzens Drama *Der Hofmeister* eine Rolle, so tritt die ökonomische Misere als Movens der dramatischen Entwicklung zunehmend in den Vordergrund. In Büchners *Woyzeck*, einem Drama, dem „die Entdeckung des *Geringen*" gelingt, wie Elias Canetti betont (Canetti 1975, 220f.), ist die Ökonomie zum Schicksal, zum Fatum, geworden. „Die Armut steht im *Woyzeck* logisch an dem Ort, an dem in der attischen Tragödie das 'Schicksal' steht: sie ist die Prämisse des tragischen Syllogismus." (Glück 1986, 194) Das bürgerliche Trauerspiel wie das soziale Drama gewähren also Einsicht in die 'Anatomie' der sich formierenden bürgerlichen Gesellschaft, das heißt auch in ihre disziplinatorischen wie normalisierenden Mechanismen, um mit Foucault zu sprechen. Die Tatsache, dass das bürgerliche Trauerspiel zum Ende des 18. Jahrhunderts nahezu verschwindet und das soziale Drama im Verlauf des 19. Jahrhunderts an dessen Stelle tritt, lässt sich dabei auf die 'Konsolidierung' bürgerlicher Werte und die Zementierung ökonomisch sanktionierter Grenzziehungen zurückführen. Nicht mehr der dritte Stand muss sich um die Partizipation an ästhetischen Pathosformeln bemühen, sondern die Repräsentanz des vierten 'Standes', genauer: der Bauern, Arbeiter, Kleinbürger und Angestellten, wird zum Einspruch gegen etablierte Ausdruckssysteme. Dem sozialen Anliegen dieser Dramenformen entspricht, dass sich Autoren und Autorinnen immer wieder, und zwar bis ins 20. Jahrhundert hinein, mit dem Mitleidsethos Lessings auseinandersetzen und den Schwund dieser Haltung diagnostizieren, die die 'bürgerliche Monadologie', die Abtrennung der Individuen voneinander, kompensieren sollte. Oder aber das Mitleidsethos Lessingscher Provenienz wird als affirmative Ideologie eines bürgerlichen Illusionstheaters entlarvt, das mit den gesellschaftlich-sozialen Realitäten (trotz entgegengesetzter Behauptung) nichts gemein hat – so

Ökonomie als dramatisches Subjekt

verdeutlicht die immanente Poetik in Büchners *Woyzeck* ebenso wie die theoretischen Überlegungen Brechts.

Inneraästhetische Revisionen

Darüber hinaus lässt sich die Geschichte des bürgerlichen Trauerspiels und des sozialen Dramas auch als die Suche nach neuen Ausdrucksformen beschreiben, als eine Folge von innerästhetischen Revisionen und Überschreitungen: Die Gattung des bürgerlichen Trauerspiels fußt auf einem Verstoß gegen die klassizistische Regelpoetik, die die niederen Stände eindeutig der Komödie zuordnet; Lessings Trauerspiel lässt sich als Transformation der klassischen Tragödie lesen, auf die es bezogen bleibt. Zu berücksichtigen wäre also, in welcher Weise die Stücke auf Vorgänger und Traditionen rekurrieren. Dieser Blickwinkel bietet sich auch im Kontext des 20. Jahrhunderts an, da es wiederholt zu kommentierenden Gattungszitaten, ja Persiflagen des bürgerlichen Trauerspiels kommt wie beispielsweise bei Kroetz und Fassbinder. Zugleich bieten die beiden Gattungen einen Einblick in diverse dramentechnische Strategien, in spezifische Bauformen des Dramas, die, z. T. jedenfalls, als Verstoß gegen etablierte Gattungsnormen zu beschreiben sind. Insgesamt reichen die dramatischen Formen von der Guckkastenbühne, also einem Illusionismus, wie ihn Diderot zur Propagierung bürgerlicher Werte entwickelt, bis zu offenen Bühnenarrangements, die sich an Jahrmarktsspektakeln orientieren (*Woyzeck*), Liedeinlagen integrieren oder auch Kurzszenen montieren (Lenz). Die niedrige soziale Stellung der *dramatis personae*, ihre Sprachohnmacht, ihre Determiniertheit, bringt vor allem im sozialen Drama offene Formen mit sich. Steht ein handlungs- und sprachunfähiges Objekt den abstrakten Verhältnissen gegenüber, geht es also eigentlich nicht um die Tragik- , sondern die „Quälfertigkeit" der Figur, wie es Hugo Aust nennt (Aust, Haida, Hein 1989, 286), so tendiert das soziale Drama grundsätzlich zu epischen Formen, wie sie Peter Szondi in seiner *Theorie des modernen Dramas* beschrieben hat; es weist offene wie analytische Strukturen auf und zeichnet sich durch eine innovative Sprachpraxis aus, die beispielsweise im Naturalismus als phonographischer Stil bezeichnet wird. Entwickelt wird in den sozialen Dramen also eine Poetik aus dem Geist der Determiniertheit.

Dramenformen

Das neue Volksstück

Das soziale Drama weist nicht nur eine gewisse Nähe zum bürgerlichen Trauerspiel auf, sondern lässt sich auch vom neueren, kritischen Volksstück, dem ebenfalls an sozialen Themen gelegen ist, nicht eindeutig abgrenzen. Den Autoren und Autorinnen der 20er und 30er Jahre z. B. gilt das Volksstück als „unbeschönigende, entlarvende Darstellung der alltäglichen, modernen, geschlossenen Gesellschaft (unter besonderer Berücksichtigung ihrer schwachen Exponenten) auf ästhetisch hohem Niveau" (Aust, Haida, Hein 1989, 283). Damit ist diese Gattung für eine Geschichte der sozialen Dramatik gleichermaßen relevant, zumal das Volksstück ähnlich wie das soziale Drama – Hauptmanns *Rose Bernd* z. B. – zuweilen ausdrücklich an die Tradition des bürgerlichen Trauerspiels anknüpft. Im folgenden werden also auch diejenigen Stücke berücksichtigt, die gemeinhin dem neuen Volksstück zugeordnet werden, die Dramen von Horváth, Fleißer, Kroetz und Fassbinder.

Auswahlkriterien

Wird in der vorliegenden Untersuchung insgesamt an dem relativ standardisierten Kanon von bürgerlichem Trauerspiel und sozialem Drama festgehalten, obgleich die Forschung immer wieder auf das Problem der Auswahl hingewiesen hat, so deshalb, weil damit die komplexesten Dramen erfasst sind, die zwar einerseits die Gattung etablieren, andererseits aber das damit verbundene Ethos einer Kritik unterziehen. Anders als die grassierende Trivialdramatik zum Ausgang des 18. Jahrhunderts, die das Tugend-Laster-Schema ungebrochen reproduziert, formulieren die Dramen der Höhenkammliteratur, obgleich sie die kulturelle Identität des Bürgertums sichern, eine Kritik an eben dieser gesellschaftlichen Ordnung.

II. Forschungsbericht

Die Forschung zum bürgerlichen Trauerspiel ist umfangreich, beschränkt sich jedoch, der üblichen Gattungsdefinition entsprechend, auf das 18. Jahrhundert; im letzten Kapitel der Darlegung von Christian Rochow, der ökonomische Aspekte sowie die disziplinatorischen Effekte dieser Gattung berücksichtigt (Rochow 1999, u.a. 11), wird der Niedergang der Gattung im ausgehenden 18. Jahrhundert thematisiert. Insgesamt sind es im Wesentlichen drei Kontroversen, die im Zusammenhang mit dem bürgerlichen Trauerspiel ausgetragen werden.

Trauerspiel und Empfindsamkeit

In der zweiten Hälfte der 60er Jahre steht vornehmlich das Verhältnis von bürgerlichem Drama und Empfindsamkeit zur Debatte. Einschlägig ist die Studie von Lothar Pikulik, der den Klassenbezug des bürgerlichen Trauerspiels in Abrede stellt und die Empfindsamkeit für „eine im Kern unbürgerliche Erscheinung" hält (Pikulik 1966, 170), die klassenungebundene, allgemeinmenschliche Werte propagiert. Er hält fest, dass die Ursache des Trauerspiels „nicht, wie es der Name der neuen Gattung dem Leser des 19. und 20. Jahrhunderts irreführender Weise nahe legt, eine Erstarkung des bürgerlichen Selbstbewußtseins" (Pikulik 1966, 170) sei. Sauder hingegen betont die enge Verbindung von 'erstarkendem Bürgertum' und Empfindsamkeit (Sauder 1980). Diskutiert wird in der Forschung also, wie das Verhältnis von literarischer Produktion und gesellschaftlicher Realität zu beschreiben sei, ob es sich bei dem bürgerlichen Trauerspiel um einen Spiegel gesellschaftlicher Wirklichkeit handle oder um eine innerästhetische Innovation.

Literatursoziologische Ansätze

Vornehmlich in den zahlreichen sozialgeschichtlichen, literatursoziologischen wie marxistisch ausgerichteten Studien wird der enge Bezug zu gesellschaftlichen Entwicklungen betont, so in den Untersuchungen von Georg Lukács, Arnold Hauser (1953, 87f.), Peter Szondi, Wolfgang Schaer (1963) und Peter Weber (1970) – die in der DDR entstandene Arbeit Webers knüpft an die von Franz Mehring begründete sozialistische Lessing-Forschung an und betont die gesellschaftspolitische Orientierung des bürgerlichen Trauerspiels. Allerdings wird das Verhältnis von Gesellschaft und Literatur in diesen Arbeiten unterschiedlich bewertet. Nimmt Lukács z.B. an, dass das bürgerliche Trauerspiel das erste Drama sei, „welches aus bewußtem Klassengegensatz erwachsen ist; das erste, dessen Ziel es war, der Gefühls- und Denkweise einer um Freiheit und Macht kämpfenden Klasse, ihrer Beziehung zu den andern Klassen, Ausdruck zu geben" (Lukács 1961, 277), so vertritt Szondi die Auffassung, dass dieser Klassengegensatz nicht unmittelbar in den Dramen ausgetragen wird, sondern in poetologische Innovationen übersetzt wird; „zwischen dem historisch-sozialen Prozeß, dem Aufstieg des Bürgertums, und seinem Ausdruck im Drama [bestehe] ein sehr viel weniger direktes Verhältnis", als Lukács postuliere (Szondi 1973, 19). Diese Grundannahme einer eher indirekten, ästhetisch vermittelten Verbindung von Drama und gesellschaftlicher Wirklichkeit gilt auch für diejenigen Studien, die die in den Dramen entwickelte und problematisierte Familienkonzeption in den Blick nehmen (Saße 1988);

Patriarchale Familienkonstellationen

Jürgen Jacobs z.B. konzentriert sich auf die Figur des Vaters als moralisches, emotionales und rechtliches Zentrum und beschreibt seine paradoxale Stellung zwischen Emotionalität und Autorität (Jacobs 1984). Sörensen liest die Trauerspielproduktionen als Reflexionen auf eine problematische patriarchale Familiengeschichte: Wenn das „organische Gebilde" der patriarchalen Familie an einer Stelle gestört wird, „wird man nach Chr. Wolff sehen, 'wie das eine unordentliche immer mehr unordentliches nach sich ziehet, nicht allein bey der Person, die es thut, sondern auch bey den übrigen' (§ 202). Die bürgerlichen Trauerspiele und die Familiendramen des 18. Jahrhunderts muten wie Exemplifizierungen dieser Worte an, denn fast immer nimmt hier der Konflikt seinen Ausgangspunkt in einer Störung der familialen Ordnung." (Sörensen 1984, 17) Neuerdings wird diese Familienkonstellation unter *gender*-Aspekten behandelt. Die Untersuchung von Susanne Komfort-Hein beispielsweise legt ihren Fokus auf die Grenzziehungen zwischen den Geschlechtern, die sich in den Dramen abzeichnen und die Ständegrenzen zu substituieren beginnen (1995).

Revision der literarischen Tradition

Die Gegenposition zu dieser Forschungstradition geht von der Frage aus, ob die Gattung nicht jenseits von sozial-gesellschaftlichen Prozessen als literaturimmanente Innovation zu beschreiben sei. Richard Daunicht (1963) z. B. dementiert den zentralen Einfluss gesellschaftlicher Verhältnisse; Horst Steinmetz betont den engen Zusammenhang von bürgerlichem Trauerspiel und heroischer Tragödie (1987, u. a. 71) und führt das partielle ästhetische Misslingen der neuen Gattung auf diesen Bezug zur heroischen Tragödie zurück. „So ist es eben der tragische Duktus, der das bürgerliche Trauerspiel als Kunstwerk ins Zwielicht geraten läßt." (Steinmetz 1987, 72) Rosmarie Zeller rekonstruiert vor dem Hintergrund eines semiotischen Ansatzes die innerliterarischen Veränderungen gattungsästhetischer Normen (1988), und Gisbert Ter-Nedden fokussiert die Übernahme klassischer Tragödienmuster in Lessings psychologisierenden Dramen (1986).

Trivialdramen

Zudem wird wiederholt darüber diskutiert, welche Dramen dieser Gattung zuzurechnen seien. In seinem einschlägigen und überaus instruktiven Einführungsband erstellt Karl S. Guthke eine Typologie derjenigen Motive und Personen, die insbesondere in den 'trivialen' Versionen der Gattung zu finden sind. Geschildert wird gemeinhin ein Familienkreis; der versuchte Eintritt in die galante, große Welt löst meist die Tragödie aus. Im Zentrum steht nicht selten ein junges Mädchen, dessen Liebhaber in der Regel empfindsam und tugendhaft ist; breit ausgemalte Sterbeszenen sind beliebt, ebenso tableauartige Schlussauftritte (Guthke 1994, 62 f.). Seiner Typologie schließt Guthke eine Liste der im 18. Jahrhundert als bürgerliche Trauerspiele bezeichneten Dramen an (1994, 66 f.). Guthke weist darauf hin, dass die Konzentration auf eine geringe Anzahl an Höhenkammdramen problematisch sei, hält jedoch apologetisch fest: „So unreflektiert dieser traditionelle Konsensus ist – eine als Handbuch gedachte Darstellung hat keine Wahl, als sich ihm prinzipiell, wenn auch nicht unkritisch, anzuschließen." (Guthke 1994, 3) Gleiches gilt für die vorliegende Untersuchung. Die Konzentration auf einige wenige Kanondramen, wie sie in der Forschung vielfach herrscht, kritisiert Cornelia Mönch mit Nachdruck. Sie stellt eine Liste derjenigen Autoren und Autorinnen zusammen, die die Gattung weiter fassen und damit für ihre Studie vorbildlich sind (1993, 52);

Höhenkammdramen

zu diesen zählt Mönch z. B. Karl Eibl (1984). Mönch betont die Diversität der rezeptionsästhetischen Modelle, die die bürgerlichen Trauerspiele umsetzen; J. G. B. Pfeils *Lucie Woodvil*, ein Drama, das Lessings Erstling *Miß Sara Sampson* in vielem gleicht, ist beispielsweise nach dem moraldidaktischen Muster der poetischen Gerechtigkeit konstruiert, nach dem das Laster bestraft, die Tugend belohnt wird. Lessing hingegen folgt in *Miß Sara Sampson* einer Mitleidsdramaturgie, die den Nexus von Unglück und Verdienst/Tugend verlangt (Mönch 1993, 44). Mönch analysiert eine 225 Titel umfassende Dramenliste, die Christian Heinrich Schmid 1798 zusammengestellt hat. Aus diesen zum Großteil vergessenen Stücken extrapoliert Mönch eine Typologie, die sie gegen die kanonisierten Texte des bürgerlichen Trauerspiels abgrenzt. Die Untersuchung von Brenner zu Lessing, die vor allem bislang eher vernachlässigte literaturkritische und religionspolemische Schriften des Autors untersucht, schließt sich Mönchs Kritik an, stellt entsprechend Lessings Vorreiterrolle im Kontext des bürgerlichen Trauerspiels in Frage und verweist auf die zahlreichen trivialdramatischen Produktionen (Brenner 2000, 222).

Soziales Drama und neues Volksstück

Auch die Forschung zum sozialen Drama, das teilweise mit dem Gattungsbegriff des neuen Volksstücks zusammenfällt, ist umfangreich, wie die Metzler-Einführung von Thomas Schmitz dokumentiert (Schmitz 1990). Zum Kanon dieser Untersuchungen gehören meist die Stücke von Fleißer, Brecht, Horváth, Kroetz, Turrini, Sperr etc., Autoren, die in der instruktiven Studie über das Volksstück von Hugo Aust, Peter Haida und Jürgen Hein ebenso behandelt werden (Aust, Haida, Hein 1989, 282 f.) wie in der Untersuchung von Eva Kormann (1990); diese Dissertation leistet eine Bestandsaufnahme der Autoren und Autorinnen der 70er Jahre und ist vor dem Hintergrund des Informationsvergabemodells von Pfister angelegt. Zu nennen wären zudem die Arbeiten von Peter Schaarschmidt (1973), Walter Dimter (1977) und Herbert Herzmann (1997). Herzmann beschäftigt sich vor allem mit dem Altwiener Volksstück, dessen Tradition er bis zu Dramen wie z. B. Jelineks *Burgtheater. Eine Posse mit Gesang* fortgesetzt sieht. Ursula Hassel (2001) verfolgt ebenfalls die Linie, die vom bürgerlichen Trauerspiel zum Wiener Volkstheater und kritischen Volksstück führt, wie auch ihre Aufsatzsammlung, die sie zusammen mit Herbert Herzmann herausgegeben hat (1992). Torsten Bügner behandelt Kroetz, Sperr, Fassbinder sowie Wolfgang Bauer und betont den Einfluss des Fernseh-Volksstücks auf das Drama von Kroetz und Sperr (1986, 63 f.); Hajo Kurzenberger legt eine Studie zum Volksstück vor, in der er Horváth im Kontext von Handke behandelt (Kurzenberger 1974, 70 f.). In diesen Studien wird also vielfach die Gattungslinie vom Altwiener Volksstück zum neuen der 20/30er Jahre und der 70/80er Jahre verfolgt, wie beispielsweise auch in der Aufsatzsammlung von Jürgen Hein (1973). In der vorliegenden Untersuchung werden vor allem diejenigen Dramen des neueren Volksstückes vorgestellt, die in einem engen Bezug zur Tradition des bürgerlichen Trauerspiels stehen, also Kroetz' Hebbel-Adaption *Maria Magdalena* sowie Fassbinders Drama *Bremer Freiheit*, das mit „bürgerliches Trauerspiel" untertitelt ist.

Soziales Drama und bürgerliche Lebensform

Die Darstellung von Elise Dosenheimer, die das soziale Drama zum Thema hat und einen Bogen von Lessing zu Sternheim spannt, kann in gewissem Sinne als vorbildlich für die vorliegende Einführung gelten. Denn auch Dosenheimer versteht die diversen dramatischen Gattungen – das bürgerliche Trauerspiel, das soziale Drama des Jungen Deutschland, das naturalistische und expressionistische soziale Drama – als Ausdrucksformen eines gemeinsamen sozialen Anliegens sowie einer genuin bürgerlichen Lebensform. In einem eröffnenden Kapitel beschreibt sie das Leistungsethos des Bürgertums sowie seine rationalistisch-puritanischen Überzeugungen als Bedingungen, die die bürgerliche Tragödie ermöglichen: „Es handelt sich also bei der Geburt einer bürgerlichen Tragödie um zwei Erfordernisse: nicht nur um ein Bürgertum, das einen Gehalt für sie bieten konnte, sondern auch um eine Theorie, die ihm das Recht auf tragische Symbolisierung zusprach, die es tragisch 'hoffähig' machte." (Dosenheimer 1949, 15) Allerdings können die Interpretationen, die Dosenheimer vorlegt, als veraltet gelten.

Das Ringen um kulturelle Repräsentanz

Die vorliegende Einführung versucht also aus einer Perspektive, die Literatur als kulturellen Ausdruck bürgerlicher (Macht-)Verhältnisse deutet, die traditionellen Gattungsgrenzen durchlässiger zu machen. Wird die Frage gestellt: „Wer ist tauglich, zu leiden?", „Wer ist tragikfähig?", so lassen sich bürgerliches Trauerspiel und soziales Drama als verwandte Spielarten behandeln; es lässt sich eine gemeinsame Geschichte der Deklassierung und des Ringens um (ästhetischen) Ausdruck, um kulturelle Repräsentanz, rekonstruieren.

III. Methoden der Interpretation

Von der Sozialgeschichte zur Kulturwissenschaft

Wie der Überblick über die zentralen Forschungsdebatten zeigt, wird im Kontext des bürgerlichen Trauerspiels und des sozialen Dramas vor allem ein Methodenstreit ausgetragen: Die Interpreten und Interpretinnen führen die Entstehung der Gattung entweder auf immanente ästhetische Prozesse zurück, behandeln die Werke mithin als autonome, von gesellschaftlichen Vorgängen abgelöste Produkte. Oder aber die Dramen werden als komplexe Aushandlungsorte gesellschaftlicher Interessen verstanden. Dieser letztere Ansatz, die sozialgeschichtliche Methode, die sich seit den 1970er Jahren als innovatives Verfahren der Analyse durchgesetzt hat, soll im Folgenden vorgestellt werden, ebenso die aktuellen 'Versionen' dieses Ansatzes; gemeint sind die kulturwissenschaftlichen Positionen, die seit Ende der 90er Jahre intensiv diskutiert werden, an sozialgeschichtliche Tendenzen durchaus anschließen, allerdings von anderen Prämissen ausgehen: An die Stelle des homogenen Systems Gesellschaft und eines kontinuierlich sowie textunabhängig gedachten Geschichtsprozesses tritt ein plurales Feld von Texten, das das literarische Produkt als heterogene Landschaft umgibt und zu diesem in einem Verhältnis des Austausches steht. Die kulturwissenschaftlichen Positionen nehmen also gleichfalls eine Kontextualisierung des literarischen Produktes vor, allerdings ist sowohl das Text- wie das Gesellschafts- und Geschichtsmodell ein anderes (Huber/Lauer 2000). Als eine Variante dieser kulturwissenschaftlichen Positionen werden in einem dritten Abschnitt zentrale Konzepte der Gender Studies skizziert, die sich für die Analyse von bürgerlichen Trauerspielen und sozialen Dramen deshalb anbieten, weil diese Gattungen im Namen von Minoritäten entwickelt werden, und dazu gehört auch Weiblichkeit.

1. Sozialgeschichtliche Ansätze

Wechselwirkungen

Grundlegend für diese Konzepte ist „die Annahme von Wechselwirkungen zwischen Literatur und Geschichte, zwischen (literarischem) Text und (sozialem) Kontext“ (Wechsel 1996, 447). Allerdings gibt diese Vorstellung einer „Wechselwirkung“ zwischen Kunst und Gesellschaft in theoretischer Hinsicht einige Probleme auf; zu entscheiden ist beispielsweise, welcher Begriff von Gesellschaft zugrunde gelegt wird. Meist wird Gesellschaft als institutionell verfasstes System definiert; zentral für die sozialgeschichtliche Literaturinterpretation ist die Berücksichtigung von institutionellen Bedingungen der Literatur, wie sie beispielsweise auch die empirische Literatursoziologie untersucht. Sozialgeschichtlich ausgerichtete Literaturgeschichten behandeln also immer auch die Produktions- und Distributionsbedingungen von literarischen Texten, weil diesen Faktoren eine grundlegende Funktion innerhalb des ästhetischen Prozesses zugeschrieben wird: Nicht zuletzt das Publikum, die Verlage sowie die Herstellungsbedingungen entscheiden darüber, was und wie geschrieben wird. Grimmingers mehrbändige Sozialgeschichte ist entsprechend zweiteilig angelegt: „Einleitende Teile behandeln politische, ökonomische und gesell-

Distributions- und Produktionsbedingungen

schaftliche Verhältnisse, soziale Mentalität und literarische Kultur einer Epoche in ihrem Zusammenhang. Die Institutionen der Öffentlichkeit – so der literarische Markt, die Bildungsinstitutionen und Medien – spielen dabei eine besondere Rolle. Sie sind der Literatur nicht äußerlich, sondern prägen ihre Qualität und ihren Umfang sowie die Art ihrer Rezeption in jeder Epoche entscheidend." (Grimminger 1980, 8) Erst im Anschluss an diese Informationen folgen Aufsätze zu einzelnen Gattungen und Autoren. So geht den Ausführungen über das bürgerliche Trauerspiel ein Kapitel über die Geschichte der Institution Theater voraus, das den Wandel von der Wanderbühne zum Hof- und Nationaltheater beschreibt (Meyer 1980), d.h. die Aufwertung des Theaters zu einer regelmäßigen Schaubühne mit didaktischem Anspruch. Diese Nobilitierung des (bürgerlichen) Theaters, seine Funktion als Erziehungsinstanz sowie die Errichtung fester Bühnen stehen in engem Zusammenhang mit der Genese des bürgerlichen Dramas. Das Theater, ein 'öffentliches' Ritual, wird als eine Art Gegenöffentlichkeit zum höfischen Milieu verstanden und muss deshalb aufgewertet werden. Die Bühne fungiert als „Öffentlichkeitsersatz", wie u.a. in dem Bildungsroman *Wilhelm Meisters Lehrjahre* von Goethe deutlich wird (Habermas 1962, 27). Die Institution Theater stellt also eine wesentliche Rahmenbedingung für die dramatische Produktion dar. Wird Literatur als institutionell verankerte Ausdrucksform betrachtet, so können im übertragenen Sinne auch Gattungen als *„literarisch-soziale Institutionen"* gelten, die sich zwischen Institutionalisierung und Entinstitutionalisierung bewegen (Voßkamp 1977, 30). Literarische Gattungen regeln diejenigen Selektionsstrukturen, die Text- und Lesererwartungen in entscheidendem Maße prägen; auch die Rezeption von Texten wird institutionell geleitet. Grimminger hält im Vorwort seiner Sozialgeschichte fest: „Gattungen sind keine 'Naturformen' der Literatur, sondern sozialgeschichtlich labile Konventionen literarischer Verständigung über eine problematische Lebenswirklichkeit, motiviert durch geregelte Erwartungen des Publikums an literarische Verständigungsakte und durch das Selbstbewußtsein der Autoren." (Grimminger 1980, 11)

Die Institution Theater

Die Institution Gattung

Berücksichtigt die Sozialgeschichte vornehmlich die institutionellen Rahmenbedingungen von Kunst, so liegt diesem Fokus eine zentrale Prämisse zugrunde: Es wird davon ausgegangen, dass gesellschaftliche Prozesse in ganz fundamentaler Weise von ökonomischen Interessen dominiert werden; der sozialgeschichtliche Ansatz geht den komplexen Interferenzen zwischen „Marktentwicklung und Ideologiegeschichte" nach (Schulte-Sasse 1980, 465). So wird das bürgerliche Gleichheitspostulat als ideologisches Pendant des kapitalistischen Tauschaktes verstanden, und das intime bürgerliche Leben, das sich von Marktverhältnissen unabhängig dünkt, als „tief in den Bedürfnissen des Marktes verstrickt" (Habermas 1962, 74). Die sozialgeschichtlichen Untersuchungen zum Drama und spezifischer zum bürgerlichen Trauerspiel profilieren entsprechend die ökonomischen Aspekte dieser bürgerlichen Ausdrucksformen sowie des Begriffes „bürgerlich" überhaupt. Schulte-Sasse liest diesen Terminus in seinen Ausführungen über die Frühaufklärung nicht nur als Bezeichnung für den dritten Stand, sondern der Begriff verweise „auf ein wirtschaftliches Interesse an der Entwicklung von Handel und Manufakturwesen" (Schulte-Sasse 1980,

Ökonomie als Fundament

426). Die bürgerliche Forderung nach einer moralischen Erziehung, wie sie die literarischen Werke der Zeit zum Ausdruck bringen, führt Schulte-Sasse auf die „veränderten, komplexer gewordenen Marktverhältnisse" zurück (1980, 426). Denn die Vertragsabschlüsse, *das* Fundament ökonomischer Transaktionen, bedürfen nicht nur ihrer juristischen Absicherung, können nicht nur zwischen rechtlich gleichgestellten Partnern abgeschlossen werden – einer der ökonomischen Aspekte des bürgerlichen Gleichheitspostulats –, sondern verlangen zusätzlich eine moralische Sicherung. Die moralischen Tugenden, die die literarischen Werke propagieren, sind zugleich ökonomische. Dieser „öffentlichen Einübung ökonomisch zweckgerichteter Tugenden dient auch die Aufführung moralischer Schauspiele" (Schulte-Sasse 1980, 428).

Talcott Parsons

Werden die gesellschaftlichen Prozesse in sozialgeschichtlichen Darstellungen unter dem Primat des Ökonomischen bewertet, so ist der Versuch unternommen worden, dieses recht monolithische Gesellschaftskonzept zu differenzieren. Das Münchner Forschungsprojekt zur Sozialgeschichte der Literatur, das eine interdisziplinäre Vernetzung von Literatur-, Geschichts- und Sozialwissenschaften anstrebt, legt den Ansatz von Talcott Parsons zugrunde (von Heydebrand, Pfau, Schönert 1988), der Gesellschaft in diverse (Sub-)Systeme aufgliedert. Wirklichkeit bedürfe bestimmter Selektionen, um überhaupt als intersubjektive erfahrbar zu werden und gemeinsames Handeln zu ermöglichen. Diese Selektionen werden über Systeme institutionalisiert, die sich im Verlauf der Gesellschaftsentwicklung vervielfältigen und ausdifferenzieren. Parsons setzt vier Subsysteme voneinander ab, nämlich Ökonomie, Politik, gesellschaftliche Gemeinschaft und Sozialkultur. „Das Sozialsystem Literatur stellt in diesem Modell ein Subsystem des Subsystems Sozialkultur dar. Als Sozialsystem verstanden, wird Literatur nun nicht mehr auf den Text als ästhetisches Gebilde beschränkt. Dieser geht indessen aus sozialen Handlungen hervor, für die er zugleich auch Ausgangspunkt ist." (Wechsel 1996, 452) Die Systeme sind untereinander vernetzt und zeichnen sich durch Tauschbewegungen aus. Sozialer Wandel, der z. B. auch die Genese und Modifikation von Gattungen mit sich bringt, wird als Prozess der Ausdifferenzierung von Systemen verstanden. Es liegt auf der Hand, dass dieses Gesellschaftskonzept insbesondere für das 18. Jahrhundert herangezogen werden kann, da in dieser historischen Phase eine stratifikatorische, in Schichten organisierte Gesellschaft einer funktional ausdifferenzierten weicht; die gesellschaftliche Umstrukturierung führt „zu deutlichen Grenzverschiebungen im semantischen Gelände, das jetzt nach Maßgabe moderner Subsysteme und Mediencodes neu vermessen und verteilt wird" (Schwanitz 1996, 276 f.). Entsprechend artikulieren die bürgerlichen Trauerspiele Friktionen zwischen den diversen ausdifferenzierten gesellschaftlichen Subsystemen, z. B. zwischen orthodoxer Religion und dem empfindsamen Familienethos wie in Schillers *Kabale und Liebe* und bereits in *Miß Sara Sampson* – hier gehen Anthropologie und Theologie eine „provokante Symbiose ein" (Fick 2000, 127).

Ausdifferenzierung der Systeme

Kritik am Theorem der Widerspiegelung

Jenseits der Frage, wie Gesellschaft zu definieren sei, ist für den sozialgeschichtlichen Ansatz ein zweiter Aspekt zu klären, nämlich die Frage, in welchem Verhältnis Gesellschaft und Literatur stehen. Diese Relation wird, wie angedeutet, gemeinhin als Wechselwirkung, als doppelte Bewegung, beschrieben: Literatur bildet nicht nur, so die ältere Version, soziale Verhältnisse ab (im Sinne einer Widerspiegelungstheorie), sondern beeinflusst ihrerseits diese Kontexte. Allerdings wird die Annahme eines mimetischen Verhältnisses zur Wirklichkeit vielfach abgelehnt, denn Literatur sei nicht im Sinne eines planen Sozialreports mit den gesellschaftlichen Verhältnissen identisch; bereits die Selektionen, die in einem literarischen Text notwendigerweise unternommen werden, verhindern, dass der Text zu einem Abbild sozialer Zustände wird. Grimminger hält fest: „[L]iterarische Texte [sind] nie schlechterdings damit [mit den historisch bestehenden Möglichkeiten des Bewusstseins und Handelns in der Gesellschaft; Anm. v. Verf.] identisch, und gerade die 'hohe' Literatur weicht wegen ihrer ästhetisch und philosophisch besonderen Qualität sowohl von den Bestimmungen sozialer Praxis als auch vom Bewußtsein, das dieser zugeordnet zu sein pflegt, meist erheblich ab. [...] Die *Sozialgeschichte der deutschen Literatur* verfolgt das Ziel, Literaturgeschichte gerade in ihrer mehrdeutigen Beziehung zur historischen Lebenspraxis zu erschließen." (Grimminger 1980, 7) Literatur soll trotz ihrer Bezugnahme auf gesellschaftliche Realitäten als genuines Artefakt wahrnehmbar bleiben, auch deshalb, weil allein diese Differenz das ästhetische Werk zum kritischen Instrumentarium werden lässt, um gesellschaftliche Entfremdungszusammenhänge sichtbar zu machen (Grimminger 1980, 8).

Rezeptionsästhetik

Um den problematischen Bezug zwischen literarischem Werk und gesellschaftlichen Kontexten zu präzisieren, könnte der rezeptionsästhetische Ansatz von Wolfgang Iser herangezogen werden, mit dem einige der sozialgeschichtlichen Untersuchungen operieren (Saße 1996). Iser versucht, den Konnex zwischen literarischem Text und seinem „außertextuellen" Bezugsrahmen – ein Begriff des Prager Strukturalismus – zu klären, also das Phänomen zu beschreiben, dass sich Literatur auf außerliterarische Sachverhalte bezieht, doch die „vielen außertextuellen Bezugnahmen vom Text selbst wiederum nicht so gemeint sind, wie sie in ihrer textunabhängigen Gegebenheit erscheinen" (Iser 1975, 280). In *Akte des Fingierens. Oder: Was ist das Fiktive im fiktionalen Text?* entwickelt Iser ein Transgressionssystem mit verklammernden Abstufungen, das zum einen die Differenz zwischen poetischem Werk und außerästhetischen Wirklichkeiten, Lebenswelten, wie er es nennt, erklärt, zum anderen dem Analogie-Prinzip zwischen Wirklichkeit und Poesie Rechnung trägt. Das Werk, so Iser, nehme zum einen auf außerästhetische Wirklichkeitssysteme Bezug, indem der Text „als Schnittpunkt der Schemata konstituiert [wird], die den verschiedensten Diskursen aus der Textumwelt entnommen" sind (Iser 1983, 132). Es werden mithin Elemente einer „identifizierbare[n] soziale[n] Wirklichkeit" (Iser 1983, 122) in das literarische Œuvre eingearbeitet. Zugleich wird der Text von den Wirklichkeitssystemen durch bestimmte Akte der Selektion, der Kombination und der „Entblößung" abgelöst – dieser Begriff bezeichnet nach Iser den autoreferentiellen Aspekt fiktiver Texte (Iser, 1983, 136). Das literarische Werk zeichne sich durch sein Vermögen aus, Realität oder auch Diskurse scheinbar zu verdoppeln und doch zugleich Differenzen zur Ursprungssphäre, zum referenziellen Gegenstand, herzustellen, und zwar durch die Akte der Selektion und Kombination. Diese Strategien suspendieren die unmittelbare Referenzialität des Materials, führen zu einer Überschreitung der aufgenommenen Wirklichkeitselemente, zu ihrer „Dekomposition", wie Iser es nennt. Saße, der eine sozialgeschichtliche Studie zum Drama des 18. Jahrhunderts vorlegt und sich an Isers rezeptionsästhetischem Ansatz orientiert, beschreibt diesen Vorgang als mimetische Reflexion des Kunstwerks: „Vor die Ordnungszusammenhänge der Lebenswelt schiebt sich die ästhetische Ordnung eines Werks, das mit Hilfe von Partikeln der außerästhetischen Umwelt einen Sinnzusammenhang formiert, der die Realitätsmomente durch die Einordnung in einen fiktionalen Kosmos von ihren gesellschaftlich eingespielten Bedeutungen löst und der Kritik aussetzt. [...] durch die Transformation des Historisch-Faktischen in ein Ästhetisch-Fiktionales [kann] ein Bedeutungsraum entstehen, der in seiner semantischen Differenz zu den aufgerufenen Bezugssystemen deren Problemüberhang erfahrbar macht, ohne dies diskursiv auszusprechen." (Saße 1996, 66) Profiliert wird also der gesellschaftliche Bezug der Literatur, ohne die Spezifik des ästhetischen Mediums zu nivellieren. In Saßes Untersuchung wird auf diese Weise deutlich gemacht, dass die problematischen Bindungen, die in den Dramen des 18. Jahrhunderts vorgeführt werden, zum einen das neu entstehende Konzept der Liebesehe dokumentieren, zugleich jedoch die Paradoxien und Brüche dieser Vorstellung sichtbar werden lassen, mithin als kritische Kommentare fungieren.

Mimetische Reflexion

Bezüge zu gesellschaftlichen Realien

Für die sozialen Dramen, die im 19. Jahrhundert entstehen, allem voran für die naturalistischen Stücke, liegt die Bedeutung von gesellschaftlichen Realien, von sozialen Phänomenen, auf der Hand. Im Naturalismus wird das ästhetische Programm einer 'realistischen' Literatur entwickelt, die sich an spezifischen Milieus, an Alltagserlebnissen und Alltagssprache orientiert. „Die realistische Avantgarde will den unmittelbaren Kontakt zum Leben, zur Realität des Alltags, herstellen und Anstöße zur Gestaltung dieser Wirklichkeit geben. Im Zeichen der Einbindung der Literatur in den sozialen, soziokulturellen Kontext der Epoche erfolgt die Absage an den Kult des vom Leben losgelösten, einsamen Genies." (Meyer 2000, 64) Die naturalistischen Dramen werden entsprechend meist im Kontext der industriellen Revolution, der Proletarisierung von Bevölkerungsschichten, der sozialen Misere in großen Bereichen des Kleinbürgertums etc. situiert und interpretiert.

2. Kulturwissenschaftliche Ansätze

Diskurspluralität

Der relativ monolithische Begriff von Gesellschaft, der den sozialgeschichtlichen Interpretationen gemeinhin zugrunde liegt, erfährt eine differenzierende Modifikation in denjenigen Ansätzen, die Gesellschaft als plurales Ensemble von Diskursen betrachten, die also, vor dem Hintergrund eines semiotischen Konzepts, auch Praktiken und kulturelle Ausdrücke, die nicht im engen Sinne als Texte zu verstehen sind (Feste z. B.), als Zeichenarrangement lesen und Tauschbeziehungen zwischen diesen Segmenten annehmen. Geschichte kann damit nicht mehr als Bewegung verstanden werden, die von Texten unabhängig ist, sondern erscheint als Raum, in dem diskontinuierliche Diskursverschiebungen stattfinden. Dieser Ansatz bringt es mit sich, dass nicht von gesellschaftlichen Tatsachen gesprochen werden kann, die ihrerseits die literarischen Texte prägen, sondern gesellschaftliche Praktiken und literarische Produkte werden gemeinsam unter dem Begriff der Kultur gebündelt, wobei sich Kultur im wesentlichen durch ihre imaginativen Konstruktionen auszeichnet. Kultur produziert imaginäre Sinnzuschreibungen und bietet imaginäre Identitätskonzepte an. Vor diesem Hintergrund lässt sich das zentrale Familienkonzept der bürgerlichen Gesellschaft, das, zum Teil jedenfalls, in den bürgerlichen Trauerspielen und sozialen Dramen verhandelt wird, neu bewerten. Das Familienkonzept ist aus kulturwissenschaftlicher Perspektive nicht als „biologische Tatsache oder eine gesellschaftlich festgelegte Institution" zu betrachten, sondern als „eine kulturelle Erfindung, die sich erst nachträglich als naturgegeben oder als gesellschaftlich notwendig ausgibt, in ihrer Konstruiertheit jedoch nicht weniger, sondern eher größere Realität gewinnt" (Erhart 2001, 8). Ein kulturwissenschaftlicher Ansatz lässt die Geschichte des Bürgertums also als Geschichte seiner Phantasmagorien und heterogenen kulturellen Imaginationen in Erscheinung treten, die in immer neuen komplexen Prozessen ausgehandelt, etabliert und verworfen werden. Denn in den kulturwissenschaftlichen Theorien wird gemeinhin davon ausgegangen, dass Kultur kein essentialistischer, statischer Begriff ist, sondern dass kulturelle Repräsentationen in permanenten Aushandlungsprozessen performativ, also durch Handlungen, bestimmt werden und in einem Feld von Machtinteressen situiert sind; kulturelle Äußerungen entstehen relational, d.h. durch Abgrenzungsmechanismen (Bourdieu). Die grundlegende Tendenz, die sich für die kulturwissenschaftlichen Positionen aus historischer Perspektive abzeichnet, führt von einer marxistisch ausgerichteten Theorie hegemonialer Kultur (Gramsci) in den 50er Jahren (Birmingham Centre for Contemporary Cultural Studies) zu pluralistischen Konzepten, die ein komplexes Gewebe von Subkulturen und Kulturen annehmen und den Tauschbewegungen sowie den Hybridisierungstendenzen, d.h. den Übernahmen diverser Ausdrucksmuster, nachgehen. In diesem Zusammenhang ist das Interesse an Alterität, das in den Gender Studies und den Postcolonial Studies herrscht (Edward Said, Homi K. Bhabha), ebenso zu sehen wie das Interesse an Populärkultur, z.B. an Mainstream-Filmen (Fauser 2003, 32f.).

Kultur als Imagination

Kultur als Performanz

Foucault

Ausgangspunkt einiger kulturwissenschaftlicher Ansätze sind die Arbeiten von Foucault, der Diskurse als Medien begreift, die definieren, was als wahr/falsch und als normal/wahnsinnig gilt; Diskurse entscheiden über das Sagbare/Unsagbare. Die Genese des Bürgertums um 1800 ließe sich vor diesem Hintergrund als Machtkampf um Aussageweisen beschreiben, die ihrerseits Normalisierungs- und Normierungsprozesse in Gang setzen. Die sich verwissenschaftlichenden Diskurse wie Bildung, Medizin, Ökonomie etc. arbeiten gemeinsam an der Formierung des (bürgerlichen) Menschen, an seiner reglementierenden „Entdeckung", und zwar jenseits eines zentralisierenden Staatsorgans. Literatur kann in diesem Kontext zum einen als Verweigerung verstanden werden, als Gegendiskurs (Geisenhanslüke 2003, 126f.), zum anderen jedoch auch als Kollaborateurin. Auch die literarischen Texte sind an der Vermessung und Etablierung von Diskursen beteiligt. So arbeiten die bürgerlichen Trauerspiele an der 'Entdeckung des

Gefühls', an der Konstruktion von kontrollierbaren emotionalen Innenwelten. Die literarischen Texte unterstützen die Grenzziehungen des Sagbaren, wie insbesondere die Debatte um den Kindsmord verdeutlicht, ein zentrales Sujet auch der bürgerlichen Trauerspiele. Vor dem Hintergrund der Diskursanalyse kann nachgewiesen werden, dass Literatur, und dazu ist insbesondere das Drama als eine Form kollektiv rezipierter Kunst zu rechnen, und Wissenschaft um 1800 gemeinsam an der kommunikativen Konstruktion einer weiblichen Psyche arbeiten, die auf das System Ehre festgelegt, mithin zugleich produziert und domestiziert wird; dem Motiv des Kindsmords, das u.a. bei Goethe (*Faust I*) und Wagner (*Die Kindermörderin*) behandelt wird, kommt in diesem Prozess eine zentrale Funktion zu (Neumeyer 2002, 62). Die Gattung des bürgerlichen Trauerspiels ist also maßgeblich an den Produktions- und Domestikationsverfahren weiblicher Psychen beteiligt. Aus diskursanalytischer Perspektive können darüber hinaus einschlägige Dramentheorien neu bewertet werden. So lässt sich z.B. Diderots Theaterkonzept im Kontext der bürgerlichen Subjektgenese neu lesen (Lehmann 2000), indem untersucht wird, welche Funktion dem innovativen Zuschauerverständnis des französischen Aufklärers für die „Entdeckung des Menschen" zukommt, d.h. wie Diderots Konzept des Visuellen innerhalb der Normalisierungs- und Disziplinierungsprozesse des bürgerlichen Subjekts zu verorten ist. Lehmann weist nach, dass die Vierte Wand Diderots, die den Beobachter scheinbar verschwinden lässt und damit die Unverstelltheit emotionaler Äußerungen verspricht, zugleich fremde, unzugängliche Innenräume generiert. Der omnipräsente Blick, den die Vierte Wand ermöglicht, lässt die Körper der Figuren opak und zu Zeichenträgern werden, die der Zuschauer zu dechiffrieren hat. „Erst mit der Konstruktion der Vierten Wand als Totalisierung eines anonymen, von überall her kommenden Blicks entsteht eine Schauspielweise, die den ganzen Schauspieler mit seinem Körper aufs Spiel setzt. [...] Der Bühnenraum ist so bereits Ausdrucksraum, die räumlichen Positionen der Figuren und die aus ihnen fließenden Relationen werden bereits vom Beobachter als Bedeutung synthetisiert." (Lehmann 2000, 101 f.) Die Erfindung des Zuschauers, die Diderots Theaterkonzept leistet, ist, so ließe sich die Grundaussage von Lehmanns Studie summieren, die Erfindung seiner Gespaltenheit und bringt die Konstitution eines semiotisierten (Theater-)Raumes mit sich.

Die Konstruktion weiblicher Psychen

Theater und Subjektgenese

New Historicism

Ein weiterer Ansatz, der auf Foucault zurückgeht und gleichzeitig die Nähe zu sozialgeschichtlichen Konzepten deutlich werden lässt, ist der New Historicism, der vor allem mit dem Namen Stephen Greenblatt verbunden ist (Geisenhanslüke 2003, 131 f.). In seinen Arbeiten wird der literarische Text „auf das kulturelle Feld [zurückbezogen], das ihn hervorgebracht und auf das er sich in seiner spezifischen Form funktional bezogen hat" (Kaes 1990, 58). Dieser Rückbezug des Textes soll „die sozialen Kräfte sichtbar machen, die durch die Überlieferung und allmähliche Isolierung des Textes von seinem Ursprung verloren gegangen waren" (Kaes 1990, 58). Dem New Historicism ist also an einer Rekontextualisierung des literarischen Werkes gelegen, wobei, anders als in dem Text-Kontext-Konzept Isers, ein „‚Archiv' aus komplexen und diskontinuierlichen Diskursen" und damit „ein ganz anderes Kulturmodell als der einheitliche 'Erwartungshorizont'" vorausgesetzt wird, der dem Iserschen Ansatz zugrunde liegt (Baßler

1995, 22). Das literarische Werk partizipiert an diesem Archiv; es kommt zu „Verhandlungen", zu komplexen Übernahmen und Tauschbewegungen, wobei sich der literarische Text affirmativ oder aber subversiv zu den anderen (Macht-)Diskursen verhalten kann. Der New Historicism versucht also, „literarische Werke wieder zu den historischen sozialen Bedingungen ihrer Entstehungszeit in Beziehung zu setzen" (Wechsel 1996, 455) und liest diese grundsätzlich als Machtgeschichte. Für die hier in Frage stehenden Gattungen würde dieser Ansatz bedeuten, dass einzelne Themen, ja sogar einzelne Begriffe, auf den breiteren Diskurs der Zeit zurückbezogen werden, dass z.B. die Bildungsdebatte aus Lenz' Drama *Der Hofmeister* in den pädagogischen Diskurs der Zeit eingebettet wird, dass die Kastration des Protagonisten vor dem Hintergrund der medizinischen Schriften der Zeit bewertet wird, wie bereits unternommen wurde (Kagel 1994, 82f.; Becker-Cantarino 1987, 53), dass der Kindsmord in den literarischen Texten auf die grassierenden juristischen wie kulturellen Debatten bezogen wird, wie sie in Preisschriften dokumentiert sind. Auch für die sozialen Dramen Hauptmanns z.B. liegt ein solcher Rückbezug auf die kulturellen wie wissenschaftlichen Archive der Zeit nahe, denn der Naturalismus versteht sich ausdrücklich als eine Kunst, die sich eng an naturwissenschaftliche Erkenntnisse anlehnt und diese rezipiert. Dazu gehört die Milieutheorie Taines und Darwins Evolutionstheorie ebenso wie die neue Wissenschaft der Physiologie und die Debatten über Vererbung und Alkoholismus. Diagnostiziert werden können komplexe Tauschbewegungen zwischen den zeitgenössischen Diskursen und den sozialen Dramen. Stehen diese „Verhandlungen" im Vordergrund der Analyse, so wird der literarische Text ebenfalls nicht als Sozialreport verstanden, insbesondere wenn seinem affirmativen wie subversiven Bezug zu diesen Diskursen nachgegangen wird.

Kontextualisierung

Greenblatt ist dabei insbesondere an den scheinbar paradoxalen Überschneidungen von Subversion und Affirmation gelegen: Vielfach produziert gerade die Sicherung von Macht ihre eigene Aushöhlung. Dieser Ansatz ist für die hier zur Diskussion stehenden Gattungen in besonderem Maße ergiebig, weil Dramen, die gesellschaftlichen Minoritäten einen pathetischen Ausdrucksraum zu eröffnen versuchen, ganz wesentlich auf die gesellschaftlichen Legitimations-, Selbstbehauptungs- und Ausgrenzungsstrategien bezogen sind, die die (bürgerlichen) Diskurse auszeichnen. Und diese Dramen weisen grundsätzlich diejenige Überlagerung von Kritik und Bestätigung (von Macht) auf, die Greenblatt beschreibt. Wird der Ausschluss von Minoritäten aus kulturellen Repräsentationssystemen angeprangert und aufgehoben, so wird damit zugleich die eigene Identität (als Autor, als Klasse) konstituiert und eine Form der (Selbst-)Darstellung etabliert, die die Sprechenden an Machtsystemen partizipieren lässt. Subversive Aussprache bedeutet also zugleich Affirmation, eine Überlagerung, wie sie Greenblatt für die Physiognomie der Macht generell annimmt. So erheben die Autoren der naturalistischen Stücke zwar das Proletariat programmatisch zu ihrem Sujet, um sich von der herrschenden ästhetischen Norm abzusetzen und die Unterschicht tragikfähig zu machen. Zugleich jedoch sind ihren Texten die Berührungsängste mit eben dieser Schicht eingeschrieben, so dass die Grenzziehung zwischen den Klassen trotz dieses subversiven Programms affirmiert wird.

Subversion und Affirmation

Kultur als Dramensujet

Die Funktion und Bedeutung von Kultur wird dabei in den vorgestellten Dramen meist auch immanent verhandelt. In den bürgerlichen Trauerspielen werden des Öfteren Figuren gezeigt, die lesen, ja dem im 18. Jahrhundert notorischen Leserausch verfallen und damit zum Opfer der Melancholie werden. Luise, Ferdinand, Evchen, sie alle sind Lesende, die durch ihre Lektüre mit den neuen Empfindsamkeitsprogrammen vertraut gemacht werden und deshalb mit der Welt zerfallen. Dem Schrifttum wird so zum einen ein immanentes Denkmal gesetzt; seine Relevanz wird im Kontext der (bürgerlichen) Identitätsbildung betont, nicht ohne dass jedoch zum anderen, ähnlich wie in den populärwissenschaftlichen Texten der Zeit, auf die Gefahren dieser Lektüre verwiesen wird. Die ideell-kulturelle Formation des Bürgertums zeigt sich also als problematische; dem Programm sind seine Labilitäten eingeschrieben.

Unternehmen kulturwissenschaftliche Studien vielfach auch Alteritätsforschung, geht es in diesen Untersuchungen u. a. um die Konstruktion von Alterität, um den Umgang mit dem Fremden, so wird diese Tendenz in den Gender Studies fortgeführt. Die Minorität, die aus dieser Perspektive in den bürgerlichen Dramen ins Zentrum rückt, ist die Gruppe der Töchter und Mütter, sind die Frauen, die in den bürgerlichen Trauerspielen geradezu einem „Massensterben" (Weigel 1983, 141) ausgeliefert sind.

3. Gender Studies

Die Neuordnung der Geschlechter

Der feministische Ansatz ist für die Analyse von bürgerlichen Trauerspielen, aber auch von sozialen Familiendramen deshalb so aufschlussreich, weil er sozialhistorisches Material an die Hand gibt, das die Figurenkonstellationen in den Dramen in ein neues Licht rückt. Um 1800, so lässt eine Vielzahl von sozialgeschichtlichen und historischen Studien deutlich werden, wird die (bürgerliche) Geschlechterordnung neu formiert, und zwar in einer Weise, die bis in die Gegenwart hinein Gültigkeit besitzt. Karin Hausen hält über diese Umstrukturierung des Geschlechterdiskurses in einem einschlägigen Aufsatz fest: Seit „dem ausgehenden 18. Jahrhundert treten an die Stelle der Standesdefinitionen Charakterdefinitionen [Geschlechtscharaktere]. Damit aber wird ein partikulares durch ein universales Zuordnungsprinzip ersetzt: statt des Hausvaters und der Hausmutter wird jetzt das gesamte männliche und weibliche Geschlecht und statt der aus dem Hausstand abgeleiteten Pflichten werden jetzt allgemeine Eigenschaften der Personen angesprochen. Es liegt nahe, diesen Wechsel des Bezugssystems als historisch signifikantes Phänomen zu interpretieren, zumal der Wechsel mit einer Reihe anderer Entwicklungen korrespondiert." (Hausen 1976, 370f.) Ein polares Definitionsprinzip des (bürgerlichen) Menschen, nämlich Weiblichkeit und Männlichkeit, tritt an die Stelle des Schichtsystems der Gesellschaft. Diese Binarisierung, die sich daraus ergibt, dass Männlichkeit und Weiblichkeit als fundamentale Wesensmerkmale etabliert werden, ist ganz wesentlich mit der Biologisierung von Geschlecht verbunden. Geschlecht ergibt sich nicht aus sozialem Handeln, wird nicht als gesellschaftliche Rolle bestimmt, sondern wird durch die psychische wie physische Ausstattung des Menschen festgelegt; Anatomie

Geschlechtscharaktere

wird, um mit Freud zu sprechen, zum Schicksal. Um 1800 wird das Ein-Geschlecht-Modell, das seit der Antike Gültigkeit besitzt, durch ein Zwei-Geschlechter-Modell abgelöst. Thomas Laqueur weist in seiner Untersuchung entsprechend auf die Historizität dieses Zwei-Geschlechter-Modells hin und damit auf die Konstruktions- wie Selektionsaspekte der Anthropologie, die um 1800 die unhintergehbare Naturalisierung der Geschlechtscharaktere vorantreibt und das bis dahin propagierte Ein-Geschlecht-Modell verabschiedet (1992). Die Konsequenzen dieser Wissenschaft untersucht auch Claudia Honegger; sie geht in ihrer Studie *Die Ordnung der Geschlechter. Die Wissenschaft vom Menschen und das Weib 1750–1850* (1991) davon aus, dass die „Entdeckung des Menschen" seit Mitte des 18. Jahrhunderts, d. h. seine Konstitution durch Wissenschaften wie Anthropologie und Medizin, aber auch Literatur und Bildung, auf dem Rücken der Frauen ausgetragen wird. Denn der Kollektivsingular „der Mensch", den das Aufklärungsethos im Zuge des Gleichheitspostulats entwickelt, meint ausschließlich den Mann; Frauen hingegen werden über die sich gleichzeitig vollziehende Biologisierung, d. h. Ontologisierung der Geschlechterdifferenz, aus der Sphäre des 'Menschen' ausgegrenzt.

Biologie als Schicksal

Mit dieser Biologisierung und Universalisierung der Kategorien Männlichkeit und Weiblichkeit, die die Ständehierarchie ablösen, geht eine Vereinnahmung des Weiblichen einher, wie die zahlreichen Männerphantasien über Frauen in literarischen und wissenschaftlichen Texten um 1800 deutlich werden lassen (Weigel 1990, 50f.). Allerdings zeigt sich diese Projektionsstruktur bereits in früheren Texten, auch z. B. in den bürgerlichen Dramen der Aufklärung. So wird in *Emilia Galotti* eine unschuldig-reine junge Frau ins Zentrum gestellt, die den bloßen Gedanken an Verführung nicht überlebt und von Beginn des Dramas an buchstäblich als Bild, als *screen*, als Projektionsfläche männlicher Wünsche fungiert. Emilia ist die unbefleckte Jungfrau, die jedoch immer schon auf die Kehrseite dieses Weiblichkeitsentwurfes bezogen ist, auf die Hure; diesem Schicksal glaubt sie nur durch ihren Tod entgehen zu können. Darüber hinaus wird die Mutter in den bürgerlichen Trauerspielen meist im Sinne der *vetula*-Tradition, die die ältere Frau als degoutante Vettel darstellt, als unmoralische, unzuverlässige Kupplerin gezeichnet, die ihre Pflichten als Hausmutter versäumt und das intime Spiel zwischen Vater und Tochter stört. Die grundsätzliche Vereinnahmung des Weiblichen, von der Weigel spricht, lässt sich an diesen (stereotypen) Zuschreibungen ablesen, die die literarischen Weiblichkeitsrepräsentationen prägen; sie zeigt sich an den verbindlichen Frauenbildern, die mit großer Systematik in Szene gesetzt werden und so ihren phantasmatischen Charakter preisgeben.

Vereinnahmungen des Weiblichen

Allerdings wird in den heutigen Gender Studies die Frauenbildforschung, für die in Deutschland u. a. die Studie von Silvia Bovenschen einschlägig ist (1979), nicht mehr in gleichem Maße betrieben wie in den 70er Jahren; die Diagnose binär organisierter Weiblichkeitsrepräsentationen (Hure/Heilige, Mutter/Prostituierte) hat sich erschöpft. In den Gender Studies geht es hingegen um die Konstruktionsmechanismen von Geschlecht selbst, um die Analyse von komplexen Projektions- und Konstruktionsverfahren, die Weiblichkeit und Männlichkeit herstellen. Ein zentrales Untersuchungsfeld sind z. B. die Ausgrenzungsverfahren des Unheimlichen

Projektionsverfahren

aus dem männlichen Identitätsdiskurs. Ausgangspunkt ist die Beobachtung, dass Frauen gemeinhin aus sozialgesellschaftlichen Prozessen ausgeschlossen sind; dieser 'Unsichtbarkeit' steht jedoch eine Fülle von Weiblichkeitsrepräsentationen gegenüber, die in kulturellen Produkten beschworen werden (Klinger 1985). Weiblichkeit erscheint damit als Fiktion; die Ansätze, die bestimmten Weiblichkeitsmustern nachgehen, beschäftigen sich also „immer schon mit ästhetischen Theorien über das Fiktive und Imaginäre, über die Funktion und Macht von Diskursen sowie über die Differenz zwischen Ästhetik und Lebenswelt" (Erhart, Herrmann 1996, 502). Für das Abspaltungs- und Transformationsverfahren, das diese imaginäre Kulturarbeit auszeichnet, ist vor allem das Motiv der 'schönen Leiche' zentral, das auch für das bürgerliche Trauerspiel von großer Wichtigkeit ist. Denn meist ist es eine junge Frau, die auf dem Kampfplatz der Tragödie zurückbleibt; für sie entpuppen sich die gesellschaftlichen Antagonismen als tödlich, und an ihr, so legt die Theorie nahe, lässt sich eine der fundamentalen Störungen der gesellschaftlichen Ordnung, der Tod, verhandeln. Denn der Mechanismus, der das Motiv der schönen Leiche so attraktiv werden lässt, ist folgendermaßen vorzustellen: Die männliche Sterblichkeit wird auf das Andere, auf die Frau, projiziert, die damit zur todbringenden *femme fatale* wird, wie Christa Rohde-Dachser in ihrer einschlägigen Studie *Expedition in den dunklen Kontinent. Weiblichkeit im Diskurs der Psychoanalyse* beschreibt (1991). Das Zufällige der kreatürlichen Existenz, Geburt und Tod, wird auf das Weibliche verschoben und damit aus der symbolischen Ordnung ausgegrenzt. Die Frau repräsentiert diejenigen Erfahrungen, über die der Mann nicht verfügt, also Geburt und Tod; als ausgegrenzte Phänomene, als Stigma der Frau, lassen sich diese gleichwohl betrachten, jedoch als Anderes, als Fremdes. Elisabeth Bronfen führt in ihrer Untersuchung *Nur über ihre Leiche*, die diese kulturstiftende Bewegung an einer Vielzahl von Kunstwerken nachweist, aus: Das „weibliche *Andere* als 'Schoß-Grab-Heimat' ist auf ambivalente Weise ein Ort des Todes. Es ist jener Ort, aus dem Leben als Antithese zum Tod hervorgeht, wie es auch jener Ort ist, der die tödliche Einschrift des Körpers bei der Geburt erzeugt: das Mal des Nabels" (Bronfen 1994, 94). Entsprechend „fungieren Mutter und Geliebte als Allegorie für die Sterblichkeit des Mannes, als feststehendes Bild menschlichen Schicksals" (Bronfen 1994, 101). Die kreatürliche Angst des Mannes wird auf das Weibliche verschoben, abgespalten und zugleich ästhetisiert. Das eigentliche Thema der Kunst sei, so Bronfen, der tote Frauenkörper oder auch die schöne Frau, denn Schönheit könne als Deckbild des Todes fungieren; die schöne Frau repräsentiere die Tote. Über das Motiv der schönen Leiche, wie es auch in den bürgerlichen Trauerspielen Legion ist, kann also das Enigma des Todes verhandelt werden, d.h. *die* fundamentale Störung der symbolischen Ordnung. Weil der patriarchalen Kultur „der weibliche Körper als Inbegriff des Andersseins, als Synonym für Störung und Spaltung gilt, benutzt sie die Kunst, um den Tod der schönen Frau zu *träumen*. Sie kann damit, *(nur) über ihre Leiche*, das Wissen um den Tod verdrängen und zugleich artikulieren, sie kann 'Ordnung schaffen' und sich dennoch ganz der Faszination des Beunruhigenden hingeben." (Bronfen 1994, 10) Dieses psychoanalytisch grundierte Modell gibt ein Interpretationsverfahren an die Hand, das den grassierenden Tod von weiblichen

Das Motiv der schönen Leiche

Abspaltungen

Figuren in bürgerlichen Trauerspielen und sozialen Dramen beschreibbar macht, in Büchners Stück eines Armen, *Woyzeck*, ebenso wie in Horváths Totentanz *Glaube Liebe Hoffnung*.

Männlichkeitskonstruktionen

Neben diesen komplexen Ausgrenzungsbewegungen lassen sich die Männlichkeitskonstruktionen der hier behandelten Gattungen in den Blick nehmen, ein Thema, das von der Forschung lange Zeit ignoriert wurde, und zwar deshalb, weil die männliche Position gemeinhin als neutrale, als allgemeinmenschliche, proklamiert wird und damit in Hinblick auf ihre geschlechtliche Codierung nicht in Erscheinung tritt. Generiert sich (bürgerliche) Männlichkeit darüber hinaus vor allem im Kontext der Familie, so lässt auch die strikte Sphärentrennung von (männlich semantisierter) Öffentlichkeit und (weiblich semantisierter) Intimität, von der in der Forschung grundsätzlich ausgegangen wird, die Entstehung und Formierung von Männlichkeit unsichtbar werden. Doch: „Die moderne Familie spielt zunächst (seit dem 18. Jahrhundert) eine neue und ganz entscheidende Schlüsselrolle am Ursprung der männlichen Subjektivität, und sie prägt darüber hinaus auch die Art und Weise, wie sich Männer in modernen Gesellschaften selbst verstehen, behaupten und konstruieren: als Familienmänner, die zuerst überwiegend von Müttern erzogen und später als Söhne und als Väter ihren Mann zu stehen haben“ (Erhart 2001, 8). Die Geschichte der Moderne ließe sich mithin auch als Geschichte von instabilen Männlichkeitskonstruktionen beschreiben, als Ensemble von *performances* und heterogenen Narrationen, die Männlichkeit herstellen, jedoch zugleich auf ihr Ausgegrenztes bezogen bleiben. Erhart geht davon aus, dass das Andere, das scheinbar Ausgegrenzte, das auf die Frau projiziert wird, zugleich in das eigene (männliche) Selbst einwandert (Erhart 2002, 16). Literarische Texte lassen kenntlich werden, dass das Ausgegrenzte auch Bestandteil der männlichen Identität ist. Das bürgerliche Trauerspiel und das soziale Drama, zwei Gattungen, die ganz fundamental auf die bürgerlichen Phantasien von Familie bezogen sind, erscheinen vor diesem Hintergrund als taugliches Sujet, um moderne Männlichkeitskonstruktionen zu beschreiben. So ist allein schon die Tatsache bedeutsam, dass das bürgerliche Trauerspiel den Vater-Sohn-Konflikt eher ausspart als zu fokussieren. Diese Leerstelle gibt Aufschluss darüber, dass die Genese von Männlichkeit im Moment ihrer narrativen Herstellung in der Familie aus dem Blick gerückt wird, dass der bürgerliche Privatraum als weiblich codierter generiert wird. Darüber hinaus wäre die Position des Vaters, der vielfach zwischen Autorität und Empfindsamkeit steht, vor dem Hintergrund der Gender Studies neu zu beschreiben.

Männlichkeit als labile Narration

Ausschlussverfahren

Was aus der Perspektive der feministischen Theorie wie der Gender Studies insgesamt als problematisch erscheint, ist der Ausschluss von Dramenautorinnen aus dem geltenden Kanon des bürgerlichen Trauerspiels und des sozialen Dramas; allein Marieluise Fleißer stellt für letztere Gattung eine Ausnahme dar. Erst im Kontext der Gegenwartsdramen, die allerdings dem selektiven Kanonisierungsprozess noch nicht unterworfen sind, zeichnet sich eine größere Präsenz von Autorinnen ab. Auf diese Ausschlussverfahren durch Archivierung und Tradierung, die die Literatur von Minoritäten in Vergessenheit geraten lassen, ist des öfteren hingewiesen worden (Assmann 1998); Lexika versuchen diesem Defizit abzuhelfen.

Auch im Bereich des bürgerlichen Trauerspiels z. B. läge es nahe, (vergessene) Produktionen von Autorinnen heranzuziehen, um das Bild der Gattung zu ergänzen und zu differenzieren. Ein Beispiel unter vielen wäre die im 18. Jahrhundert erfolgreiche Autorin Friederike Sophie Hensel. In ihrem recht populären Drama *Die Familie auf dem Lande. Ein Drama in fünf Aufzügen* (1770) wird, den Vorlieben der zeitgenössischen Dramenproduktion entsprechend, die Ehethematik des bürgerlichen Familienstückes und das beliebte Sujet der verführten Unschuld verklammert. Ein Novum ist in Hensels Drama jedoch die zentrale Stellung der Hausmutter – Hensel teilt die Vorliebe des bürgerlichen Trauerspiels für Vater-Tochter-Beziehungen nicht und lässt den Ausschluss der Mutter als (männlich bestimmte) Gattungskonvention erscheinen. Zudem wird, zumindest in der zweiten Fassung des Dramas, das aufklärerische Familienmodell in Frage gestellt, indem die Einsicht in das tugendhafte Verhalten des Gegenübers nicht fraglos Liebe und Ehe nach sich zieht. Und bei aller Verbindlichkeit wird doch die Rigidität des Tugendethos kenntlich: Die Hausmutter Lady Danby verstößt ihre möglicherweise lasterhafte Tochter lieber als ihr zu verzeihen – eine Umkehrung desjenigen Verhaltens, das der zärtliche Vater in Lessings *Miß Sara Sampson* an den Tag legt. Die Berücksichtigung von Dramatikerinnen würde also das kulturelle Wunsch- und Projektionspotenzial der Figurenkonstellationen im bürgerlichen Trauerspiel von Autoren kenntlich werden und ein verändertes Panorama der favorisierten Themen und Motive entstehen lassen. Zwar orientiert sich die vorliegende Untersuchung aufgrund von pragmatischen Erwägungen an dem gängigen Kanon; es werden gleichwohl die Erkenntnisse der Gender Studies für die Lektüren genutzt.

IV. Gattungstheorien

Historische Konzepte und systematische Dramenanalyse

Im Folgenden werden diverse historische Dramenkonzepte vorgestellt, die die Genese des bürgerlichen Trauerspiels und des sozialen Dramas begleiten. Ausgangspunkt sind die theoretischen Überlegungen von Lessing, Lenz und Brecht deshalb, weil diese Programme Auskunft über dramentechnische Strategien geben und damit als Beschreibungskategorien zu fungieren vermögen. Diese Aussagen werden mit eher systematischen Modellen der Dramenanalyse verklammert, wie sie die Untersuchungen von Volker Klotz, Manfred Pfister, Bernhard Asmuth etc. an die Hand geben. Das Ziel der Darstellung ist, aus dramentheoretischen Konzeptionen methodische Analysemodelle abzuleiten, um auf diese Weise eine Historisierung der Gattungstheorie und der Methodik vorzunehmen, wie sie Peter Szondi in seiner *Theorie des modernen Dramas* fordert. Im Zentrum werden die theoretischen Äußerungen von Lessing und Lenz stehen, die die (ästhetische) Entdeckung des (bürgerlichen) Menschen zu ihrem Ziel haben, zudem die Aussagen Brechts, der die Abschaffung des Individuums zum Programm erhebt – zwei signifikante Marksteine der dramengeschichtlichen Entwicklung also.

1. Mitleidsdramaturgie und die Entdeckung des Individuums (Lessing)

Mitleid

Zentral für Lessings Dramenkonzept, das dieser in polemischer Auseinandersetzung mit Gottsched entwickelt (Rochow 1999, 20f.), ist die wirkästhetische Kategorie des Mitleidens, das gegen die Bewunderung, wie sie die Heldentragödie verlangt, abgesetzt wird – Bewunderung stellt für Lessing einen „kalten Affect“ dar. Ziel eines Dramas sei es, Mitleid zu erregen, wie Lessing bereits im *Briefwechsel über das Trauerspiel* festhält, den er zwischen Januar 1756 und Mai 1757 mit Nicolai und Mendelssohn führt. In dem berühmten Brief vom November 1756 an Nicolai heißt es programmatisch: „Wenn es also wahr ist, daß die ganze Kunst des tragischen Dichters auf die sichere Erregung und Dauer des einzigen Mitleidens geht, so sage ich nunmehr, die Bestimmung der Tragödie ist diese: sie soll *unsre Fähigkeit, Mitleid zu fühlen*, erweitern. Sie soll uns nicht bloß lehren, gegen diesen oder jenen Unglücklichen Mitleid zu fühlen, sondern sie soll uns so weit fühlbar machen, daß uns der Unglückliche zu allen Zeiten, und unter allen Gestalten, rühren und für sich einnehmen muß. [...] *Der mitleidigste Mensch ist der beste Mensch*, zu allen gesellschaftlichen Tugenden, zu allen Arten der Großmuth der aufgelegteste. Wer uns also mitleidig macht, macht uns besser und tugendhafter, und das Trauerspiel, das jenes thut, thut auch dieses, oder – es thut jenes, um dieses thun zu können.“ (Lessing 1972, 55) Lessing geht mit dieser Betonung des Mitleids über die Affektenlehre der Zeit entscheidend hinaus – Nicolai beispielsweise ist davon überzeugt, dass sich die von den Figuren präsentierten Affekte unmittelbar auf die Zuschauer übertragen, dass also Schmerz als Schmerz, Zorn als Zorn rezipiert wird. Lessing hingegen isoliert das Mitleiden als alleinige Wirkung, die sich für die Zuschauer auch aus andersartigen Affekten ergibt. Im 75. Stück der *Hamburgischen Dramaturgie* wird der Affekt des Mitleids allerdings durch den der Furcht ergänzt; Lessing diskutiert hier den Begriff des Schreckens, den Aristoteles in seiner Poetik behandelt. Aristoteles habe, so hält Lessing fest, diejenige Furcht im Auge gehabt, „welche aus unserer Ähnlichkeit mit der leidenden Person für uns selbst entspringt; es ist die Furcht, daß die Unglücksfälle, die wir über diese verhänget sehen, uns selbst treffen können; es ist die Furcht, daß wir der bemitleidete Gegenstand selbst werden können. Mit einem Worte: diese Furcht ist das auf uns bezogene Mitleid." (Lessing 1985, 556f.) Furcht wird mithin eng an Mitleid gekoppelt; Furcht ist das „auf uns bezogene Mitleid". Die Furcht für uns selbst bringe das Mitleid als Furcht für den Anderen „zur Reife". Das heißt allerdings auch, dass der Selbstbezug die Bedingung für den Fremdbezug darstellt. Identifikation beinhaltet also zugleich Differenz – zwischen Ich und dem Anderen (auf der Bühne) wird unterschieden (Lehmann 2000, 295). Mitleid stellt für Lessing also die ästhetisch produzierte moralische Fähigkeit dar, sich – und zwar auch jenseits des Theaters – in den Anderen einzufühlen.

Furcht und Mitleid

Der gemischte Held

Dieses Mitleidskonzept hat eine ganze Reihe von ästhetischen Konsequenzen. Zum einen muss der Held oder die Heldin den Zuschauern ähnlich sein. Lessing fordert den „gemischten" Protagonisten, der dem Zuschauer gleicht, „aus gleichem Schrot und Korn ist". Er darf mithin kein „Ungeheuer" sein, wie Lessing im 73.–83. Stück der *Hamburgischen Dramaturgie* im Zusammenhang mit Weißes Bösewichtdrama *Richard III.* ausführt, ebenso wenig aber eine reine Unschuld. Und bereits in dem Briefwechsel mit Mendelssohn und Nicolai fordert Lessing ein ausgewogenes Verhältnis zwischen Verdienst und Unglück. „Das ist, der Dichter muß keinen von allem Guten entblößten Bösewicht aufführen. Der Held oder die beste Person muß nicht, gleich einem Gotte, seine Tugenden ruhig und ungekränkt übersehen." (Lessing 1972, 56) Zugleich muss der Protagonist als „Charakter" rezipierbar sein; das Personal wird also nicht über seinen Stand, sondern über sein „Menschsein" definiert. Der Stand wird sekundär: „In demselben Maße wie die Charaktere der handelnden Personen wichtig werden, in demselben Maße sinkt die Priorität der hohen (adligen) Standesperson in der Tragödie." (Göbel 1996, 47) Diese Bestimmung der Dramenfiguren bringt es mit sich, dass auch der Adel im bürgerlichen Trauerspiel in Erscheinung treten kann, allerdings nur dann, wenn er in einer privaten, nicht-höfischen Sphäre 'menschlich-bürgerlich' denkt und handelt. Es wäre also falsch, im bürgerlichen Trauerspiel eine plane Entgegensetzung von tugendhaftem Bürger und lasterhaftem Adeligen zu erwarten. Der Begriff „bürgerlich" bezeichnet vielmehr die Sphäre der dramatischen Aktionen als privaten Raum jenseits der adelig dominierten Öffentlichkeit des Hofes; in diesem privaten Raum vermögen sich auch Adelige mit entsprechenden Gesinnungen bürgerlich zu verhalten.

Privatheit als Sphäre des Dramas

Die Absage an die Ständeregel

Das Konzept des gemischten Helden, der dem Publikum Identifikation erlaubt, erteilt der Ständeregel des französischen Klassizismus eine klare Absage, also derjenigen Regel, die aufgrund der Fallhöhe für die Tragödie Könige und Kaiser als Personal vorsieht, für die Komödie hingegen niedere Stände. Zielt Lessings Dramenpoetik auf das Mitleid ab, so bedarf er tragischer Formen, tragischer Ausgänge, um das Unglück des „gemischten", nicht in die hohe Sphäre entrückten Charakters fühlbar zu machen. Mit dieser Absage an die Ständeregel, die nicht erst Lessing formuliert, sondern vor ihm der Engländer Lillo sowie der Franzose Diderot, ist das eigentliche „Skandalon" der neuen Gattung bezeichnet, wie Szondi formuliert (1973, 15); suspendiert wird nämlich die gesellschaftspolitisch brisante Zuordnung von Gattung und Stand, wie sie in den Aristoteles-Kommentaren der Spätantike erstmals vorgenommen wurde. Bei Aristoteles selbst findet sich eine solche Zuordnung noch nicht; Aristoteles hält in seiner *Poetik* vielmehr fest: Die Handelnden, die in Tragödie und Komödie nachgeahmt werden sollen, „sind notwendigerweise entweder gut oder schlecht. Denn die Charaktere fallen fast stets unter eine dieser beiden Kategorien; alle Menschen unterscheiden sich nämlich, was ihren Charakter betrifft, durch Schlechtigkeit und Güte. Demzufolge werden Handelnde nachgeahmt, die entweder besser oder schlechter sind, als wir zu sein pflegen, oder auch ebenso wie wir. So halten es auch die Maler: Polygnot hat schönere Menschen abgebildet, Pauson häßlichere, Dionysos ähnliche." (Aristoteles 1982, 7f.) Aristoteles bestimmt die Dramencharaktere also nicht in Hinblick auf ihre gesellschaftliche Position, sondern in ethischer wie ästhetischer Hinsicht, ja ihm geht es nicht primär um die darzustellenden Menschen, sondern um die Unterscheidung der Darstellungsweisen: „Polygnotos stilisiert, indem er einen Charakterzug hervorhebt, entstellende Details aber übergeht; Pauson karikiert [...]; Dionysos strebt dagegen Ähnlichkeit, Naturalismus an." (Szondi 1973, 36) Diese Definition wird in der Spätantike (Diomedes), in der Renaissance, dem Barock und dem Klassizismus aufgegriffen und modifiziert. In den zahlreichen normativen Poetiken wird ein Beruf oder Stand mit der spezifischen Gattung verbunden, wie z.B. in Martin Opitz *Buch von der deutschen Poeterey* (1624). Auch Gottsched rechtfertigt diese Zuordnung von Gattung und Stand noch mit dem Hinweis auf die Fallhöhe. Erst der Engländer Lillo löst diese Verbindung in dem Prolog zu seinem wirkmächtigen bürgerlichen Trauerspiel *Der Kaufmann von London* auf, indem er im Anschluss an Dryden die moralische Wirkung sowie die Nützlichkeit zum zentralen Ziel der Tragödie erklärt und daraus die Hinfälligkeit der Standeszuordnung ableitet: „What I woul'd infer is this, I think, evident truth; that tragedy is so far from losing its dignity by being accommodated to the circumstances of the generality of mankind, that it is more truly august in proportion to the extent of its influence and the numbers that are properly affected by it. As it is more truly great to be the instrument of good to many, who stand in need of our assistance, than to a very small part of that number." (Lillo 1981, 109) Lillo erklärt, dass „die Erhabenheit der tragischen Dichtung vom Ausmaß ihres Wirkungsbereichs abhängig sei, und [...] daß die Beschränkung auf *vornehme Personen* (Gottsched) nur dann sinnvoll wäre, wenn allein diese den durch Laster oder Schwäche bewirkten Unglücksfällen ausgesetzt wären" (Szondi 1973, 25). Doch auch der bürgerliche Stand sei fähig, Unglück zu erleiden, wie Lillo in seinem Kaufmannsdrama mit Nachdruck vor Augen führt. Die Wirkung der Tragödie sei also vornehmlich dann garantiert, wenn der Held aus demjenigen Stand stammte, dem auch das Publikum angehörte, und die Wirkung sei umso größer, je eher die Unglücksfälle der „mankind", der

Aristoteles

Wirkung als Kriterium

Menschheit, vorgestellt werden. Diese Argumentation ermöglicht es, auch den Bürger als tragikfähige Figur zu behandeln, ihn zum Protagonisten eines tragischen Geschehens zu erheben.

Die Entdeckung des (bürgerlichen) Menschen

Lessing knüpft an diese poetologische Bestimmung an, wenn er den gemischten Helden fordert und den Protagonisten jenseits seiner Standeszugehörigkeit auf sein Menschsein, auf seinen Charakter, festlegt. Was Lessings Dramentheorie damit leistet, ist in gewissem Sinne die Entdeckung des (bürgerlichen) Menschen, der nicht mehr primär über Standeszuordnungen definiert wird, sondern dem Innerlichkeit, Charakter, Individualität zugesprochen wird – jenseits der Reglements der höfischen, öffentlichen Welt, jenseits des Standes. Ist Lessings Theorie wesentlich an die Empfindsamkeitsdoktrin gebunden, so geht es darum, die Physiognomie eines Subjekts (als Gegenstand des Theaters und als Vorbild des Zuschauers) zu entwickeln, das jenseits der traditionellen gesellschaftlichen Ordnung über Innerlichkeit, Emotion und Selbstausdruck bestimmt wird. Dass Fokus dieser Dramaturgie tatsächlich der isolierte einzelne Bürger ist, bestätigt umgekehrt die Mitleidsethik, die als Antidot die Isolation der bürgerlichen Subjekte, ihre Individualisierung, zu kompensieren trachtet. Bürgerliche Vereinzelung soll durch Mitleid, durch die Fähigkeit zur Empathie, zur Identifikation, aufgefangen werden.

Empathie versus Isolation

Kausalität

Produktionsästhetische Bedingung dieses Konzeptes ist nicht nur der gemischte Charakter, sondern auch die kausale Vernetzung von Ereignissen sowie die plausible Verklammerung von Charakteren und Geschehnissen, wie im zentralen 32. Stück der *Hamburgischen Dramaturgie* dargelegt wird: Der Poet, so weist Lessing an, wird „vor allen Dingen bedacht sein, eine Reihe von Ursachen und Wirkungen zu erfinden, nach welcher jene unwahrscheinliche Verbrechen nicht wohl anders, als geschehen müssen [dramatisiert werden soll die Geschichte einer Frau, die Mann und Söhne ermordet; Anm. v. Verf.]. Unzufrieden, ihre Möglichkeit bloß auf die historische Glaubwürdigkeit zu gründen, wird er suchen, die Charaktere seiner Personen so anzulegen; wird er suchen, die Vorfälle, welche diese Charaktere in Handlung setzen, so notwendig einen aus dem andern entspringen zu lassen; wird er suchen, die Leidenschaften nach eines jedem Charakter so genau abzumessen; wird er suchen, diese Leidenschaften durch so allmähliche Stufen durchzuführen: daß wir überall nichts als den natürlichsten, ordentlichsten Verlauf wahrnehmen; daß wir bei jedem Schritte, den er seine Personen tun läßt, bekennen müssen, wir würden ihn, in dem nemlichen Grade der Leidenschaft, bei der nemlichen Lage der Sachen, selbst getan haben" (Lessing 1985, 338f.). Diese Forderung nach einem Kausalnexus in Verbindung mit der wirkästhetischen Absicht Lessings zieht eine bestimmte Form der Informationsvergabe nach sich – eine zentrale Analysekategorie von Dramen, wie Pfister unterstreicht (1982, 79f.). Die Mitleidsdramaturgie Lessings verlangt einen relativen Informationsvorsprung des Zuschauers vor der dramatischen Figur, so dass der Effekt des (gewussten) Verhängnisses auf die Figur beobachtet werden kann, die Aufmerksamkeit nicht aber durch Sensationen abgelenkt wird. Lessing lehnt im 48. Stück der *Hamburgischen Dramaturgie* ganz in diesem Sinne Überraschungseffekte ab und führt aus: „Ja, unser Anteil wird um so lebhafter und stärker sein, je länger und zuverlässiger wir es vorausgesehen haben."

Informationsvergabe

(Lessing 1985, 419) Und weiter: „Ist [...] alles, was die Personen angeht, bekannt: so sehe ich in dieser Voraussetzung die Quelle der allerheftigsten Bewegungen" (Lessing 1985, 421).

Raum und Zeit

Wird für die Handlung – eine der drei dramatischen Einheiten – ein strenger Kausalnexus verlangt, so verlieren die räumlichen wie zeitlichen Einheiten bei Lessing an Bedeutung. Raum und Zeit werden dem dramatischen Geschehen funktional zugeordnet. Lessing distanziert sich im 44. bis 46. Stück der *Hamburgischen Dramaturgie* von einer sklavischen und damit unwahrscheinlich wirkenden Einhaltung der Einheiten von Raum und Zeit. In seinen Dramen kommt dem Raum entsprechend symbolische und handlungsmotivierende Funktion zu; zudem wird die räumliche Sphäre pluralisiert und ausdifferenziert. In *Emilia Galotti* z. B. wird das Geschehen vom Privatraum der kleinadeligen Familie in den Vorraum des Lustschlosses verlagert, damit an den prototypischen Ort der *tragédie classique* (Klotz 1968, 45). Lessing bezieht sich also hinsichtlich der Raumgestaltung kommentierend und modifizierend auf die Tradition der Tragödie, denn der Vorraum eines Schlosses ist der Spielort der klassischen Tragödie schlechthin, der nun dem bürgerlichen Stand zur Verfügung gestellt wird.

Private life

Aus Lessings dramatischer Kategorie der Identifikation – Voraussetzung des Mitleids – lässt sich darüber hinaus die 'Sphäre' der Trauerspiele genauer bestimmen: Vor Augen geführt werden Ereignisse aus dem Bereich des Privaten, des häuslich-alltäglichen Lebens. Bereits der Engländer Lillo, der das deutsche Trauerspiel wesentlich beeinflusst, spricht in seiner Vorrede zum *Kaufmann von London* vom „private life" als Sujet der neuen Dramenform. Zentral für die Gattung des bürgerlichen Trauerspiels ist also die Opposition von öffentlichem Raum des Höfischen und der privaten Sphäre (Guthke 1994, 10f.), wie auch in Louis-Sébastien Merciers einschlägiger Abhandlung *Neuer Versuch über die Schauspielkunst* (1773) deutlich wird. Mit dieser Ortsbestimmung verbindet sich ein Konzept von Wahrscheinlichkeit und Lebenswahrheit, das auch in sprachlicher Hinsicht Konsequenzen hat: Die Bindung an den Vers, an den Alexandriner, wie ihn der französische Klassizismus für die Tragödie fordert, wird aufgegeben. Das Geschehen hat 'wahrscheinlich', 'lebensnah' im Sinne eines speziellen Konzeptes von Leben zu sein, hat als Spiegel eines privaten Lebens zu erscheinen (auch wenn dieses ganz anders aussehen sollte). In Lessings Dramentheorie wird die bürgerliche Sphäre, die bislang aus dem kulturellen Repräsentationssystem Tragödie ausgeschlossen war, als tragische deklariert. Lessings Theorie des bürgerlichen Trauerspiels stellt dem Bürger das *genus grave dicendi* zur Verfügung, macht ihn zum Subjekt eines tragischen Geschehens, das zum 'pathein', zum Mitleiden als Gemeinschaftsform, herausfordert. Und Lessings Dramentheorie formuliert eine Absage an den Stand im Namen des 'Menschen', des Charakters, des individuierten Einzelnen, dessen Innenlandschaft kartographiert wird. Minna von Barnhelm, so heißt es in der gleichnamigen Komödie von Lessing, fädelt die Intrige gegen Tellheim lediglich ein, um seines ganzen Herzens, seines ganzen Gemüts, ansichtig zu werden.

Wahrscheinlichkeit des sprachlichen Ausdrucks

Entwirft Lessing eine Theorie, die der bürgerlichen Identitätsbildung im 18. Jahrhundert korrespondiert, indem der Einzelne als dramatisch-tragisches Subjekt konstituiert wird, so weitet Jakob Michael Reinhold Lenz

Dramaturgie der Determination

dieses Tragödienprogramm im Namen der Genie-Ästhetik aus. Darüber hinaus jedoch entwickelt er im Kontext seiner Komödientheorie einen Gegenentwurf – den der determinierten Figur, die zum Spielball der Verhältnisse wird. Mit Lenz spitzt sich der kritische Aspekt des bürgerlichen Trauerspiels zu, u.a. im Anschluss an Merciers *Neuen Versuch über die Schauspielkunst.* „Der Mensch als Spielzeug der Ehrgeizigen, der Bürger als Opfer der Herrschenden – dieses Motiv, das für Lillo im nachrevolutionären England keine Aktualität hatte, dem Diderot in die gerührte Selbstbespiegelung bürgerlicher Tugendhaftigkeit auswich und das Lessing nur verfremdet, als Exempel der Wirkungsästhetik im Brief an Nicolai oder, in der *Emilia Galotti*, als Begebenheit an einem italienischen Hof kennt – es wird bestimmend für die Dramatik des Sturm und Drang", wie Szondi festhält (1973, 185). Diese Berücksichtigung von Determiniertheit und Ohnmacht führt zu neuen dramatischen Formen. Im Kontext von Lenz wird eine Typologie des offenen Dramas zu entwickeln sein, die für das bürgerliche Trauerspiel im 19. Jahrhundert (Büchner) sowie für das soziale Drama insgesamt von Bedeutung ist.

2. Offene Formen und die Poetik der Determination (Lenz)

Anmerkungen übers Theater

Lenz bestimmt in seinen dramentheoretischen Schriften das Verhältnis von Tragödie und Komödie neu, und zwar in einer Weise, die die Suspension der Ständeregel radikalisiert und zugleich die Motivation der bürgerlichen Autoren kenntlich werden lässt, mit dieser ästhetischen Tradition zu brechen. In seinen *Anmerkungen übers Theater*, einer rhapsodischen Schrift, die ihren Vortragscharakter beibehält (Luserke 1997, 270) und mit Ellipsen, Auslassungen, und Digressionen arbeitet (Huyssen 1980, 111) – Ausdruck eines 'genialischen Zugriffs' –, werden zwei Quellen der Kunst ermittelt: in Anlehnung an Aristoteles die Nachahmung, d.h. das freie, tätige Nachschöpfen der (göttlichen) Welt; zum anderen die Synthese von Begriff und Anschauung, wie sie Lenz in seinem eigenen Text zu realisieren versucht – durch Metaphorik, Bilder und Beispiele. Bestimmt Aristoteles als Gegenstand der Tragödie die Handlungen (d.h. den Mythos), so lehnt Lenz diese Definition im Namen der autonomen Schöpferkraft ab, zumal die Handlung bei den Griechen durch „ein eisernes Schicksal" (Lenz 5 2001, 23) determiniert sei. Er führt aus: Die Griechen konnten sich dafür „interessiren, ohne davon den Grund in der menschlichen Seele aufzusuchen und sichtbar zu machen. Wir aber hassen solche Handlungen, von denen wir die Ursache nicht einsehen, und nehmen keinen Theil dran." (Lenz 5 2001, 23) Die Geschehnisse, so lässt sich folgern, sollten sich nach Lenz – und das erinnert an Lessing – aus dem individuellen Charakter ableiten lassen; die Figuren sollten nicht lediglich als Medium fungieren, das die Handlung in Erscheinung treten lässt. Im Zentrum der Tragödie steht also der handelnde, schöpferische, individuierte Charakter, wie ihn Lenz in Goethes Drama *Götz von Berlichingen* prototypisch verwirklicht sieht. Aus dieser strengen Forderung nach Individualisierung leitet auch Lenz die klare Absage an die überkommene Ständeregel ab. Zwar kenne man „Ge-

Tragödie und Genie-Ästhetik

setze der menschlichen Seele [...], aber wo bleibt die *individuelle*? Wo die uneckle, immer gleich glänzende, rückspiegelnde, sie mag im Todtengräberbusen forschen oder unterm Reifrock der Königin?" (Lenz 5 2001, 23) An anderer Stelle heißt es: „[D]ie Mannigfaltigkeit der Charaktere und Psychologien ist die Fundgrube der Natur, hier allein schlägt die Wünschelruthe des Genies an." (Lenz 5 2001, 39) Ganz im Sinne der Genie-Poetik stellt Lenz den großen Charakter ins Zentrum der Tragödie; er ist ihr Gegenstand und ihr Schöpfer. Entsprechend ist es allein das dichterische Genie, das die Einheit des Dramas garantiert: „Was heissen die drey Einheiten? hundert Einheiten will ich euch angeben, die alle immer doch die *eine* bleiben. Einheit der Nation, Einheit der Sprache, Einheit der Religion, Einheit der Sitten – ja was wirds denn nun? Immer dasselbe, immer und ewig dasselbe. Der Dichter und das Publikum müssen die eine Einheit fühlen aber nicht klassifiziren. Gott ist nur Eins in allen seinen Werken, und der Dichter muß es auch seyn" (Lenz 5 2001, 29). Der klassizistischen französischen Poetik wird im Namen einer 'gefühlten Einheit', die zugleich diejenige der Nation sein kann, eine Absage erteilt.

Komödie und Determination

Aus dieser Tragödiendefinition ergibt sich konsequent die Bestimmung der Komödie, die vornehmlich für Lenzens Dramenproduktion zentral ist: „Die Hauptempfindung in der Komödie ist immer die Begebenheit" (Lenz 5 2001, 52). Die Figuren werden den Begebenheiten untergeordnet, und das heißt auch, dass sie nicht als autonome, als handelnde, sondern als leidende, determinierte, vorgestellt werden. Sie sind Spielbälle der Verhältnisse – ein Umstand, der zu einer offenen, episierenden Dramenform führt. Darüber hinaus wird die Komödie in gewissem Sinne universalisiert, was das Personal und ihren 'Ton' anbetrifft. In der einschlägigen (Selbst-)*Rezension des Neuen Menoza* leitet Lenz nicht nur die Aufhebung der Ständeregel aus seinem Komödienkonzept ab, sondern hebt zudem die Grenze zwischen Mittelstand und unteren Ständen auf. Die Komödie soll in Anlehnung an Shakespeares Dramen ein Panorama der gesamten Gesellschaft liefern: „Komödie ist Gemälde der menschlichen Gesellschaft" (Lenz 1992, 420). Und wie der Gegenstand der Komödie, so soll auch das Publikum „jedermann" sein können, wobei zugleich die Bindung der Komödie an das Lachen aufgegeben wird: „Ich nenne durchaus Komödie nicht eine Vorstellung die bloß Lachen erregt, sondern eine Vorstellung, die für jedermann ist. Tragödie ist nur für den ernsthaftern Teil des Publikums" (Lenz 1992, 419). Die Gattung wird von ihrem wirkästhetischen Affekt, vom Lachen, abgelöst und zugleich eng auf die gesellschaftspolitischen Zustände bezogen. Denn auch die Komödie könne tragisch sein, befinde sich die Gesellschaft in einem solchen Zustand: „Daher müssen unsere deutschen Komödienschreiber komisch und tragisch zugleich schreiben, weil das Volk, für das sie schreiben, oder doch wenigstens schreiben sollten, ein solcher Mischmasch von Kultur und Rohigkeit, Sittigkeit und Wildheit ist. So erschafft der komische Dichter dem Tragischen sein Publikum." (Lenz 1992, 420) Komödie und Tragödie werden vor dem Hintergrund einer gesellschaftlichen (Kultur-)Utopie definiert; Kriterium der ästhetischen Ordnung ist die gesellschaftliche. Die Gattung richtet sich danach, ob der gesellschaftliche Zustand freies Handeln zulässt (Tragödie), oder lediglich determinierte Gestalten hervorbringt (Komödie). Mit diesem Konzept ist ein

Aufhebung der Ständegrenzen

neuer Tragikbegriff verbunden: „Es ist nicht die Tragik individuellen Schicksals und Leidens, die Lenz in seinen Komödien betont, sondern das Trauerspiel eines Gesellschaftszustandes, der sich gewalttätig auf die unteren Stände niederschlägt" (Huyssen 1980, 115). Zugleich bereitet die Komödie der Tragödie das Terrain (Martini 1970, 180f.). Lenz bezeichnet seine eigenen Dramen entsprechend meist als Komödien, obgleich sie tragische, ja drastische Aktionen vor Augen führen, Selbstmord, Vergewaltigung, Kastration und anderes mehr. Dabei plädiert Lenz ähnlich wie später Büchner für eine realistische Darstellung, die, um jeglichen Anstrich von Idealismus zu vermeiden, gar zur Karikatur neigen darf; in den *Anmerkungen übers Theater* heißt es: „[N]ach meiner Empfindung schätz ich den Charakteristischen, selbst den Carrikaturmahler zehnmal höher als den Idealischen, hyperbolisch gesprochen, denn es gehört zehnmal mehr dazu, eine Figur mit eben der Genauigkeit und Wahrheit darzustellen, mit der das Genie sie erkennt, als zehn Jahre an einem Ideal der Schönheit zu zirkeln." (Lenz 5 2001, 24f.)

Idealismuskritik

Kennzeichen des offenen Dramas

Dominieren nicht die Figuren die Situation, sondern umgekehrt, so ergeben sich aus dieser poetologischen Bestimmung Konsequenzen für Raum, Zeit, Handlung und Sprache, die die Stücke nach der Nomenklatur von Volker Klotz als offene Dramen beschreibbar machen. An die Stelle einer linear entwickelten, kausalgenetischen Handlung treten diverse gleichberechtigte Stränge, eine Form von „Polymythie". Selbst „die dabei entstehenden mehreren Einzelhandlungen müssen keine geschlossenen Kontinua" darstellen, sondern können „punktuelle Begebnisfolgen ohne Szenenbindung" sein (Klotz 1968, 102). Das Geschehen wird, so führt Klotz über Lenz' Drama *Die Soldaten* aus, in „isolierten prägnanten Einzelstationen" vorgeführt (Klotz 1968, 103). Zu der Aufhebung einer linearen Handlung kann darüber hinaus die ausdrückliche Reflexion auf die dramatischen Vorgänge selbst führen, weil Reflexion dem Fortgang des dramatischen Geschehens grundsätzlich entgegensteht. Noch dazu muss zwischen personalisiertem und reflektierendem Strang keine Deckungsgleichheit herrschen; die Aktionen sind nicht unbedingt Exemplum der Reflexion. In einem offenen Drama sind die Einzelszenen nicht „absolut", nicht in sich geschlossen und ergeben sich nicht konsequent aus der vorhergehenden Szene. Das Drama tendiert mit dieser möglichen Austauschbarkeit der Sequenzen zur Epik, da die Episoden eher der Exemplifizierung von Zuständen als der dramatischen Entwicklung dienen. Ist das Geschehen im offenen Drama also nicht linear organisiert, so können andersartige Kohäsionsmuster etabliert werden, die die Einheit der Handlung ersetzen. In Büchners Dramen z.B. herrscht eine spezifische Form der 'rhetorischen Verklammerung', die antidramatisch, also episch, wirkt – das Geschehen wird durch metaphorische Ketten, durch Leitmotive und rekurrente Formulierungen verklammert. „Die zersprengte Handlung schließt sich auf anderer Ebene wieder zusammen. Die Textur übernimmt Aufgaben der Struktur", so führt Klotz aus (1968, 108).

Pluralisierung von Raum und Zeit

Der Raum bildet im offenen Drama keinen gleichbleibenden, „qualitätslose[n], unselbständige[n] Rahmen" (Klotz 1968, 45), sondern tendiert zur Pluralisierung; die Lokalitäten wechseln vielfach. Zudem vermag der Raum als Ausdruck gesellschaftlich-sozialer Determinanten, als Milieu, selbst zum dramatischen Akteur zu werden. Diese Raumdispersion führt ebenfalls zur Episierung des Dramas, „weil raum-zeitliche Diskontinuität im Drama eine 'Erzählfunktion' impliziert, auf die dieses diskontinuierliche Arrangement der Szenenabfolge zu beziehen ist" (Pfister 1982, 336). Der Pluralisierung der Orte entspricht eine Vervielfältigung der Zeitsequenzen und Zeitqualitäten. Zum einen kann die Zeit selbst zum dramatischen Akteur werden – wenn es beispielsweise in einer Zufallsdramaturgie um ein Zu-spät-kommen geht, das das tragische Geschehen auslöst. Zum anderen können große Zeitsprünge zwischen den einzelnen Ereignissen herrschen, die den Kausalnexus zwischen den Szenen sprengen und die Figuren einer reinen, erinnerungslosen Gegenwart ausliefern – Zeichen ihrer (Handlungs-)Ohnmacht. „Diese Gegenwart schluckt die verbindenden Rückwärts- und Vorwärtsbezüge, die der Person ermöglichten, sich und das Geschehen im Stadium der Entwicklung zu sehen. Sie schluckt den Abstand, der der Person ermöglichte, das Jetzt einzugliedern in Zusammenhänge, es zu messen an Vergangenem und Kommendem, an Erlebtem und Geplantem." (Klotz 1968, 123 f.)

Pluralisierung der Sprachbereiche

Der Vielfalt der Orte und Zeitsequenzen entspricht im offenen Drama die der Sprachbereiche. Die Figuren werden durch ihre Rede sozial verortet – durch Dialekte –, zudem durch Spracheigentümlichkeiten charakterisiert – durch Idiolekte. Über Aposiopesen, Anakoluthe und Ellipsen, also über Abbrüche und unvollständige Sätze, wird unstilisierte, alltägliche Mündlichkeit inszeniert; der naturalistische Dialog nimmt z. B. „die Aufnahmen späterer Phonogrammarchive vorweg" (Szondi 1978, 66). Dabei zeichnet sich bereits in Lenzens Stücken ein Phänomen ab, das bis in das 20. Jahrhundert hinein virulent sein wird und von Horváth mit dem Begriff Bildungsjargon belegt wird: Die Figuren beherrschen ihre Sprache nicht. Sie sprechen in fremden Zungen, machen Anleihen an elaborierte Sprachbereiche und entlarven sich durch den falschen Gebrauch von Begriffen. Dieser Konflikt zwischen Anspruch und Vermögen, der durch Katachresen, also schiefe Bilder, durch den Zusammenprall von abstrakten und konkreten Formulierungen, durch die Montage von Sprichwörtern und pseudowissenschaftlichen Wendungen kenntlich wird, zeichnet gemeinhin Figuren aus, die gesellschaftlich aufzusteigen versuchen und mit ihrer permanenten Degradierung rechnen – Sprache fungiert als symbolisches Kapital. Die Figuren der sozialen Dramen und bürgerlichen Trauerspiele verfügen vielfach nicht über eine eigene Sprache, sind nicht im Besitz einer authentisch-individualisierenden Ausdrucksform. Auch in Büchners bürgerlichem Trauerspiel *Woyzeck* z. B. sprechen die Figuren in fremden Zungen, die das soziale Milieu charakterisieren. Es werden Bibelsprüche (Klotz 1968, 199 f.) eingearbeitet, volkstümliche Lieder, Märchen und Sprichwörter (Klotz 1968, 213 f.); die Figuren demonstrieren ein „unbewußte[s] Sprechen" (Klotz 1968, 220). Deutlich wird jedoch auch die Tatsache, dass sie nicht im Besitz einer identitätsstiftenden Sprache sind, die Authentizität für sich in Anspruch nehmen kann.

Sprache als symbolisches Kapital

Universalisierung der Komödie

Hält Lenz also in seiner Tragödientheorie an dem großen Einzelnen fest, wie ihn die Genie-Epoche propagiert, so formuliert seine Komödientheorie nicht nur die Absage an dieses Individualitätsmodell, sondern leistet zugleich eine universalisierende Öffnung der Gattung; zum Personal können

Vertreter aller Schichten werden, und zwar im Kontext gegenseitiger Abhängigkeiten und grundsätzlicher Determination. In Zusammenhang mit dieser gesellschaftlichen Öffnung entwickelt Lenz eine offene Struktur, die für das soziale Drama der nächsten beiden Jahrhunderte als vorbildlich gelten kann, wobei sich die Poetik der Determination, wie sie Lenz entwirft, in den folgenden Jahrhunderten im Spannungsfeld von Identifikationstheater (Hauptmann), das Lessings Mitleidsethos folgt (Szondi 1978, 78), und seiner Aufhebung (Brecht) bewegen wird.

3. Das epische Theater und die Abschaffung des Individuums (Brecht)

Das Milieu als dramatisches Subjekt

Szondi beschreibt in seiner *Theorie des modernen Dramas* die Episierungstendenzen, die sich um 1900, also in den Stücken von Ibsen, Hauptmann, Strindberg, Tschechow und anderen, feststellen lassen. Diese Episierung ist ganz wesentlich auf den sich verändernden Status des (dramatischen) Subjekts zurückzuführen. Werden in der zweiten Hälfte des 19. Jahrhunderts naturwissenschaftliche Theorien wie z. B. Darwinismus, Vererbungslehren und Milieutheorien zu leitenden Paradigmen, an denen sich auch die Kunst orientiert, so gilt infolge dessen der Einzelne als Produkt seiner Umwelt und Vorwelt. Determination, wie sie sich bei Lenz und Büchner abzeichnet, wird zum herausragenden Grundzug des Personals, und zwar mit weitreichenden dramentechnischen Konsequenzen; das determinierende Milieu wird zum dramatischen Akteur, das Einzelleben zum Ausdruck und Effekt gesellschaftlich-ökonomischer Zustände. Szondi hält z. B. über Hauptmanns Stücke fest: „Der soziale Dramatiker versucht die dramatische Darstellung jener ökonomisch-politischen Zustände, unter deren Diktat das individuelle Leben geraten ist. Er hat Faktoren aufzuweisen, die jenseits der einzelnen Situation und der einzelnen Tat wurzeln und sie dennoch bestimmen. Dies dramatisch darstellen heißt als Vorarbeit: die Umsetzung der entfremdeten Zuständlichkeit in zwischenmenschliche Aktualität" (Szondi 1978, 59). Damit verändert sich der Status der Figur wie der Szene: „Die dramatis personae vertreten Tausende von Menschen, die unter denselben Verhältnissen leben, ihre Situation vertritt eine durch die ökonomischen Faktoren bedingte Gleichförmigkeit. Ihr Schicksal ist Beispiel, Mittel der Aufzeigung." (Szondi 1978, 60)

Das analytische Drama

Wird in den Dramen des Naturalismus das Milieu dominant, so führt dies zu dramentechnischen Innovationen, wie sich z. B. an Hauptmanns Dramen ablesen lässt. Stücke, die die gesellschaftlichen Zustände in ihren Mittelpunkt stellen, tendieren vielfach zu einer analytischen Darstellungsform: Die Misere wird nach und nach enthüllt; die Situation wird wiederholt geschildert, besprochen, von Reisenden kommentiert, doch nicht unmittelbar als dramatischer Konflikt vorgestellt. Die abstrakt-anonymen Konstellationen entziehen sich einer personalisierten Konfliktstruktur, wie sie das klassische Drama mit seinen Antagonisten kennt. Das Geschehen

Der Bote aus der Fremde

in *Vor Sonnenaufgang* z. B. wird dadurch in Gang gesetzt, dass ein 'Bote aus der Fremde', nämlich Loth, erscheint, der die maroden Verhältnisse nach und nach bloßlegt. „Die Familie Krause [aus Hauptmanns Stück;

Anm. v. Verf.] gelangt zu dramatischer Darstellung, indem sie sich allmählich dem Besucher enthüllt. Sie erscheint dem Leser oder Zuschauer in Loths Perspektive, als Forschungsobjekt des Wissenschaftlers. In der Maske Loths tritt also das epische Ich auf. Die dramatische Handlung selbst ist nichts anderes als die thematische Travestie des epischen Formprinzips: der Besuch Loths bei der Familie Krause gestaltet im Thematischen das formbegründende Herantreten des Epikers an seinen Gegenstand." (Szondi 1978, 62) Szondi schließt: „Die Erscheinung des Fremden besagt [...], daß die Menschen, die durch ihn zu dramatischer Darstellung gelangen, von sich aus dazu nicht fähig wären." (Szondi 1978, 62) Das Geschehen folgt also einer anagnoretischen Struktur. Es geht um das sukzessive Aufdecken von Zusammenhängen. Diese grundlegend analytische Struktur lässt den Gegenstand in Form seiner Reflexion erscheinen, nicht aber unmittelbar als dramatischen Akt.

Die Absage an Individualität

Dieser Gedanke fundamentaler Determiniertheit, wie er u.a. Hauptmanns Dramen zugrunde liegt, führt zur Absage an das Konzept des Individuums. Vor allem in Brechts epischem Theater wird das bürgerliche Prinzip der Individualität aufgekündigt, und es werden die Produktions- wie Rezeptionsbedingungen der bürgerlichen „kulinarischen" Theatertradition, die auf Illusionismus und Identifikation basieren und im Naturalismus fortgeführt werden, radikal in Frage gestellt. Gegen das Theater Lessingscher Provenienz setzt Brecht das epische Theater, das auf Grundlage des dialektischen Materialismus (Hecht 1986, 49) das bürgerliche Individuum als obsoletes Prinzip hinter sich lässt. „In der Ökonomie einer rein merkantilen Kultur definiert sich das Individuum ausschließlich als Vertragspartner innerhalb gesellschaftlicher Strukturen jeder Art." (Berg, Jeske 1998, 71 f.) Die theoretischen Äußerungen Brechts entstehen dabei in enger Auseinandersetzung mit seiner praktischen Arbeit, lassen sich also auch als Schauspieltheorie lesen; das Spiel, die Aufführung, wird im Verhältnis zum Lesetext aufgewertet (Hecht 1986, 57). Deshalb wird vom „epischen Theater", nicht vom „epischen Drama" gesprochen.

Der Weg zum epischen Theater

Hecht rekonstruiert Brechts Weg zum epischen Theater wie folgt (Hecht 1962): In dem Aufsatz *Über Stoffe und Form* (1929) verwirft Brecht zunächst das klassische Drama, genauer: das gehobene Versmaß, die festgelegte Akteinteilung, den gradlinigen Handlungsverlauf, die eindeutigen, festgelegten Helden und die Determinierung durch das Schicksal. In dem Beitrag *Letzte Etappe: „Ödipus"* wird der Begriff „episch" dann positiv als Berichtsgestus bestimmt sowie das Konzept eines theatralischen Gestariums entworfen, nach dem Stoffe grundsätzlich Gestencharakter besitzen. Helene Weigels Schauspiel wird als nicht-identifikatorisches Spiel gelobt; die Haltungen werden als rituelle vorgeführt und enthalten eine Stellungnahme zum Geschehen. In den *Versuche*-Heften ab 1930 wird die Theorie des epischen Theaters weiterentwickelt, ebenso in den *Anmerkungen zur „Mutter"* (Hecht 1986, 64f.); das berühmte Schema, das aristotelische und epische Form gegenüberstellt, findet sich in den *Anmerkungen zur Oper „Aufstieg und Fall der Stadt Mahagonny"* (1931; 2. Fassung 1938; abgedruckt u.a. in Kersting 1959, 51; Szondi 1978, 106f.). Brecht versucht das bürgerliche Drama der Identifikation und des Mitleids wie das damit verbundene Programm (bürgerlicher) Individualität vor allem deshalb zu überwinden, weil diese Theaterform gesellschaftliche Machtverhältnisse zementiere – beispielsweise, indem auf der Bühne der Schein von Autonomie und Tatkraft evoziert wird, die Guckkastenbühne jedoch die Passivität der Theaterzuschauer affirmiert, die sich im Alltag als Unterwerfung unter die Produktionsverhältnisse äußert. Die illusionistische Bühne des bürgerlichen Theaters schottet sich als Unterhaltungs- und Bildungsinstanz von der konkreten Realität gesellschaftlicher Missverhältnisse ab, so die Kritik Brechts, propagiere zudem eherne Gesetze, schicksalhafte, überzeitliche Zusammenhänge, die sich dem menschlichen Zugriff zu entziehen scheinen, wo doch Veränderung möglich wäre. Dem Drama Brechts hingegen ist an der konsequenten Historisierung von gesellschaftlichen Entfremdungszuständen gelegen. Generalthema seines Theaters ist, der wissenschaftlich-soziologischen Ausrichtung des epischen Theaters entsprechend, der gesellschaftliche „‚Unterbau' der Taten in dessen dinglicher Entfremdung" (Szondi 1978, 108). Es geht Brecht um die Demonstration spezifischer historischer Zustände, die das Handeln der Figuren bedingen, jedoch zu verändern wären.

Die Absage an die Illusionsdramatik

Brechts *Kleines Organon für das Theater*

Im *Kleinen Organon für das Theater* (1948), einer Zusammenfassung der dramaturgischen, dialogisch angelegten Schrift *Der Messingkauf,* werden die Konsequenzen der neuen Theaterform präzisiert; die Konzepte, die im *Messingkauf* dialektisch entwickelt werden, sind hier in handliche, lehrhafte Sätze gefasst (Knopf 1980, 458), die jedoch nicht über die Offenheit des Konzeptes hinwegtäuschen sollten (Müller 1972, 47). Zu berücksichtigen ist dabei, dass das Verhältnis zwischen Brechts Theorie und seinen Dramen grundsätzlich als prekär gilt; keinesfalls kommt beides zur Deckung (Hörnigk 1999, 235). Zu berücksichtigen ist ebenso, dass in den *Nachträgen* zum *Organon* der Begriff des epischen Theaters ausdrücklich verabschiedet wird, weil er zu Missverständnissen Anlass gibt; an seine Stelle rückt das „Theater des wissenschaftlichen Zeitalters".

Über die Zuschauer des traditionellen Theaters heißt es im *Kleinen Organon* zunächst: „Untereinander verkehren sie [die Zuschauer; Anm. v. Verf.] kaum, ihr Beisammensein ist wie das von lauter Schlafenden, aber solchen, die unruhig träumen, weil sie, wie das Volk von den Albträumern sagt, auf dem Rücken liegen. Sie haben freilich ihre Augen offen, aber sie schauen nicht, sie stieren, wie sie auch nicht hören, sondern lauschen. [...] Schauen und Hören sind Tätigkeiten, mitunter vergnügliche, aber diese Leute scheinen von jeder Tätigkeit entbunden und wie solche, mit denen etwas gemacht wird" (Brecht 1964, 23f.) – vornehmlich, weil sie sich mit dem Bühnengeschehen identifizieren. Diese Form von Identifikation, die darauf zurückzuführen ist, dass der Zuschauer „in den Besitz ganz bestimmter Empfindungen zu kommen" wünscht (Brecht 1964, 25), ist allein in einem Theater möglich, das die Widersprüche der Wirklichkeit durch harmonische Scheinbilder verdeckt und die Katastrophen als notwendige erscheinen lässt: „Das Theater, wie wir es vorfinden, zeigt die Struktur der Gesellschaft (abgebildet auf der Bühne) nicht als beeinflußbar durch die Gesellschaft (im Zuschauerraum)." (Brecht 1964, 27) Das historische Feld, das auf der Bühne vorgestellt wird, sollte deshalb, so Brechts Forderung, als dynamisches präsentiert werden, d.h. in seiner historischen Bedingtheit; allein diese Relativierung verhindere Einfühlung sowie eine pro-

Historisierung der Konflikte

grammatische, überzeitliche Didaktik. Szondi führt aus: „Der Vorgang auf der Bühne füllt die Aufführung nicht mehr vollständig aus, wie einst die dramatische, bei dem das historische Moment der Aufführung deshalb untergehen mußte [...]. Der Vorgang ist jetzt Erzählgegenstand der Bühne, sie verhält sich zu ihm wie der Epiker zu seinem Gegenstand: das Gegenüber beider ergibt erst die Ganzheit des Werks. Ebenso wird der Zuschauer nicht außerhalb des Spiels gelassen, ins Spiel aber auch nicht suggestiv hineingerissen ('illudiert'), so daß er aufhörte, Zuschauer zu sein, sondern er wird dem Vorgang als Zuschauer gegenübergesetzt, der Vorgang wird ihm als Gegenstand seiner Betrachtung dargeboten." (Szondi 1978, 107) Auf diese Weise kann der Zuschauer „nicht schlechthin fühlen: 'So würde ich auch handeln', sondern kann höchstens sagen: 'Wenn ich unter solchen Umständen gelebt hätte'" (Brecht 1964, 29f.). Für das Bühnengeschehen bedeutet dieses Konzept, dass diverse historische Zustände überlagert werden, um einen (dynamisch-dialektischen) Widerspruch zu provozieren (Boner 1995, 80f.), um also die ausgesparten Varianten *möglichen* Handelns in Erscheinung treten zu lassen: „Das historisierende Abbild wird etwas von den Skizzen an sich haben, die um die herausgearbeitete Figur herum noch die Spuren anderer Bewegungen und Züge aufweisen. Oder man denke an einen Mann, der in einem Tal eine Rede hält, in der er mitunter seine Meinung ändert oder lediglich Sätze spricht, die sich widersprechen, so daß das Echo, mitsprechend, die Konfrontation der Sätze vornimmt." (Brecht 1964, 31) Werkzeug dieser Möglichkeitsdramaturgie ist unter anderem die Geste, die in Brechts Theatertheorie zentral ist (Benjamin 1966, 9; ebenso Heinze 1992). Geste meint im Kontext von Brechts materialistischer Konzeption nicht den Ausdruck von Innerlichkeit, sondern ist Chiffre realen Verhaltens im sozial-intersubjektiven Raum; sie ist dasjenige physische Zeichen, das reale Einstellungen und Haltungen dokumentiert (Knopf 1980, 392). Die Geste kann damit zu dem Ort werden, an dem sich Verhaltensmöglichkeiten ankündigen und überlagern. Brecht bildet also gesellschaftliche Verhältnisse als physische ab, wobei der Körper sowohl als Metapher als auch als buchstäbliches (Kampf-)Feld fungiert. Entsprechend betont die neuere Brechtforschung, die den rationalistischen Deutungen der 70er und 80er Jahre entgegen arbeitet, die Bedeutung von Physis in Brechts Texten (Lethen 1994, 170f.), die sich der theoretischen Überformung entzieht, ja diese unterläuft. Lethen erklärt in einem von Hörnigk herausgegebenen Gespräch: „Brecht läßt in seinen Stücken das Pathos des politischen Existenzialismus am Körper scheitern, der gegen den Rationalismus der politischen Diktate interveniert." (Hörnigk 1999, 226)

Vermeidung von Identifikation

Die Geste

Die Spielweise, die die gesellschaftlichen Widersprüche fassbar werden lässt, „beruht auf dem *Verfremdungseffekt* (*V-Effekt*). Eine verfremdende Abbildung ist eine solche, die den Gegenstand zwar erkennen, ihn aber doch zugleich fremd erscheinen lässt" (Brecht 1964, 32), wobei diese Verfremdungen „den gesellschaftlich beeinflußbaren Vorgängen den Stempel des Vertrauten wegnehmen [sollen], der sie heute vor dem Eingriff bewahrt" (Brecht 1964, 33). Brechts Ziel ist es, das Vertraute unvertraut erscheinen zu lassen, ein Effekt, der durch diverse Verfahren zu bewerkstelligen ist. Der Schauspieler kann z. B. seine Figur demonstrieren, also zeigen,

V-Effekte

dass sie nicht lediglich erlebt ist (Brecht 1964, 36) – Brecht scheint eine Doppelstrategie im Auge zu haben, Identifikation und Distanz. Eine solche Spielweise ermöglicht es auch, dass der Zuschauer „eine Frau, während er sie sprechen hört, im Geist noch anders sprechen hören [kann], sagen wir in ein paar Wochen" (Brecht 1964, 38). Brecht entwickelt eine Vielzahl solcher Verfremdungsstrategien, die sich auch in seinen Dramentexten niederschlagen, z.B. Zitieren und Referieren – der Schauspieler lässt deutlich werden, dass er einen Text zitiert –, z.B. das Überführen eines Sachverhalts in die Vergangenheit, um Distanz herzustellen, z.B. das Mitsprechen von Spielanweisungen sowie Kommentaren und anderes mehr (Knopf 1980, 388f.).

Der Widerspruch als theatralisches Mittel

Ein weiterer Zentralbegriff der Brechtschen Dramatik ist der des Widerspruchs, der u.a. die Kontrastierung der theatralischen Mittel mit sich bringt. Brecht ist an der radikalen Trennung und Ausdifferenzierung der theatralischen Elemente gelegen (Berg, Jeske 1998, 100; Hecht 1986, 74); die theatralischen Mittel sollten sich nicht im Sinne eines rauschhaften Gesamtkunstwerks verbinden, sondern gegeneinander Einspruch erheben, sich relativieren und Lücken kenntlich werden lassen. Die Künste sollten sich „gegenseitig verfremden" (Brecht 1964, 56). Bereits in seinen frühen dramatischen Versuchen setzt Brecht, angeregt durch Karl Valentin, Prosa, Vers, Musik und Gesang gegeneinander, um einer starren Bühnendramaturgie zu entgehen (Berg, Jeske 1998, 73). Und auch die Tat und der Charakter, zwei Größen, die Lessing kausalgenetisch verknüpft hatte, werden separiert und im Sinne des Widerspruchs aufeinander bezogen: „Es ist eine zu große Vereinfachung, wenn man die Taten auf den Charakter und den Charakter auf die Taten abpaßt; die Widersprüche, welche Taten und Charakter wirklicher Menschen aufweisen, lassen sich so nicht aufzeigen." (Brecht 1964, 39) Oder – dialektisch formuliert –: „Die Einheit der Figur wird nämlich durch die Art gebildet, in der sich ihre einzelnen Eigenschaften widersprechen." (Brecht 1964, 40) Für die Aufführung bringt dieses Konzept mit sich, dass die Inszenierung als Konstruktion zu erscheinen habe: „Die Teile der Fabel sind also sorgfältig gegeneinander zu setzen, indem ihnen ihre eigene Struktur, eines Stückchens im Stück, gegeben wird. Man einigt sich zu diesem Zweck am besten auf Titel" (Brecht 1964, 50). Realisiert wird diese 'Dekonstruktion' der Fabel durch „die musikalischen Adressen an das Publikum in den Liedern", durch die projizierten Zwischentexte, Chöre, Songs oder die Ausrufe der Zeitungsverkäufer im Saal (Brecht 1964, 53). Brecht geht also über die traditionellen Theatermittel einer bürgerlichen Bühnenpraxis weit hinaus (Hecht 1972, 180). In Bezug auf den Raum verlangt dieses Theaterkonzept die Aufgabe eines mimetischen Illusionismus. Dem Bühnenbildner, den Brecht bezeichnenderweise Bühnenbauer nennt, eröffnen sich unzählige Möglichkeiten, „wenn er beim Aufbau der Schauplätze nicht mehr die Illusion eines Raumes oder einer Gegend erzielen muß. Da genügen Andeutungen, jedoch müssen sie mehr geschichtlich oder gesellschaftlich Interessantes aussagen, als es die aktuale Gegend tut." (Brecht 1964, 55) Wichtig ist Brecht, „daß die Bühne Bilder entwirft, die die Benutzung von Umwelt und Dingen in ihrer Funktion zeigen" (Knopf 1980, 399).

Tat versus Charakter

Die Inszenierung als Konstruktion

Ent- und Verfremdung

Diese Mittel sind allesamt auf ein Ziel ausgerichtet, nämlich die Selbstentfremdung des Menschen im kapitalistischen Zeitalter vorzuführen und die gesellschaftlichen Determinanten als veränderbare erscheinen zu lassen. „Durch diese Verfremdungen erhält der Subjekt-Objekt-Gegensatz, der am Ursprung des Epischen Theaters steht: die Selbstentfremdung des Menschen, dem das eigene gesellschaftliche Sein gegenständlich geworden ist, in allen Schichten des Werks seinen formalen Niederschlag und wird so zu dessen allgemeinem Formprinzip." (Szondi 1978, 110) Das soziale Drama Brechts, und als solches kann sein episches Theater eindeutig bezeichnet werden, soll entfremdete Haltungen durch Verfremdung kenntlich werden lassen, damit zugleich alternative Handlungsmodelle, die die gesellschaftliche Determiniertheit, die gesellschaftlichen Unterwerfungsstrukturen, aufsprengen. In Brechts Theater werden also zum einen die Gesetze der Entfremdung sichtbar gemacht – freilich jenseits eines ehernen Schicksals –, zum anderen geht es darum, diese als überwindbare zu demonstrieren. Ein Determinismusgedanke, wie er im Naturalismus vertreten wird, gilt Brecht entsprechend geradezu als fatal. Brecht verfolgt also insgesamt das Ziel, einerseits den Status determinierter Figuren sichtbar zu machen, diesen Status andererseits als überwindbaren fassbar werden zu lassen.

Tragödie als Komödie

Zu überlegen bleibt, in wieweit der traditionelle Tragödienbegriff für Brecht Relevanz besitzt (Hörnigk 1999, 222). Brechts 'Lustspiele und Komödien' ließen sich als aufgehobene Trauerspiele beschreiben, in denen die obsolete Tragödie in die Komödie umschlägt. Während seiner Arbeit an dem frühen Stück *Mann ist Mann*, das die „Abschaffung des Charakterkopfes", des bürgerlichen Individuums, durchführt, spricht er von der „ungeheuerlichen Mischung von Tragik und Komik [...], welche darin besteht, daß ein Mann dargestellt wird, der nach *solchen* Manipulationen an ihm noch lebt. [...]. *Mann ist Mann* ist also ein Lustspiel, obwohl die Thematik – die Vernichtung des autonomen Individuums – nach den Kategorien des traditionellen Kunst- und Wirklichkeitsverständnisses ein Trauerspiel erwarten ließ: die Wahl der Gattung ist eine gesellschaftliche Stellungnahme." (Müller 1984, 100) Komödiantisch ist das Geschehen deshalb, weil eine objektiv überlebte, wenngleich subjektiv noch weiterhin verbindliche Form historischer Realität verabschiedet wird (Müller 1984, 100). Entsprechend wird in Brechts Stücken wiederholt über die (gesellschaftliche) Funktion der Tragödie nachgedacht, beispielsweise in *Die heilige Johanna der Schlachthöfe*.

V. Geschichte der Gattung

1. Genese und Varianten des bürgerlichen Trauerspiels im 18. Jahrhundert

Transformation der Gattungskonventionen

Das deutschsprachige Trauerspiel überschreitet also dezidiert die bis dahin verbindlichen Gattungskonventionen sowie die damit verbundenen gesellschaftlichen Implikationen; eingeschrieben ist dem bürgerlichen Trauerspiel die Absage an den Französischen Klassizismus, an seine Dramenpraxis und vor allem an die Ständeregel. Gerechtfertigt wird diese Aufhebung der Ständeregel durch wirkästhetische Argumente: Relevant sei das Ausmaß der Wirkung, das ein Drama produziere, und diese Wirkung sei um so größer, je ähnlicher die Helden dem Publikum seien. Damit kann auch ein bürgerliches Personal zum Gegenstand des tragischen Geschehens werden, ist es ein bürgerliches Publikum, das das dramatische Geschehen rezipiert. Der Begriff des Bürgers wird allerdings unterschiedlich definiert; zuweilen ist es der Stand, zuweilen der Charakter, die die Bürgerlichen auf der Bühne als solche bestimmen; allein letzteres jedoch lässt die Gleichsetzung von Bürger und Mensch zu, an der einigen der Autoren der Empfindsamkeit gelegen ist. Die bürgerlichen Trauerspiele des 18. Jahrhunderts werden im allgemeinen zwei Phasen zugeordnet: Zunächst dominiert das bürgerliche Empfindsamkeitsethos; das Drama steht ganz im Zeichen bürgerlicher Tugendproklamation. In den Dramen des Sturm und Drang zeichnet sich eine Verschiebung ab, wie sie sich bereits in Lessings *Emilia Galotti* andeutet: Nicht mehr der geschlossene Familienkreis stellt das dramatische Personal, sondern der Ständekonflikt rückt in den Mittelpunkt. Anders als das empfindsame bürgerliche Trauerspiel der 50er und 60er Jahre, das die zum allgemeinmenschlichen Ethos proklamierte Tugend in Szene setzt, präsentiert das bürgerliche Trauerspiel der 70er Jahre ständische Konflikte und berücksichtigt soziale Determinanten. Nun ist es die Konfrontation zwischen Bürgern und Adeligen, die die Katastrophen produziert; das beliebte Motiv der verführten Unschuld, das Lessing in *Emilia Galotti* ebenso aufgreift wie Wagner in *Die Kindermörderin* und Lenz in *Die Soldaten*, lässt vornehmlich die Übergriffe von Adeligen zum Sujet werden. Allerdings kommen diese Stücke nicht umhin, zugleich auch die immanenten Probleme der bürgerlichen (Familien-)Ordnung sichtbar werden zu lassen. Die bürgerlichen Trauerspiele folgen dem bürgerlichen Ethos und lassen zugleich die Widersprüche und Paradoxien der Konzepte in Erscheinung treten. Arbeiten die Dramen an der Konstitution eines bürgerlichen kulturellen Selbstausdrucks, an einer (symbolischen) bürgerlichen Identität, so wird diese zugleich demontiert.

Zwei Phasen

Vorbilder

Allerdings entsteht das bürgerliche Trauerspiel in Deutschland, wie bereits angedeutet, nicht ohne wichtige Vorläufer und Vorbilder aus der Hochburg der Empfindsamkeit, England, und Frankreich. Als besonders einflussreich für die deutschen und auch die französischen Trauerspiele, die das Privatleben zu ihrem Gegenstand machen, kann George Lillos Stück *Der Kaufmann von Londen oder Begebenheiten Georg Barnwells* (1731) sowie Edward Moores Stück *The Gamester* (1753) gelten. Beide Stücke haben großen Erfolg, zunächst auf den englischen Bühnen, ab 1754 auch auf den deutschen. Lillos Drama wird zwar erst in der Übersetzung von Pierre Clément de Genève (1748) mit der Gattungsbezeichnung *drame bourgeois* versehen; Henning Adam von Bassewitz (1752) untertitelt das Stück dann mit „Ein bürgerliches Trauerspiel". Allerdings wird in dem berühmten Vorwort Lillos ausdrücklich das „private life" zum Gegenstand der hohen Tragödie erklärt. Vorlage des Dramas – damit folgt Lillo der klassizistischen Tradition, die die Tragödie auf die historisch-literarische Überlieferung verpflichtet hatte – ist eine Ballade (abgedruckt in Lillo 1981, 112f.), die der Schauer-Literatur zuzurechnen ist: Ein junger unerfahrener Mann wird durch die Inkarnation der Lasterhaftigkeit, durch Lady Millwood, verführt; diese stiftet ihn zum Raub, ja zum Mord an, der seine Verurteilung zum Tod nach sich zieht. Lillo verwendet diesen Balladenstoff, der in Prosa mit Anklängen an den Blankvers überführt wird (Szondi 1973, 106), um ihn im Sinne eines puritanischen Kaufmannsethos 'aus dem Geist des Kapitalismus' umzubilden. Das Drama gibt Anweisungen zur individuellen Lebensführung, warnt vor sinnlichen Verstrickungen und preist den Stand des Kaufmanns. Szondi zieht entsprechend Max Webers Schrift *Die Protestantische Ethik und der Geist des Kapitalismus*, in der ein enger Zusammenhang zwischen puritanischen Überzeugungen und wirtschaftlicher Prosperität hergestellt wird, zur Analyse des Dramas heran (Szondi 1973, 48f.). Dieses programmatische Ethos des Stückes, das in handlungsarmen Monologen vorgetragen wird und deshalb gegen die Ständeregel verstößt, weil die vaterländischen Meriten des Kaufmanns denen des Adels gleichgestellt werden, wird mit der Verführungsgeschichte des jungen Barnwell verklammert; nebeneinander stehen gemäß einer bivalenten Moralkonzeption Tugend und Laster. Moniert wurde zuweilen (Lillo 1981, 131), dass die beiden Stränge des Dramas, das Kaufmannsgeschehen und die Verführungsgeschichte, unverbunden blieben. Tatsächlich aber führt das tragische Geschehen um den jungen Barnwell *en détail* vor, was das puritanische Pflichtethos bedroht: Sinnlichkeit, Sexualität und ungezügelte Leidenschaft.

Private life

Das puritanische Leistungsethos

Begehren und Melancholie

Vor allem die Frauengestalten dieses Stücks sind für das deutsche bürgerliche Trauerspiel von Bedeutung. Asexuelle Tugend, verkörpert durch die gehorsame Tochter des Kaufmanns Maria, und tugendlose Sexualität, wie sie Lady Millwood vertritt, werden gegen einander gestellt, wobei diesen weiblichen Gestalten die Funktion der Kommentierung und der Kritik zukommt. So gibt die Melancholie Marias, die an ihrem unaussprechlichen Liebesverlangen nach Barnwell, an ihrem Begehren, verkümmert, die domestizierende Gewalt der pietistischen Lebensmaximen preis. Die Pflicht, in jedem Augenblick ein gottgefälliges Leben zu führen, führt zu Triebverzicht und Trauer. Szondi kommentiert: „So kann es dann zu einem *whole life of tortures* kommen, wenn der Geist den Begierden im Wege steht. Marias Melancholie aber ist die Folge dieses inneren Konflikts." (Szondi 1973, 85) An diesen beiden scheinbar so entgegengesetzten Frauenfiguren zeigt sich der Sieg des Puritanismus als „Pyrrhussieg" (Szondi 1973, 72). Kenntlich werden die Verdrängungen und Ausgrenzungen, die dieses Ethos mit sich bringt. Das Laster wird auf Lady Millwood verschoben, die damit zur *femme fatale* wird, und propagiert wird die

Unterdrückung von Leidenschaften, die Maria zu Tristesse und Melancholie verurteilt.

Verwandtschaftsbeziehungen

Ein weiterer Autor, der für das deutsche Trauerspiel von zentraler Bedeutung ist, ist der Franzose Denis Diderot. Wird in dem englischen Kaufmannsdrama Lillos ein (bürgerlicher) Stand auf die Bühne gebracht und zum Gegenstand des tragischen, ja tödlichen Geschehens, so treten in Diderots rührenden Komödien ebenfalls bürgerliche *Stände* in den Mittelpunkt. Allerdings ergibt sich das dramatische Geschehen vor allem aus den privaten Beziehungen und Konflikten der Figuren. In seinen theoretischen Ausführungen *Von der dramatischen Dichtkunst,* die Lessing 1760 zusammen mit Diderots Schauspiel *Der Hausvater* übersetzt – also 5 Jahre nach der Veröffentlichung seines eigenen bürgerlichen Trauerspiels *Miß Sara Sampson* – heißt es: „Die Pflichten des Menschen sind für den dramatischen Dichter eine eben so reiche Grube, als ihre Lächerlichkeiten und Laster" (Lessing 1990, 128), und diese Pflichten definiert Diderot nur scheinbar über den Stand. Denn Diderot spricht nicht nur von Kaufleuten und Richtern, also Ständen, sondern zugleich von Ehemännern, Schwestern und Brüdern, also von Verwandtschaftsbeziehungen. Entsprechend fehlen in Diderots Dramen *Le Fils naturel* und *Père de Famille* Angaben, die die Berufsstände präzisieren. An Diderots Stücken lässt sich mithin ablesen, dass Bürgerlichkeit primär über empfindsame Konflikte definiert wird, auch wenn es sich um adeliges Personal handelt wie in dem Stück *Père de Famille.*

Diderots *Père de Famille*

In diesem Drama steht das Zerwürfnis innerhalb einer (adeligen) Familie im Zentrum; Ausgangspunkt ist ein tiefgreifender Konflikt zwischen Vater und Sohn. Der Sohn geht seine eigenen Wege, entzieht sich dem „allzuzärtliche[n] Vaterherz" (Hv, 33) und der Gemeinschaft, weil er in ein armes tugendhaftes Mädchen verliebt ist. Parallel zu diesem Dissens zwischen Vater und Sohn wird ein Vater-Tochter-Konflikt entworfen. Die Tochter ist in den Adoptivsohn der Familie, in Germeuil, verliebt, glaubt jedoch nicht an die Zustimmung des Vaters, Herrn d'Orbesson, da der junge Mann mittellos ist. Der Vater versucht die unstandesgemäße Heirat des Sohnes zu unterbinden – hier zeigt sich trotz des universalisierten Empfindsamkeitsethos gleichwohl die Bedeutung des Standes. Doch seine Weigerung bedroht die gesamte Familie, denn der erboste Hausvater droht zum Tyrannen zu werden; der Vater verstößt, indem er den Pflichten eines Hausvaters nachzukommen sucht, genau gegen diese Pflichten. Deutlich wird, „daß die Kommunikationsregeln im familialen Binnenraum (der freiwillige Verzicht auf die väterliche *potestas*) nur solange gelten, wie die bloß vorbehaltlich suspendierte Autorität sich nicht herausgefordert sieht" (Lehmann 2000, 109). Zärtlich vermag der Vater nur zu sein, solange Gehorsam selbstverständlich ist.

Der Hausvater als Tyrann

Schlusstableau und Familienethos

Als der Hausvater jedoch erfährt, welche Verwirrung seine Härte und sein Groll auslösen – im letzten Auftritt kommt es zu einer Szene mit ekstatischen Ausrufen und Kniefällen, als Sophia, die arme Geliebte des Sohnes, aufgrund einer Intrige verhaftet werden soll –, nimmt er seine Kinder wieder an. Ähnlich wie der reumütige Vater in *Miß Sara Sampson* wird Herr d'Orbesson nicht zuletzt durch die Vorstellung eines einsamen Alters gnädig gestimmt: „Wie wird es um den Rest meines Lebens stehen! Wer wird mir das Elend meiner letzten Jahre erleichtern? Wer wird mich trösten?" (Hv, 114) Es kommt, der Gattung Komödie entsprechend, zu einer doppelten Hochzeit, die von hausväterlichen Lehren begleitet wird (Hv, 122): Die Ehe wird als Grundordnung des Menschlichen, das freilich immer nur das Bürgerliche ist, beschworen und das Familienethos in einem finalen Tableau zementiert, das den Eventualitäten des Lebens entrückt wird. Lillo und Diderot, die beide das bürgerliche deutsche Trauerspiel maßgeblich beeinflussen, lassen also die bürgerliche Privatsphäre der Familie zum Ort der Tragik werden, so könnte *cum grano salis* zusammengefasst werden. Bei Lillo allerdings spielt der Stand weiterhin eine Rolle, und Diderot entschärft die bürgerliche Tragödie zum rührenden Lustspiel.

Deutschsprachige Vorläufer

Neben diesen Autoren aus Frankreich und England gehen den bürgerlichen Trauerspielen Lessings, der vielfach als der Erfinder dieser Gattung gilt, einige deutschsprachige Produktionen voraus, die ebenfalls als Vorläufer bezeichnet werden können, so z. B. das voraufklärerische „Trauer-Spiel" *Cardenio und Celinde* (1657) von Andreas Gryphius, das ebenfalls ein 'geringes' Personal in tragischen Verwicklungen zeigt. Allerdings wird in diesem Stück auf unmissverständliche Weise einer barocken Geistigkeit das Wort geredet; von bürgerlicher Ideologie kann nicht die Rede sein (Guthke 1994, 23). Christian Weise legt ein Drama mit dem Titel *Trauerspiel von dem Neapolitanischen Haupt-Rebellen Masaniello* vor (1683), das als Vorläufer zu Lillos *London Merchant* gelesen werden könnte (Guthke 1994, 23). Dieses Trauerspiel fungiert jedoch im Sinne des aufgeklärten Absolutismus als Fürstenspiegel – der Herrscher wird zu umfassenden Reformen aufgefordert – und unterscheidet sich deshalb von den bürgerlichen Trauerspielen Lessings. Anders zu bewerten ist hingegen Johann Elias Schlegels Trauerspiel *Canut* (1746), das zwar in Alexandrinern gehalten ist, das aristokratische Heldenethos jedoch nachhaltig demontiert, und zwar im Namen von Menschlichkeit, Mitleid und Tugend; der Protagonist Canut verkörpert also durchaus dasjenige Ethos, das die bürgerlichen Trauerspiele zu ihrer Prämisse erheben. Nichtsdestotrotz gilt gemeinhin Lessings Drama *Miß Sara Sampson* (1755) als erstes deutschsprachiges bürgerliches Trauerspiel; Daunicht allerdings hat das im gleichen Jahr veröffentlichte Stück von Christian Leberecht Martini *Rhynsolt und Sapphira* ins Spiel gebracht, um Lessing diesen Titel streitig zu machen (Daunicht 1963).

1.1 Die Dramen Lessings

Quellen

In Lessings Stück *Miß Sara Sampson* wird, der Vorbildlichkeit der englischen Empfindsamkeit entsprechend, die englische *gentry*, der Landadel, zum Personal gemacht. Zudem wird, zumindest vordergründig, dasjenige Motiv aufgenommen, das Richardsons Briefroman *Clarissa* traditionsbildend umsetzt – das Motiv der verführten Unschuld; die Forschung hat allerdings mit Nachdruck auf die Unterschiede zu diesem einflussreichen 'Bestseller' hingewiesen (Ter-Nedden 1986, 15 f.). Als einschlägigere Quellen Lessings wurden Thomas Shadwells Komödie *The Squire of Alsatia* (1688) sowie die Trauerspiele *Caelia* (1733) von Charles Johnson und *The Perjur'd Husband* (1700) von Susanna Centlivre ausgemacht (Reichel 1985,

20f.). Protagonistin des Lessingschen Stücks ist eine junge Frau, die gegen das Familienethos verstößt; dieser 'Fehler' löst das dramatische Geschehen aus. Sie flieht mit ihrem „Verführer in Engelsgestalt" Mellefont aus dem väterlichen Haus und logiert in einem Gasthaus. Das dramatische Geschehen setzt ein, als der unglückliche Vater in diesem Etablissement eintrifft. Er hat seine Hassgefühle niedergekämpft und ist, nicht ganz uneigennützig, zur Versöhnung mit der Tochter bereit; Sir William wandelt sich im Sinne der Empfindsamkeitsdoktrin zum zärtlichen, unablässig weinenden Vater. Gleich zu Beginn verkündet er: „Ich kann sie länger nicht entbehren; sie ist die Stütze meines Alters, und wenn sie nicht den traurigen Rest meines Lebens versüßen hilft, wer soll es denn tun?" (Ms, 12) Sara scheint allerdings eher an der Vorstellung eines zürnend-patriarchalen Vaters festzuhalten, so dass die Bilder eines zärtlichen und eines strafenden Vaters unvermittelt neben einander zu stehen kommen (Neumann 1977, 25f.).

Vergebung und Rache

Mit dem Auftritt des verzeihenden Vaters wird ein Motiv präludiert, das Lessing wiederholt ins Zentrum seiner Dramen stellen wird: die Annahme des Kindes durch den Vater. Nathan aus dem gleichnamigen Stück adoptiert Rhea; in *Miß Sara Sampson* wird Sir William die Tochter des Mörders seines Kindes, Arabella, an Kindes statt annehmen, und er ist bereit, Sara zu verzeihen. Dieser Handlungsstrang allein reicht jedoch offensichtlich nicht aus, um das Drama zu einem (tragischen) Ende zu führen – Saße betont die Nähe des ersten Parts zur Rührkomödie (Saße 1988, 146f.). Zum Schluss des dritten Aktes sieht es nach Versöhnung aus, der Vorhang könnte fallen. Deshalb muss dieser Strang durch einen thematisch kontrastiven ergänzt werden (Eibl 1977; Ter-Nedden 1986, 62f.), durch den Auftritt der früheren Geliebten von Mellefont, der Marwood, einer wahren *femme fatale* (Janz 1979). Diese Figur droht in Anlehnung an den antiken Medea-Mythos Vergeltung zu üben; sie steht, anders als der Vater, für Rache. In der Unterredung mit Mellefont, die dem großen Dialog zwischen Jason und Medea in der Euripideischen *Medea*-Version folgt, droht die düpierte Frau das gemeinsame Kind zu ermorden (Ms, 41). Gegen einander gesetzt werden in *Miß Sara Sampson* zwei kontrastiv aufeinander bezogene Geschichten – die einer Vergebung und die einer Rache. Dieser Thematik entspricht Saras letzter Wille auf dem Sterbebett: Sie verlangt eine umfassende Versöhnung, eine Stillstellung der Rache. Mit Marwood wird also eine Gegenfigur zum versöhnlichen Vater entworfen, die tötende Mutter, die Lessing allerdings in Abgrenzung zum antiken Mythos psychologisiert. Denn in seinem bürgerlichen Trauerspiel werden die traditionellen Formen wie die attische Tragödie, die Rachetragödie und das stoische Märtyrerdrama aufgegriffen (Pikulik 1966, 167), um modernisiert zu werden: Die Tradition wird psychologisiert (Saße 1996, 122). Die „mythischen und märchenhaften Züge der Geschichte werden in inner- und interpersonale Prozesse" überführt (Ter-Nedden 1996, 27).

Psychologisierung der Tradition

Die tötende Retterin

Diese Bedeutung interpersonaler Prozesse zeigt sich in Lessings Stück vor allem im Kontext des engen Bezugs zwischen Marwood und Sara. Die scheinbar so gegensätzlichen Frauenfiguren stehen in einem Verhältnis, das als vorausweisende Spiegelung beschrieben werden könnte: Marwoods vergangene Geschichte illustriert die düstere Zukunft Saras. Denn auch der früheren Geliebten Marwood ist es nicht gelungen, die Beziehung zu Mellefont durch eine Ehe zu legitimieren – dasjenige Dilemma, das Sara von Beginn des Stückes an bedroht. Mellefont, mehr „unglücklich als lasterhaft", schiebt auch die Heirat mit der neuen Geliebten Sara wiederholt auf, angeblich weil er auf eine Erbschaft wartet, tatsächlich aber, weil ihm der Zwang der institutionalisierten Ehe mit seinen emphatischen Liebesgefühlen unvereinbar scheint (Saße 1996, 136f.). Diese Spiegelkonfiguration zwischen Marwood und Sara lässt es konsequent erscheinen, wenn die eine Figur zur Mörderin der anderen wird, wobei es Sara selbst ist, die die Rivalin zum Handeln veranlasst. Ihr Tod kann damit als verschobener Selbstmord gedeutet werden. In ihrem Traum, der gleich im ersten Akt mitgeteilt wird, glaubt sie sich von „einer mir ähnlichen Person" vor dem Absturz von den Felsenklippen bewahrt. Doch die scheinbare Retterin ersticht Sara: „Ich rettete dich, schrie sie, um dich zu verderben!" (Ms, 19) Als sich Marwood in der von Mellefont arrangierten Unterredung zu erkennen gibt, identifiziert Sara diese mit ihrem Traumgebilde: „– Ha! Nun erkenn' ich sie – nun erkenn' ich sie, die mördrische Retterin, deren Dolche mir ein warnender Traum Preis gab. Sie ist es! [...] – Itzt dringt sie mit tötender Faust auf mich ein! Hülfe!" (Ms, 83) Erst diese Worte regen Marwood zu ihrer Tat an. Sara gibt also der Rivalin den Mord förmlich ein; Marwood räsoniert: „– O daß sie wahr redte, und ich mit tötender Faust auf sie eindränge!" (Ms, 84) Sara sorgt für den Vollzug ihres Traumes, der gleich zu Beginn des Dramas ihren Todeswunsch zum Ausdruck bringt. Damit kommt dem Traum innerhalb des dramatischen Geschehens eine gattungsgeschichtlich relevante Funktion zu. Er fungiert nicht als prophetisches Omen, sondern wird gleichfalls psychologisiert. Sara nimmt in ihrem Traum nicht lediglich vorweg, was sich unweigerlich einstellen wird, sondern der Traum inspiriert ihr Verhalten; sie ist die Urheberin ihres Geschicks. Auch das Motiv des zukunftsenthüllenden Omens, das vor allem im Schicksalsdrama beliebt ist, wird psychologisiert.

Die Psychologisierung des Traums

Saras Tod, der Zeitgenossen wie Interpreten unverständlich schien – sie sei am fünften Akt gestorben oder aber aus Gründen der Affekterzeugung (Saße 1996, 125f.) – könnte also zum einen auf das Dilemma zurückgeführt werden, dass sie ihre Beziehung zu Mellefont nicht durch eine Ehe zu legitimieren vermag. Marwood lebt ihr dieses Schicksal vor. Zum anderen steigern Saras religiöse Phantasien und der Tugendbegriff ihre Schuldgefühle ins Unerträgliche. Sie entwirft folgende Strafphantasie, die ihr die Flucht aus England unmöglich werden lässt: „In jeder Welle, die an unser Schiff schlüge, würde mir der Tod entgegenrauschen; jeder Wind würde mir von den väterlichen Küsten Verwünschungen nachbrausen, und der kleinste Sturm würde mich ein Blutgericht über mein Haupt zu sein, dünken." (Ms, 22) Ihre religiösen Überzeugungen, die in expressiven Bildern zum Ausdruck gebracht werden, wie ihr Tugendkonzept spitzen den inneren Konflikt zu, so dass Sara nur mehr der Tod als Ausweg bleibt. Damit würde in *Miß Sara Sampson* diejenige Tugendkritik – auch im Sinne einer Vorurteilskritik – vorbereitet (Kuttenkeuler 1987, 13), die in *Emilia Galotti* deutlicher zu Tage tritt. Lessing zeigt in seinen bürgerlichen Trauerspielen Figuren, die „auf exemplarische Weise jene Tugendliebe, die um moralischer, politischer oder religiöser Prinzipien willen notfalls über Leichen geht, und sei es auch über die des eigenen Kindes, durch ihr Handeln

Tödliche Folgen der Tugend

widerrufen" (Ter-Nedden 1986, 11). In dem bürgerlichen Trauerspiel *Miß Sara Sampson* vollzieht die Protagonistin die tödlichen Folgen ihrer Überzeugungen an sich selbst. Monika Fick hält darüber hinaus fest, dass es vor allem die religiöse Dimension des Stückes sei, die die Fallhöhe der bürgerlichen Figuren garantiere (Fick 2000, 124).

In *Emilia Galotti*, am 13. März 1772 in Braunschweig uraufgeführt und erfolgreich an anderen Bühnen nachgespielt (Göbel 1996, 24f.), wird diese Analyse des bürgerlichen Tugendethos im privat-familialen Bereich fortgesetzt. Das gesellschaftliche Spektrum wird jedoch im Sinne einer sozialpolitischen Kritik vergrößert; Herder beispielsweise bezeichnet das Drama als Prinzen-Satire. Allerdings ist er einer der wenigen, die das kritische Potenzial des Stückes erkennen. Die zeitgenössische Rezeption ignoriert den politischen, antihöfischen Impuls des Dramas weitgehend, eine Haltung, die sich erst nach der Französischen Revolution ändern wird (Grimm 1977, 173f.; Barner u.a. 1987, 355f.).

Prinzensatire

Emilia soll, so beginnt das Stück, noch am selben Tag den Grafen Appiani heiraten; das dramatische Geschehen ereignet sich insgesamt an einem einzigen Tag. Doch auch der Prinz des kleinen Staates ist unsterblich in die schöne Frau verliebt. Er beauftragt den Beamten Marinelli, sein Verlangen zu befriedigen und lässt ihm dazu freie Hand. Dieser plant eine teuflische Intrige. Die Kutsche, in der Appiani und seine Braut aufs Land reisen, wird überfallen, scheinbar von Räubern. Appiani, Marinellis Widersacher, wird getötet; die versprengte Familie sucht ausgerechnet in dem naheliegenden Lustschloss des Prinzen Rettung, so dass Emilia unweigerlich in seine Fänge gerät. Aus dieser Misere wissen sie und ihr Vater sich allein durch den Tod zu retten; Odoardo ersticht Emilia, und zwar in Anlehnung an die antike Virginia-Legende (abgedruckt u.a. in Müller 1971, 27f.), die von Emilia ausdrücklich erwähnt wird. Vorlage des Lessingschen Dramas ist der Bericht des Livius in *Ab Urbe Condita* über einen Tochtermord. In der Zeit des Decemvirn tötet ein einflussreicher Vater seine Tochter, um sie vor den Übergriffen des Tyrannen zu bewahren. Mit seiner Tat löst der Vater eine politische Revolte aus. Bei Lessing wird das Ereignis allerdings auf die private Konstellation reduziert, auf die Vater-Tochter-Beziehung (Müller 1987). Ter-Nedden führt über die Funktion des Vorbildes entsprechend aus: „In der *Emilia Galotti* [...] modernisiert er [Lessing; Anm. v. Verf.] den Virginia-Stoff dergestalt, daß die heroische Tat des Virginius sich in einen schlecht motivierten gräßlichen Tochtermord verwandelt und die jungfräuliche Heldin skandalöserweise nicht, wie alle Virginia-Figuren vor ihr, deshalb in den Tod geht, weil sie die schändende Gewalt des frauenräuberischen Despoten, sondern weil sie seine erotische Attraktivität fürchtet." (Ter-Nedden 1986, 2)

Die Virginia-Legende

Auslöser des dramatischen Geschehens in *Emilia Galotti* ist also auf den ersten Blick der Prinz, bei dem es sich um eine fiktive Gestalt handelt (Müller 1971, 9; Bauer 1987, 10f.) und der nicht mehr als Despot alter Couleur, als Tyrann, konzipiert ist (Schulte-Sasse 1983), sondern als empfindsamer Charakter, der sich in einen wahren Liebesrausch versteigt. Auf den zweiten Blick allerdings stellt diese Figur des Prinzen lediglich den vordergründigen Anlass dar, um die Schwachstellen der bürgerlichen Lebensform, genauer: des rigoristischen Tugendkonzeptes, sichtbar werden

Der Rigorismus des Tugendbegriffes

zu lassen. Die Tochter ist in diesem Drama, ähnlich wie in *Miß Sara Sampson*, „Abgott" des Vaters und zugleich Leerstelle für Zuschreibungen. Nicht nur eröffnet ihr später Auftritt Raum für eine Vielzahl an Projektionen (Prutti 1996; Kublitz 1989), sondern Emilia tritt zu Beginn des Dramas buchstäblich als Bild in Erscheinung – der Prinz betrachtet ihr Portrait. Und auch für den Vater ist Emilia vor allem „imaginierte Weiblichkeit", über die er seine eigene Identität zu sichern versucht. Galotti erklärt, als ihm seine Frau Claudia von der Annäherung des Prinzen in der Kirche erzählt: „Das gerade wäre der Ort, wo ich am tödlichsten zu verwunden bin!" (Eg, 313) Die Tochter ist Bestandteil des eigenen Selbst und zugleich diejenige Person, die das rigorose Verständnis von Familienehre unterminieren könnte. Damit ist der Gang des dramatischen Geschehens vorgezeichnet: Das Ethos, über das sich die bürgerliche Familie zu stabilisieren versucht, wird zum Anlass für ihre Destruktion. Emilia wird als junge Frau gezeigt, die konsequent von der Außenwelt isoliert wird, so dass diese Sphäre zur permanenten Bedrohung wird. Der Vater, den bereits der Gang Emilias zur Kirche irritiert, vermutet hinter jedem Schritt seiner Tochter einen Fehltritt. Die Mutter Claudia entschuldigt: „Die wenigen Schritte – – Odoardo: Einer ist genug zu einem Fehltritt! –" (Eg, 309) Die Entführung Emilias lässt entsprechend all die Ängste aufbrechen, die das repressive Erziehungssystem produziert hat, also vornehmlich die Angst vor Sinnlichkeit. Emilia erklärt ihrem Vater auf dem Lustschloss, als dieser sie endlich zu Gesicht bekommt: „Was Gewalt heißt, ist nichts: Verführung ist die wahre Gewalt. – Ich habe Blut, mein Vater; so jugendliches, so warmes Blut, als eine. Auch meine Sinne, sind Sinne. Ich stehe für nichts. Ich bin für nichts gut. Ich kenne das Haus der Grimaldi [dorthin soll sie gebracht werden, um dem Prinzen zur Verfügung zu stehen; Anm. v. Verf.]. Es ist das Haus der Freude." (Eg, 369) Im Namen Virginias fordert sie ihren Vater auf, sie zu töten, um diesen Angriffen der Sinnlichkeit zu entgehen; Odoardo ersticht sie. Über diesen Schluss ist in der Forschung ausgiebig gerätselt worden. Denn der recht unvermutete Tod der vielfach als passiv kritisierten Hauptfigur (Müller 1971, 47f.) lässt sich in Hinsicht auf poetische Gerechtigkeit in keiner Weise rechtfertigen. Allerdings lässt allein diese Tat die Problematik des bürgerlichen Familienmodells wie des rigiden Tugendkonzeptes offenkundig werden, das die Bedrohungen schürt, gegen die es absichern will (Saße 1996, 145).

Die Außenwelt als Bedrohung

Das Tabu der Sinnlichkeit

Irritation hat darüber hinaus der Fortgang der Tragödie ausgelöst. In *Emilia Galotti* kreuzen sich Intrigen und Handlungsweisen, die sich nicht nur gegenseitig nivellieren, sondern zum Schlechten wenden. Der Prinz sucht Emilia, ohne Marinelli davon in Kenntnis zu setzen, in der Kirche auf. Marinellis Plan beruht jedoch auf dem Umstand, dass die Familie Galotti nichts von der Liebe des Prinzen weiß und ihm deshalb auf seinem Lustschloss als Retter begegnen kann. Zudem spielt in Lessings Drama der Zufall eine zentrale Rolle, wie bereits Goethe in einem Brief an Herder anmerkt (Saße 1996, 71): Die frühere Geliebte des Prinzen, Orsina, hat diesem einen Brief übersandt, um ihn auf dem Lustschloss zu treffen. Dieser nimmt die Nachricht nicht zur Kenntnis, befindet sich gleichwohl auf dem Schloss – Marinelli kommentiert: „Ein sonderbarer Zufall!" (Eg, 345) Die mithin zufällig auf dem Schloss anwesende Orsina ist jedoch diejenige

Zufallsdramaturgie

Person, die Odoardo den Dolch reicht. Auch in formaler Hinsicht lassen sich Eigenheiten feststellen, die sich mit dem Lessingschen Programm in der *Hamburgischen Dramaturgie* nicht vermitteln lassen. Die Einheiten von Zeit und Handlung werden vielfach irritiert. Wird z. B. in der Peripetiephase die Handlung gedehnt, so lässt sich an anderen Stellen eine Zeitraffung ausmachen. Von der Unmerklichkeit des Zeitverlaufs, wie Lessing sie in der *Hamburgischen Dramaturgie* fordert, kann nicht die Rede sein (Göbel 1996, 85); das Stück lässt vielmehr einen rasenden Zeitfortschritt erfahrbar werden. Diese Nervosität ist Ausdruck einer nicht kalkulierbaren Entwicklung, entspricht der Zufallsdramaturgie des Stückes. Allerdings wirkt dieser Zufall zugleich als Katalysator. Er ist es, der die Brüchigkeit des bürgerlichen Verhaltenskonzeptes offen legt. Denn das Stück beantwortet die Frage: „Was taugt eine väterliche Liebe und was ein kindlicher Gehorsam, wenn sie zur Einigkeit in der Vernichtung führen?“ (Bauer 1987, 36)

Zeit

Die Vater-Tochter-Konstellationen

Vor allem das Vater-Tochter-Verhältnis produziert den katastrophischen Ausgang. In diesem Bereich scheint sich die bürgerliche Ordnung, also die Emotionalisierung der Familienbindungen, das Konzept der Liebesehe wie das hoch sanktionierte Ideologem der Unschuld, in besonderem Maße als problematisch zu erweisen, wie auch einige der Sturm und Drang-Dramen sichtbar werden lassen; auch diese stellen die Vater-Tochter-Beziehung vielfach in den Mittelpunkt, wenngleich auch die andere Variante, der Vater-Sohn-Konflikt, als prototypischer Generationenkampf in den Stücken der 1770er Jahre thematisiert wird.

1.2 Die Dramen des Sturm und Drang

Die Stücke des Sturm und Drang, Lenz' *Hofmeister* und Wagners *Kindermörderin* beispielsweise – Schillers *Kabale und Liebe* weist in gewissem Sinne bereits auf die Klassik voraus –, zeichnen sich durch die radikale Absage an tradierte Gattungskonventionen und normative Poetiken aus. Im Namen des Genies wird die Autonomie des Künstlers eingefordert, der seinen eigenen Wahrnehmungen folgt und 'originale' ästhetische Lösungen sucht. Diese Absage an verbindliche rhetorische wie poetologische Systeme bringt es mit sich, dass die Dramen in hohem Maße von „Wirklichkeitsspuren“ gesättigt sind (Bosse 1997, 75) und damit eine Vielzahl an zeitgenössischen Praktiken dokumentieren, nicht jedoch ohne sie zu kommentieren. Karthaus spricht von der realistischen Darstellung gesellschaftlicher Probleme (Karthaus 2000, 99); Luserke betont allerdings die eingeschränkte Geltung des Realismusbegriffes vor allem für Lenz, „geht es dem Autor doch niemals um die exakte, quasi-dokumentarische Übertragung der Wirklichkeit in die Dichtung“ (Luserke 1997, 272). Auf diese innovative Ästhetik, die die 'Welthaltigkeit' der Texte mit sich bringt, mag es zurückzuführen sein, dass die Trauerspiele ihren gesellschaftlichen Fokus vergrößern: Vornehmlich die Auseinandersetzungen zwischen adeliger und bürgerlicher Welt stehen zur Debatte sowie die Misere, die den Bürgerlichen aus diesem Zusammentreffen erwächst. Der soziale Gehalt der Dramen nimmt stark zu, wie unter anderem die zahlreichen Skandale der Zeit nahe legen. Zuweilen findet sich eine ganze Familie, wie z. B. in Lenz'

Wirklichkeitsspuren

Drama *Die Soldaten*, in einem der literarischen Œuvres 'abgespiegelt', jedoch in desaströse Umstände versetzt und deklassiert, um die Tragödie zu motivieren. Dieses neue Interesse an Realien und ihrer autonomen Gestaltung führt dazu, dass der Umgang mit Vergangenheit, mit Tradition und überkommenen Erzählungen in den Dramen des Sturm und Drang ein anderer ist. Werden in Lessings Stücken traditionelle Tragödienformen, mythische Erzählungen, Elemente der attischen Tragödie und emotionalisiertes Familiensujet zu einem bürgerlichen Trauerspiel synthetisiert, in dem die privat-familialen Verhältnisse im Gewand des Pathos erscheinen, so brechen beispielsweise in Lenz' Dramatik die Gattungen, Tragödie und Komödie, ineinander ein (Schulz 2001, S. 70f.). Sie stellen sich gegenseitig in Abrede. Die Anleihen an auratische Traditionen, wie sie in seinen Stücken zu finden sind, werden genutzt, um die (sprachlichen) Defizite der Figuren hervorzukehren sowie die Vorbilder zu demontieren – ein ganz anderes Verfahren als das Lessingsche also (Mattenklott 1985, 147). Und das Personal wie das Sujet verschieben sich in diesen Dramen nach 'unten'. Die Figuren entstammen vielfach niederen Verhältnissen, sind nicht mehr ausschließlich dem Landadel oder dem hohen Bürgertum zuzuordnen. Zudem geht es ganz buchstäblich um den Unterleib, um die sexuellen Bedürfnisse der Figuren in einer repressiven Alltagswelt, wie bei Lenz und Wagner; die Dramen begehen nicht selten Tabubrüche (Luserke 1997, 280). Trotz dieser Modifikationen bleibt der Bezug zum bürgerlichen Trauerspiel offensichtlich; Lenz' *Hofmeister* z. B. stellt ein „Schlüsselwerk der Gattung des bürgerlichen Trauerspiels" dar (Durzak 1994, 112), und zwar auch deshalb, weil die Figurenstereotypen, z. B. die Figur des Hausvaters, aufgegriffen, jedoch übersteigert und parodiert werden.

Der Umgang mit Traditionen

Sexuelle Repressionen als Sujet

Diese Parodie aufklärerischer und empfindsamer Positionen leistet unter anderem die für Lenz typische Verbindung von komödiantischen und tragischen Elementen. Das Stück *Der Hofmeister*, mit dem Lenz über Nacht berühmt wird (Voit 1986, 93f.; zur zeitgenössischen Rezeption Madland 1994, S. 63f.), ist seiner Theatertheorie gemäß mit „Komödie" untertitelt; allerdings wird das Drama in frühen Entwürfen und Briefen auch Trauer- und Lustspiel genannt (Voit 1986, 83). Geschildert werden determinierte Personen, dominant sind die Umstände. Der Titel, der ein aufklärerisches Lehrstück anzukündigen scheint, rückt die geknechtete Gestalt des Hofmeisters (scheinbar) ins Zentrum, eine Figur auf der Suche nach ihrem Beruf – Lenz' Drama ließe sich auch als „Drama einer Stellensuche in der ständischen Gesellschaft" lesen (Bosse 1994, 43). Dieser Protagonist trägt, der sächsischen Typenkomödie gemäß (Hinderer 1977, 70), einen sprechenden Namen; er heißt „Läuffer" und steht damit für einen Zustand sozialer Mobilität, mit dem die Hofmeister im ausgehenden 18. Jahrhundert auf ganz genuine Weise konfrontiert sind: Als Bürgerliche, die auf eine Anstellung warten und aufgrund ihrer Ausbildung den sozialen Aufstieg erhoffen können, verdingen sich die Hofmeister gewöhnlich bei Adeligen, unterwerfen sich mithin aristokratischen Erziehungsvorstellungen und werden vielfach als Domestiken behandelt. Der Name „Läuffer" bezeichnet darüber hinaus die einzige 'Tat', zu der der Hofmeister bei Lenz fähig ist: das (Weg-)Laufen. Dem Titel entsprechend – dieser lautet vollständig *Der Hofmeister oder die Vortheile der Privaterziehung* – wird das dramatische

Der Hofmeister

Geschehen um Läuffer von einer Metaebene flankiert; die Figuren, allen voran der aufklärerisch denkende und handelnde Geheime Rat Herr von Berg, ebenso sein Bruder, der ungestüme Major, sowie der Vater Läuffers, ein Pfarrer, debattieren wiederholt über diverse Erziehungssysteme. Dabei zeichnet sich in Lenz' Stück ein grundlegendes Misstrauen gegenüber gelehrter Rede und Theorie ab, wie es auch in den *Soldaten* offenkundig wird: Nicht nur entlarven sich die fachsimpelnden Figuren selbst, wenn ihr Eifer zum Selbstzweck wird – der Geheime Rat, der vehement für die öffentlichen Schulen, also die allgemeine Schulbildung auf erhöhtem Niveau eintritt, entschuldigt sich beim Pfarrer: „Es ist einmal meine üble Gewohnheit, daß ich gleich in Feuer gerathe, wenn mir ein Gespräch interessant wird." (Ho, 36) Sondern ihre Überzeugungen, die sich Privilegierte wie der Geheime Rat ehedem leisten können (Hinderer 1977, 72), haben im besten Falle auf das Geschehen keinerlei Einfluss; im schlimmsten Falle sind die Meinungen und Überzeugungen für das Desaster verantwortlich: Der Geheime Rat, dessen idealistisch-aufklärerische Position von den Aktionen aller Figuren in Frage gestellt wird (Preuß 1983, 39), unterbindet die Liaison zwischen seinem Sohn Fritz und Gustchen, der Tochter des Bruders, mit aller Schärfe und provoziert so die emotionale Verwahrlosung der Heranwachsenden. Sein Aufklärungsethos wird einer Kritik unterzogen; seine Härte löst das dramatische Geschehen recht eigentlich aus. Denn das einsame Gustchen hält sich, inspiriert von emphatischen Liebesdichtungen wie *Romeo und Julia*, an dem zur Verfügung stehenden Hofmeister schadlos und wird schwanger. Allerdings wird aufgrund der zeitlichen Zusammenhänge nicht ganz klar, ob Läuffer wirklich der Vater ist; zwischen dem Treffen und der Geburt vergehen zwölf Monate (Lappe 1980).

Theoriekritik

Verwahrlosung als Thema

Der Handlungsstrang, der das Schicksal von Gustchen und Fritz zum Thema hat und parallel zur Hofmeister-Thematik eröffnet wird, verdeutlicht zugleich, dass es um mehr und anderes geht, als nur um die Erziehungsproblematik: Entworfen wird in Lenz' Stück ein ganzes Panorama an problematischen Eltern-Kind-Beziehungen. Thema ist die Verwahrlosung von Heranwachsenden, wie sie insbesondere eine repressive Sexualpolitik zur Folge hat. Die Folgen dieser Sexualpolitik lassen sich am Schicksal des Hofmeisters repräsentativ demonstrieren (Werner 1981, 95f.). Denn die Hofmeister, die aufgrund ihres mangelnden Einkommens erst in späten Jahren zu heiraten vermögen, sind zur Triebunterdrückung, zum Bordellbesuch, zum Verkehr mit Leibeigenen (Bosse 1997, 92) oder mit Töchtern des Hauses verurteilt; den Aspekt der Triebunterdrückung wird Brecht in seiner Bearbeitung des Lenzschen Dramas entsprechend in den Vordergrund rücken (Voit 1986, 148f.). Diese Triebunterdrückung wird in Lenz' Stück wiederholt zum Thema: Nach der Entdeckung seines Verhältnisses mit Gustchen flieht Läuffer aus der adeligen Familie. Auf der Flucht begegnet er der Haltung der Askese in leibhaftiger Form: Der Dorfschullehrer Wenzeslaus, ein 'Neurotiker', der seine Lust in der unfreien Gesellschaft auf krummen Wegen verfolgt (Preuß 1983, 45f.), impft den Verzweifelten mit den Regeln eines diätetischen Lebens, das auf kompensatorischen Genüssen basiert; am liebsten schmaucht der biedere Lehrer sein Pfeifchen. An dieser Figur zeigt sich zugleich das Paradox, dass Diätetik

Triebunterdrückung

zum einen sexuelle Bedürfnisse verdrängt, zum anderen jedoch den Körper unablässig thematisiert. In ridiküler Manier wird selbst der Gebrauch des Zahnstochers zum Angriff auf die Gesundheit, die Ziel und Zweck alles Handelns und Denkens ist. Wie repressiv diese diätetische Moral ist, wird in aller Drastik vor Augen geführt, als sich der Hofmeister selbst kastriert, um den Anfeindungen der Lust zu entgehen – *das* Skandalon des Stückes. Wird bei Brecht diese Entmannung zum Ausdruck höchsten Selbstverlustes (u. a. Hinck 1978, 258; Zimmermann 1983) wie auch in einer Vielzahl der Interpretationen insbesondere der 70er Jahre, so muss allerdings berücksichtigt werden, dass in den medizinischen Untersuchungen des 18. Jahrhunderts Kastration durchaus als (wenn auch extremes) 'Heilmittel' in manchen Fällen angeraten wird, wie beispielsweise in August Wilhelm Hupels Schrift *Origines oder von der Verschneidung* (1772) (Becker-Cantarino 1987, 53; Kagel 1994, 82 f.). Es ist also Vorsicht geboten, diese Kastration vorschnell als Gipfel des Selbst- und Männlichkeitsverlustes zu lesen und zum alleinigen Kulminationspunkt des Stückes zu erheben. Ein Skandalon bleibt dieser Akt nichtsdestotrotz. In der *Hofmeister*-Bearbeitung von Friedrich Ludwig Schröder wird die Kastration entsprechend eliminiert; die Liebesaffäre zwischen Gustchen und Läuffer endet mit einem *happy-end*, mit einer Heirat; Läuffer wird mit einem Adelsdiplom versehen.

Die Kastration

Neben dem Hofmeister verwahrlosen auch die anderen Heranwachsenden in Lenz' Stück. Gustchen, von Fritz verlassen, wird melancholisch; sie liest unablässig und leidet an der im 18. Jahrhundert heiß diskutierten Lesewut (Schmalhaus 1994). Ihre Lektüren – Gustchens Lieblingstext ist, wie gesagt, *Romeo und Julia* – steigern ihre emotionale Bedürftigkeit, die sie jedoch jenseits der pathetischen Zitate aus dem Shakespeare-Drama nicht zu artikulieren vermag (Mattenklott 1985, 146). Für ihr Begehren findet die junge Frau keine eigene Sprache, wie das Drama mit Nachdruck, doch auch mit komischem Effekt, vor Augen führt, wenn das Pathos der Rede und die Situation nicht zur Deckung kommen (Hinderer 1977, 82). Diese Lektürewut besagt zugleich einiges über den Status der Lenzschen Figuren selbst: „Die Personen im *Hofmeister* empfangen ihr 'Leben' aus den Zitaten der Bücher, die sie lesen und deren Muster ihr 'chimärische[s] Wesen' wiederholt [...]. Lenzens Komödienfiguren sind von den literarischen Mustern fixiert, die sie zitieren." (Zelle 1992, 152)

Lesewut

Gustchens Isolation wird durch die 'Affenliebe' ihres Vaters verstärkt. Von Beginn des Stückes an wird die Fixierung des Vaters auf die Tochter betont, wobei Kehrseite dieser emotionalen Bindung Aggressivität ist; die Ehefrau brüllt der Vater an, als ihn die Tochter verlassen hat: „Ich will ein Exempel statuiren – Gott hat mich bis hierher erhalten, damit ich an Weib und Kindern Exempel statuiren kann – Verbrannt, verbrannt, verbrannt! (*schleppt seine Frau ohnmächtig vom Theater*)." (Ho, 75) Damit wird das Paradox, das eine Vielzahl der Väter aus den bürgerlichen Trauerspielen kennzeichnet – Zärtlichkeit steht neben Autorität – ins Groteske übersteigert. „Lenz radikalisiert in gewisser Weise die Aufspaltung des Hausvaters in liebenden Vater und Familiendespot." (Durzak 1994, 113 f.) Als Gustchen zunehmend verfällt, wird auch ihr Vater zum Melancholiker. Er beklagt sich bei seiner Frau, die hauptsächlich damit befasst ist, den Lebens-

Zärtlichkeit und Autorität

stil der französischen großen Welt zu imitieren (Hinderer 1977, 75): „Du siehst nimmer nichts, vornehme Frau! daß Dein Kind von Tag zu Tag abfällt, daß sie – Schönheit, Gesundheit und den ganzen Plunder verliert und dahergeht, als ob sie, hol mich der Teufel – [...] als ob der arme Lazarus sie gemacht hätte – Es frißt mir die Leber ab – " (Ho, 64), also das Organ der Schwarzgalligkeit, der Melancholie. Dass die Vater-Tochter-Beziehung, ähnlich wie in den *Soldaten*, als äußerst enge, ja nahezu inzestuöse angelegt ist, zeigt sich symbolhaft, als sich die beiden nach längerer Trennung zufällig wieder treffen. Gustchen war aus dem Vaterhaus geflohen und kommt bei einer alten Frau in völliger Armut nieder. Doch ein Traum, in dem der Vater eine Hauptrolle spielt, treibt sie aus dem Wochenbett; sie macht sich auf die Suche nach ihm, bis sie vor Erschöpfung zusammensinkt. „Gustchen (*liegend, an einem Teich mit Gesträuch umgeben*) Soll ich denn hier sterben? – Mein Vater! Mein Vater! gieb mir die Schuld nicht, daß Du nicht Nachricht von mir bekömmst. Ich hab meine letzten Kräfte angewandt – sie sind erschöpft – Sein Bild, o sein Bild steht mir immer vor den Augen! Er ist todt, ja todt – und für Gram um mich – [...] Ich komme, ja ich komme (*rafft sich auf und wirft sich in Teich.*)" (Ho, 106f.) Ähnlich wie in *Miß Sara Sampson* produziert die Bindung der Tochter an den Vater die Schuldphantasie, eine Vatermörderin zu sein, eine Vision, die bis zum Selbstmordversuch führt. Doch als sich Gustchen eben in den Teich stürzen will, erscheint ihr Vater. Der Major ruft: „Nach, Berg! Das ist der Weg zu Gustchen oder zur Hölle! (*springt ihr nach.*)" (Ho, 107) Die Vater-Tochter-Bindung wird als Abhängigkeitsverhältnis kenntlich, das sich zwischen Tötungs- und Inzestphantasien bewegt.

Vater und Tochter

Die Verwahrlosung der Studenten

Das Panorama an Verwahrlosungen, die vor allem den hartherzigen, meist adeligen Vätern anzulasten sind, wird durch die eingesprengten Szenen aus dem Halleschen Studentenleben ergänzt, die zuweilen in derbe Situationskomik (die Flucht des Pätus vor den Hunden) und grobianischen Ton (der Streit zwischen Pätus und seiner Wirtin) umschlagen. Vorgeführt wird, wie der Sohn Fritz in die kriminelle Sphäre abgleitet, ebenfalls aufgrund der Härte seines Vaters. Fritz wird kaserniert, weil er für seinen verarmten Freund eine Bürgschaft übernimmt; postfiguriert wird die antike Damon-Erzählung. Der Druck, der im studentischen Milieu auch aufgrund finanzieller Nöte herrscht, wird darüber hinaus an sozial niedrig stehende Männer, an den Musikus Rehaar, sowie an Frauen, z. B. an seine Tochter, weitergegeben, und zwar in Form von Gewaltausbrüchen und Verführungen.

Zufallsdramaturgie

Vor dem Hintergrund dieser verstörenden Ereignisse ist es überraschend, dass es am Ende des Stückes zu drei Heiraten und fulminanten Versöhnungen kommt. Doch ist es lediglich der Zufall, der das *happy-end* ermöglicht. Lenz bedient sich einer prononcierten Zufallsdramaturgie, die zur Folge hat, dass das Komödienende als zufällige Wendung erscheint – jenseits der Tatkraft der Figuren. Die abschließende Begegnung von Vätern und Söhnen kommt lediglich aufgrund eines Lotteriegewinns zustande sowie aufgrund eines Briefs von dem Adeligen von Seifenblase, ein Name, dem die Labilität des Geschehens eingeschrieben ist. Doch ist der Komödienschluss in noch anderer Hinsicht fragwürdig. Zum einen werden die gesellschaftlichen Sphären, die der Hofmeister in Verbindung gebracht hatte, wieder gegen einander abgeriegelt. Läuffer schließt eine Ehe mit Lise, einer jungen Frau, die Enten und Hühner einem (un-)möglichen Nachwuchs vorzieht, und zwar in einer Szene, die den Versöhnungsakten des Schlusses vorausgeht. An diesen ist Läuffer als 'Hauptfigur' nicht mehr beteiligt. Zum anderen werden die Versöhnungsakte bis zur Unwahrscheinlichkeit vervielfältigt. Auch die Mutter des alten Pätus schneit noch herein, um sich mit dem hartherzigen Vater zu versöhnen. Doch gerade diese Übererfüllung des Komödienschemas wird zu seinem Dementi. Auf formaler Ebene wird diese Infragestellung der Gattungsnorm zusätzlich durch das Tableau erreicht, das Diderot zur Demonstration überzeitlicher bürgerlicher Werte geschätzt hatte; Mattenklott führt über den Schluss von Lenz' Drama aus: „Die Sprache tritt zurück, und es dominiert die Szene, auf der sich die 'zärtlichen Gruppen' formieren. Das Bild demonstriert seine flächenhafte Beschränktheit; es argumentiert gegen seine eigene Wirklichkeit." (Mattenklott 1985, 167) Das Bild stellt seine Realität in Abrede. Zudem wird trotz Versöhnung die Allianz von Schuld und sexueller Repression fortgeführt, die das fatale Geschehen ausgelöst hatte. Fritz beglückwünscht sich dazu, eine (gefallene) Frau wie Gustchen zu heiraten, denn diese „zittert [...] immer vor dem, wie sie sagt, ihr unerträglichen Gedanken: sie werde mich unglücklich machen. O was hab ich von einer solchen Frau anders zu gewarten, als einen Himmel?" (Ho, 162)

Aufklärungskritik

Dass sich das Geschehen, das um Varianten der Verwahrlosung durch hartherzige Väter kreist, von seinem Titel vielfach ablöst, bestätigt der Schlusssatz des Dramas, der die Frage nach der richtigen Erziehung aufnimmt, jedoch recht unvermutet, ja kaum motiviert erscheint; deutlich wird, dass das Stück auf „eine Erörterung pädagogischer Theorie und Praxis [nicht] einzugrenzen ist" (Huyssen 1980, 160). Fritz erklärt, er werde seinen Sohn „nie durch Hofmeister erziehen lassen" (Ho, 164). Das Stück führt jedoch kompromisslos vor Augen, dass auch die öffentliche Erziehung sowie das Studium keine Alternative darstellen, die der Misere der Heranwachsenden Einhalt gebietet. Die Form des aufklärerischen Lehrstücks wird zitiert und zugleich parodiert, wie auch auf inhaltlicher Ebene das Aufklärungsethos des Geheimen Rats in Misskredit gebracht wird. Und die Erziehungsthematik wird zugunsten der zentralen Vater-Kind-Problematik in Lenz' Œuvre, die vielfach über die biblische Erzählung vom verlorenen Sohn konturiert wird (Schöne 1968), marginalisiert. Festzuhalten ist zudem, dass Erziehung lediglich im Fokus auf die Söhne zum Thema wird; Mädchenerziehung steht in Lenz' Stück nicht zur Debatte. „Gustchen bleibt Objekt, ihre Körperlichkeit ist ihre Grenze und Beschränktheit, die ihr bestenfalls einen geringen, manipulativen Handlungsspielraum als Eva, als Verführerin, erlaubt. Aber zu erziehen ist da kaum etwas, Gustchen muß vor allem durch väterlichen Schutz [...] in ihrer Keuschheit vor der Hofmeister-Erziehung bewahrt werden, um zur Mutterrolle zur Verfügung zu stehen." (Becker-Cantarino 1987, 46)

Der juristische Diskurs

Auch in Wagners Trauerspiel *Die Kindermörderin* wird das 'realistische Programm' des Sturm und Drang, die Partizipation an aktuellen sozialen Debatten, fortgeführt. Denn wählt Heinrich Leopold Wagner den Kindsmord als Sujet, so nimmt er, wie auch Lenz in der Erzählung *Zerbin* und Goethe in *Faust I*, an einer lebhaften Diskussion über den strafrechtlichen

Umgang mit Kindermörderinnen teil (Huyssen 1980, 178). In Preisschriften und literarischen Texten des ausgehenden 18. Jahrhunderts, in Idyllen, Balladen und Erzählungen, wie sie Maler Müller, Schubart, Schiller, Brentano und andere vorlegen (Karthaus 2000, 114f.), wird die Gewalt der Verhältnisse aufgezeigt und gemeinhin dafür plädiert, die Umstände der Tat in Rechnung zu stellen sowie die drakonischen Strafen zu mildern (Schwarz 1935, 8). Wagners Stück verweist noch einmal auf die Härte der herkömmlichen Strafpraxis, wenn der Fiskal in seinem Stück erklärt: „Das Gesetz, welches die Kindermörderinnen zum Schwerdt verdammt, ist deutlich, und hat seit vielen Jahren keine Exception gelitten" (Km, 84). Mit diesem „Gesetz" sind die Vorschriften der immer noch gültigen *Peinlichen Gerichtsordnung Kaiser Karls V.* von 1532 gemeint, die auch Strafen wie das Ertränken, Pfählen, Begraben bei lebendigem Leibe und Folter für Kindermörderinnen vorsehen. Dabei gilt für gewöhnlich bereits das Verschweigen der Schwangerschaft als Kindstötung (Saße 1996, 209). Der Jurist Wagner orientiert sich also an dem juristischen Fachwissen seiner Zeit, und zwar auch dann, wenn er die vorsätzliche Tat von der Affekthandlung unterscheidet oder aber das Verhör zur grundlegenden dramatischen Kommunikationsform macht.

Zünftische Reglements

Gang der Handlung ist folgender: Die junge Eve besucht, begleitet von ihrer Mutter, einen Ball und wird danach in einem fragwürdigen Wirtshaus von dem adeligen Leutnant von Gröningseck planvoll vergewaltigt; die Mutter, die die Pflichten der Hausmutter schändlich vernachlässigt (Sörensen 1984, 137), wird, ähnlich wie in *Faust I*, durch ein Schlafmittel ausgeschaltet. Die junge Frau verliert mit ihrer Jungfernschaft auch die elementaren Voraussetzungen für ihre gesellschaftliche Existenz überhaupt. Denn in der zünftischen Gesellschaft, in der sie lebt, gelten die ehelichen Regeln mit besonderer Rigidität (Saße 1996, 215). Der Vater, noch dazu ein grobianischer Kerl, vertritt „nach außen und innen die alten patriarchalischen Tugenden, wie sie im Kleinbürgertum des 18. Jahrhunderts wenig verändert weiterlebten" (Sörensen 1984, 135). Evchens 'Fall' wird also aufgrund der zünftischen Reglements zur Katastrophe. Allein das Heiratsversprechen, das Eve dem Vergewaltiger von Gröningseck abverlangen kann, tröstet sie ein wenig. Allerdings kommt diese Einwilligung des Adeligen recht unvermutet und ist in psychologischer Hinsicht kaum plausibel. Gröningseck wandelt sich von einem „zynisch amoralischen Schürzenjäger" zu einem „tief erschütterten Heiratskandidaten" (Sörensen 1984, 140). Huyssen schlägt hingegen vor, den Adeligen der Empfindsamkeitskultur zuzurechnen; das Stück lasse kenntlich werden, dass die bürgerliche „Empfindsamkeit des adeligen Offiziers [...] zerstörerisch auf das Bürgertum zurück[schlage]" (Huyssen 1980, 185). Gröningseck, der im Haus der Eltern wohnt, muss jedoch die Stadt verlassen; Evchen, die sich ihren Eltern nicht mitzuteilen vermag, wird schwermütig. Als sie noch dazu durch eine Briefintrige verunsichert wird, die das Heiratsversprechen in Frage stellt, flieht sie aus dem väterlichen Haus und wartet in einer ärmlichen Kammer

Zufallsdramaturgie?

ihre Niederkunft ab. Erst hier erfährt sie durch Zufall, durch einen Bericht ihrer Wirtin Frau Marthan, von den genauen Umständen ihrer Vergewaltigung, erfährt also, dass von Gröningseck die Tat geplant hatte, er nicht nur von einem spontanen Verlangen übermannt wurde. Evchen bekennt, „daß ich nicht wußte, daß wir in einem so schönen Hauß waren [in einem Bordell; Anm. v. Verf.], noch weniger hab ich am Schlaftrunk Antheil gehabt. – Diese zwey Umstände, die ich von ihr erfahren, zeigen mir die ganze schwarze Seele des Niederträchtigen, der mich so tief herabsetzte. – Noch blieb mir immer wenigstens ein Schatten von Hofnung übrig, nun ist auch *der* verschwunden, und mit ihm alles – nun kann ich nichts mehr, als – (*stokt, sieht mitleidsvoll ihr Kind an.*)" (Km, 78) Sie schickt Frau Marthan unter einem Vorwand aus dem Haus, tötet ihr Kind und damit indirekt, als Kindermörderin, sich selbst. Wenige Augenblicke später, also zu spät, stürzen der Vater und von Gröningseck ins Zimmer; Wagner setzt ähnlich wie Lenz auf eine Dramaturgie des Zufalls. Ohne große Eingriffe kann Wagner das Trauerspiel denn auch zu einem sentimentalen Familienschauspiel umarbeiten. In der zweiten Fassung, die mit dem didaktischen Untertitel versehen ist *Ihr Mütter merkts Euch!*, kommt der Vater nicht zu spät. Evchen hebt eben das Messer zum Mord an ihrem Kind. „*Im nemlichen Augenblick tritt ihr Vater herein; das Messer entfällt ihr mit einem Schrey, sie sinkt neben das Kind aufs Bette, mit dem Gesicht aufs Kopfküssen.*" (Wagner 1969, 126) Mayer führt diese Überarbeitung im Übrigen auf Wagners Interesse an Merciers einflussreicher Dramenschrift *Nouvel essai sur l'art dramatique* zurück, die Wagner übersetzt und die jeglichen tragischen Fatalismus im bürgerlichen Trauerspiel ablehnt (Mayer 1981, 92). Die Forschung hat diese Zufallsdramaturgie zuweilen als Kern des Wagnerschen Stücks betont: „Wäre der – geläuterte – Verführer, Leutnant v. Gröningseck, nur ein paar Minuten früher erschienen, wäre der Kindesmord verhindert worden." (Hinck 1972, 295; ebenso Mayer 1980, 144; Mayer 1981, 90) Saße hingegen insistiert, dass es die Einsicht Evchens in die planvolle Intrige sei, die die Tragödie produziere; die Zufallsdramaturgie sei lediglich Dekorum (Saße 1996, 205). Evchen tötet das Kind und damit sich selbst im Moment ihrer Anagnorisis, ihrer Einsicht in die Zusammenhänge der Vergewaltigung.

Das intime Verhör

Bezeichnend für Wagners Drama ist, dass eine gemeinsame kommunikative Form die intime wie öffentliche Sphäre durchzieht: das Verhör, das Bekenntnisse und Geständnisse abverlangt. Im vierten Akt, der Evchens Flucht vorausgeht, fordert der cholerische Vater die vorbehaltlose Offenheit seines Kindes ein, wie die Mutter ihrer verzweifelten Tochter überbringt: „Noch an der Trepp aber hat er sich heilig vermessen, wenn er zurück käm, und du den Kopf noch so hiengst, und ihm die Ursache nicht gestehn würdest, so wollt er dich nicht mehr für sein Kind erkennen." (Km, 47) Dass diese 'Verhöre im Privaten' ganz wesentlich zu Evchens Misere beitragen, führt diese selbst aus: „Soll ich aber die Wahrheit gestehn, Mutter, so hat der Ungestüm, mit dem sie [gemeint sind die Eltern; Anm. v. Verf.] mir die Ursache meines Kummers, die ich mir selbst noch nicht gestehn mag, bald in den Augen lesen, bald mit Drohen, bald mit Liebkosen herauspressen wollten, sehr viel dazu beygetragen, meine Melancholie oder Kopfhängerey, wie sies nennt, zu vermehren." (Km, 47) Auch im privaten Raum herrscht also der Zwang zum Geständnis. Wagners Stück lässt deutlich werden, dass die bürgerliche Geständniskultur, die Rousseaus *Bekenntnisse* initiiert, einem inquisitorischen Verfahren ähnelt, das dem strafrechtlichen Verhör nicht unähnlich ist. Dabei ist es im intimen Raum

Zärtlichkeit und Strafe

neben körperlicher Gewalt auch 'Zärtlichkeit', die Geständnisse abzwingt. So ergeht sich der Vater in drastischen Strafandrohungen – „Wenns aber noch *einmal* geschieht [ein Ballbesuch; Anm. v. Verf.], Blitz und Donner! nur noch *einmal*, so tret ich dir alle Ribben im Leib entzwey" (Km, 30) –, doch zugleich umwirbt er seine Tochter mit schmeichelnden Worten; in Hacks Bearbeitung von Wagners *Kindermörderin* wird diese Ambivalenz im Übrigen stark zurückgenommen (Hinck 1978, 266). Nachgegangen wurde in der Forschung entsprechend der Frage, ob Wagner eine Kritik am Hausvater Humbrecht intendiere (Stockmeyer 1922, 162), oder aber ob seine Gesellschaftskritik auf andere Bereiche fokussiert sei, auf die Härte des Gesetzes, die Bestialität des Strafvollzugs, die Übergriffe der Polizei (Sörensen 1984, 141). Kenntlich wird m. E. jedoch beides, die Gewalt der Gesellschaftsverhältnisse wie die der familialen Ordnung, die zwischen autoritären und empfindsamen Strukturen angesiedelt ist. Diese Familienkonstellation, die die Katastrophen in den Trauerspielen produziert, ruft umgekehrt die Sehnsucht nach Vergebung und Versöhnung auf den Plan, wie sie bei Lessing angeboten, bei Lenz übererfüllt und irrealisiert, bei Wagner dementiert wird. Umstehen zum Schluss des Wagnerschen Dramas die Vertreter der patriarchalen Macht Evchen in konzentrischen Kreisen, so dominiert weiterhin diejenige Macht, die Evchen zur Kindermörderin werden ließ.

Die Gewalt der Zärtlichkeit

Dass Zärtlichkeit Tyrannei ist, zeigt sich auch in Schillers bürgerlichem Trauerspiel *Kabale und Liebe*, das im Juli 1783 fertiggestellt wurde. Der ursprüngliche Titel lautete *Luise Millerin*, Iffland jedoch regte zu dem attraktiveren Doppeltitel an. Schillers Stück hat nicht nur mit Lessings *Emilia Galotti* einiges gemein, sondern auch mit Wagners Trauerspiel (Koopmann 1977, 42). Denn auch bei Schiller steht eine Vater-Tochter-Beziehung im Zentrum, die als zärtlich-empfindsame ihr ganzes Gewaltpotenzial enthüllt (Scheuer, 1991, 74). Dem Stück könnte als Motto der Seufzer Luises vorangestellt werden: „Daß die Zärtlichkeit noch barbarischer zwingt, als Tyrannenwut!" (Kl, 657) – damit ist die zärtliche Liebe des Vaters gemeint. Die Mutter wird von Beginn an effektvoll aus der familialen Interaktion herausgedrängt. Sie wird vom Vater, der hier als Medium der Rezeption fungiert, mit derben Schimpfworten bedacht und als Kupplerin disqualifiziert. Die Familie ist dabei insgesamt dem orthodox gebundenen Zunftbürgertum zuzurechnen, das in Auflösung begriffen ist (Herrmann 1984; 1985, 25f.).

Absolute Liebesansprüche

Was im Zentrum des Dramas steht, ist die Tödlichkeit eines 'absolutistischen' Liebesanspruchs, der eng an Besitzansprüche gekoppelt ist. Die Liebespassion Ferdinands wird offensichtlich in metaphysische Dimensionen gesteigert; er vertritt ein sakralisiertes Liebesethos, das das Objekt des Begehrens vergöttlicht. Vorgeführt wird allerdings das Scheitern dieses hochgespannten Liebesidealismus (Guthke 1994, 108), der Ferdinand für die sozial-gesellschaftliche wie familiale Situation Luises blind werden lässt. Luise erscheint entsprechend von Beginn des Stückes an als überwältigte, als sprachlose Figur, die sich in Ferdinands Liebeselogen nicht wiederfindet und keinen Einspruch zu erheben vermag (Duncan 1982, 27; Müller-Seidel 1955, 136; zur Körpersprache auch Darsow 2000, 52). Luise ist von Anfang an ein *screen*, eine Projektionsfläche für Ferdinands bürgerlich geprägte Liebesvision – betont wird, dass er sich diese Ideen an den Akademien angelesen habe, ähnlich wie sich auch Luise häufig in Bücher vertieft.

Die Intrige

Der korrupte Vater Ferdinands – Schiller orientiert sich hier an den Erfahrungen, die er in der Umgebung des Herzogs Karl Eugen von Württemberg gemacht hat (Karthaus 2000, 133) – versucht die nicht standesgemäße Liaison seines Sohnes zu beenden, indem er eine Heirat Ferdinands mit Lady Milford arrangiert, eine Figur, die im Verlauf des Stückes für die bürgerliche Doktrin gewonnen wird. Der Sohn wiedersetzt sich den Heiratsplänen des Vaters, und dieser sinnt auf eine Intrige, wie sie besser nicht angelegt sein könnte, um die Labilität und Fragwürdigkeit des emphatischen Liebesethos sichtbar werden zu lassen. Wurm, eine eher komödiantische Figur – das Stück weist neben seinen tragischen auch komische Züge auf (Schafarschik 2001, 99) – denkt an einen gefälschten Brief, um die Lauterkeit Luises zu hintertreiben; er erklärt dem Präsidenten: „Machen Sie ihm das Mädchen verdächtig – – Wahrscheinlich oder nicht. Ein Gran Hefe reicht hin, die ganze Masse in eine zerstörende Gärung zu jagen." (Kl, 613) Damit wird er zum hellsichtigen Diagnostiker des bürgerlichen Liebesethos; denn Kehrseite der Liebesemphase ist ein radikaler Besitzanspruch, der das Objekt des Begehrens eher tötet, als es aufzugeben. Auch der Präsident erkennt, dass der gefälschte Liebesbrief Luises an den Höfling von Kalb „ihr eigenes Todesurteil" wäre (Kl, 613). Was also zum einen als Kritik an einer korrupten Aristokratie erscheint, entpuppt sich zum anderen als präzise Analyse derjenigen Gewalt, die dem bürgerlichen 'absolutistischen' Liebeskonzept wie der Doktrin der weiblichen Unschuld zugrunde liegt. Ferdinand ist entsprechend außer sich, als er den fingierten Brief findet, und ihn interessiert nichts mehr als die Frage nach der Unschuld seiner Angebeteten. Er ruft während der Begegnung mit dem zitternden von Kalb, der um sein Leben bangt: „Bube! wenn sie nicht rein mehr ist? Bube! Wenn du genossest, wo ich anbetete? (*wütender*) Schwelgtest, wo ich einen Gott mich fühlte? [...] Wie weit kamst du mit dem Mädchen? Bekenne!" (Kl, 636) Dass die Doktrin der weiblichen Unschuld eine phantasmagorische Obsession ist, die für Realitäten blind werden lässt, führt Schillers Stück in aller Deutlichkeit vor. Der verängstigte Kalb möchte alles gestehen; er beginnt: „Sie sind ja betrogen" (Kl, 636), doch Ferdinand bezieht diese zugegebenermaßen mehrdeutige Aussage allein auf seinen Verdacht; er vernimmt lediglich, dass ihn seine Geliebte betrogen habe. Auch als von Kalb äußert: „Sie rasen. Sie hören nicht. Ich sah sie nie. Ich kenne sie nicht. Ich weiß gar nichts von ihr" (Kl, 637), deutet Ferdinand diese Aussage ausschließlich im Sinne seiner Ängste. Die fanatisch umkreiste Frage nach der weiblichen Unschuld, offensichtliches Herzstück seines Liebesethos, lässt ihn blind und taub werden für das Geständnis der Intrige, das die Tragödie verhindert hätte.

Das Phantasma der weiblichen Unschuld

Vater und Tochter

Die Kabale von Walters rechnet darüber hinaus mit einer weiteren Bindungsmacht der bürgerlichen Familie, und zwar mit der Liebe zwischen Vater und Tochter; wie in *Der Hofmeister* ist davon die Rede, dass die Tochter der „Abgott" des Vaters sei (Kl, 655). Luise wird den verhängnisvollen Liebesbrief schreiben, so kalkulieren die Verschwörer, wenn ihr weisgemacht werden kann, ihr Vater sei auf diese Weise aus der Festungshaft zu befreien – der Vater hatte sich gegen den Präsidenten vergangen, als dieser in seine bescheidene Hütte eingedrungen war. Wurm stellt fest: „Sie liebt ihren Vater – bis zur Leidenschaft möcht ich sagen." (Kl, 614) Auch die Vater-Tochter-Beziehung also, die ebenfalls nach dem Modell absoluter Liebe organisiert ist, wird für die Intrige in Rechnung gestellt und garantiert ihren Erfolg; auch diese Liebe fußt auf einem unhintergehbaren Besitzanspruch. Als Luise dem Vater im fünften Akt ihren Selbstmord ankündigt, macht dieser seine Besitzrechte geltend, und zwar in ökonomischer Metaphorik. „Millers Sprache verrät die augenfällige Affinität seiner Moralvorstellungen zur Erwerbssphäre." (Huyssen 1980, 216) Diese Diktion, die den gesamten fünften Akt durchzieht, zumal es hier wirklich um Geld geht – Ferdinand überreicht dem Vater eine Börse, mit der er ihm „den dreimonatlangen glücklichen Traum von seiner Tochter" bezahlt (Kl, 665) –, diese Diktion lässt kenntlich werden, dass Luise einem Besitz gleicht, der angeeignet oder getauscht werden kann, dass das Possessivpronomen „meine Luise" ein besitzanzeigendes Fürwort in ganz buchstäblichem Sinne ist. Das emphatische bürgerliche Liebeskonzept weist der Frau den Status eines Tauschobjektes zu, wie auch Ilse Graham betont: „Miller is offered money for the temporary grant of possession of his daughter to Ferdinand, and he accepts this money as a token of his proprietary rights" (Graham 1974, 114). Und Huyssen diagnostiziert einen „Zusammenhang von Kapitalakkumulation, Askese, Patriarchat und Unterdrückung von Sinnlichkeit" (Huyssen 1980, 220). Das Stück leistet also jenseits der Oppositionsbildung von Herz und Kalkül, Liebe und Kabale, eine präzise Diagnose der Physiognomie des bürgerlichen Liebeskonzeptes, dekuvriert seinen absoluten Besitzanspruch, der für das geliebte Objekt tödliche Konsequenzen hat. Das bürgerliche Familienethos, das im Verlauf des 18. Jahrhunderts in moralischen Wochenschriften ebenso propagiert wird wie in Vorlesungen, z. B. von Gellert, wird reformuliert, jedoch auch kommentiert und im Spannungsfeld von Adel und Bürgertum situiert.

Ökonomische Metaphorik

Schwundformen der Gattung

Legt Schiller mit *Kabale und Liebe* ein bürgerliches Trauerspiel vor, so zeichnen sich in diesem Stück gleichwohl Tendenzen ab, die die klassische Phase des Autors ankündigen. Zeigt das Drama einerseits, „verschärft und gesteigert wie sonst kaum ein anderes Stück, die Mißstände der politischen Ordnung, fürstlichen Machtmißbrauch, die Gleichgültigkeit der Herrschenden gegenüber Empfindungen", so deuten die recht streng eingehaltenen Einheiten von Zeit, Raum und Handlung auf die sogenannten klassischen Dramen Schillers voraus (Karthaus 2000, 138). Die Gattung verliert entsprechend gegen Ende des 18. Jahrhunderts insgesamt an Geltung; es entstehen „Schwund"- und „Privatisierungsformen", zu denen Goethes *Clavigo*, sein Drama *Stella*, Kotzebues 'Trivialdramatik' und Karl Philipp Moritz' Einakter *Blunt oder der letzte Gast* zu rechnen wären (Rochow 1999). An die Stelle des bürgerlichen Trauerspiels treten die klassischen Dramen Schillers und Goethes, ebenso die Schicksalsdramen, die insbesondere zu Beginn des 19. Jahrhunderts Konjunktur haben, sowie historisierende Stücke. Die „Dramenformen wie das Schicksals- oder das Künstlerdrama und die Nachfolger des bürgerlichen Trauerspiels (Sengle faßt sie unter 'Gegenwartsdrama') erhalten durch historisch bedeutsame Ereignisse, Schauplätze und Requisiten historisches Kolorit, ohne daß in diesen Dramen die historischen Vorfälle, die als Hintergrundfolie dienen und das Dramengeschehen meist nur anstoßen, gedeutet würden (vgl. Houwalds *Das Bild*)." (Rösch 1998, 384) Das Interesse an Historie, das historisierende Denken und Handeln, durchdringt nahezu alle Gattungen.

2. Radikalisierungen im 19. Jahrhundert

Im 19. Jahrhundert kommt dem bürgerlichen Trauerspiel insgesamt eine eher marginale Rolle zu. Signifikant ist für die Situation des Dramas, dass die heute kanonischen Werke, Büchner beispielsweise, auf der Bühne nicht reüssieren, obgleich eine hohe Bühnenproduktivität feststellbar ist (Rösch 1998, 380). Gespielt werden Stücke von Kotzebue, Ernst von Houwald, Ernst von Raupach, Immermann und Iffland sowie die Dramen der Klassiker. Zu Beginn des 19. Jahrhunderts wird die Gattung des Schicksalsdramas favorisiert, darüber hinaus das historische Drama sowie das idyllisierende Seelen- und Familiengemälde, wie es Iffland und Kotzebue vorlegen. „Die charakteristischen Auseinandersetzungen des bürgerlichen Trauerspiels wie der Konflikt des Individuums, das durch seine sinnliche Natur in Gegensatz zur Gesellschaftsordnung gerät, kehrten [in diesen Stücken; Anm. v. Verf.] an der Oberfläche wieder. So waren es drohende Mesalliancen oder Standesvorbehalte, an denen der Gegensatz Adel – Bürgertum neu inszeniert, aber nun einem glücklichen Ende zugeführt wurde, so daß keine prinzipielle Kritik der Ständegesellschaft aufkam." (Rösch 1998, 411) Diese Form des eher harmlosen Familiendramas versucht Hettner erneut zur Tragödie aufzuwerten, wobei ihm für dieses Projekt vor allem ein Autor als vorbildlich gilt, der sich um das soziale Drama verdient macht: Karl Gutzkow, der dem Jungen Deutschland, einer Bewegung der 30er Jahre, zuzurechnen ist und sich bezeichnenderweise für den vergessenen Autor Lenz einsetzt. Er selbst schreibt sozialkritische Dramen, die in der Tradition des Sturm und Drang stehen; auch Gutzkow geht es um gegenwärtige Gesellschaftsprobleme, beispielsweise um Standesgegensätze und veraltete, überlebte Konventionen. Allerdings wird seine Kritik durch einen umfassenden bürgerlichen Reformwillen sowie eine gewisse Fortschrittsgläubigkeit gemildert; sie wird aus der Perspektive des liberalen Bürgertums formuliert. Ähnlich wie später bei Anzengruber und Hauptmann motiviert vor allem ein Thema die Gesellschaftsanalysen seiner Dramen: der gesellschaftliche Aufstieg in die aristokratische Sphäre, wie er in *Richard Savage* (Uraufführung 1839), *Werner* (Uraufführung 1840) und *Ottfried* (Uraufführung 1849) unternommen wird, jedoch meist mit dem Bekenntnis zum eigenen bürgerlichen Stand endet. Ein Autor, der dem Jungen Deutschland und seinen sozialreformerischen Projekten ebenfalls zugerechnet werden kann, ist Büchner, dessen Drama *Woyzeck* an die Gattungskonvention des bürgerlichen Trauerspiels anknüpft. Allerdings schreibt Büchner dieses Genre um, und zwar im Sinne eines sozialen Dramas, ähnlich wie es Hauptmann einige Jahrzehnte später (um 1890) entwirft – bezeichnenderweise kommt es im Naturalismus zu einer emphatischen Wiederentdeckung der Autoren Büchner und Lenz. In gewisser Weise lässt sich also eine Linie ziehen, die von Lenz über Büchner zu

Idyllisierende Familiengemälde

Karl Gutzkow

Von Büchner zu Hauptmann

Hauptmann führt, vom bürgerlichen Trauerspiel des Sturm und Drang zum sozialen Drama des ausgehenden 19. Jahrhunderts. Ein weitgehend vergessener Autor, der dieser Tradition und insbesondere Büchners Radikalisierungsprogramm der Sozialkritik zugeordnet werden kann, ist Sigismund Wiese, dessen Einakter den signifikanten Titel *Die Bettler* trägt (1837).

Allerdings ist für das 19. Jahrhundert eine weitere Variante des bürgerlichen Trauerspiels zu berücksichtigen: Hebbel versucht in seinem Drama *Maria Magdalena*, und zwar in dezidierter Absage an Gutzkow, dem kleinbürgerlichen Personal ein nahezu heldisches Pathos in den Mund zu legen; er knüpft an die hohe Tragödie an, indem er die tödlichen Folgen eines übersteigerten Ehrbegriffs vorstellt. Diese beiden Varianten, das heldenhafte Trauerspiel Hebbels und das in sozialer Hinsicht radikalisierte Trauerspiel im Sinne Büchners, sind also voneinander abzusetzen.

2.1 Soziale Miseren von Büchner bis Hauptmann

Editionsgeschichte

1836 beginnt der engagierte Revolutionär Georg Büchner mit der Niederschrift seines Soldatendramas *Woyzeck*, dessen Editionsgeschichte einer wahren Odyssee gleicht. Bei Sichtung des Nachlasses wird das Fragment von den Brüdern Ludwig und Alexander Büchner aufgefunden und veröffentlicht (1850) (Poschmann 1983, 236f.). Karl Emil Franzos publiziert das Drama erneut 1879 in der *Ersten kritischen Gesamt-Ausgabe* Büchners; die intensive Büchner-Rezeption, die 1880 einsetzt und bis 1920 anhält, verdankt sich dieser Veröffentlichung, die zugleich die Grundlage für Alban Bergs Oper *Wozzeck* bildet (Dedner 2000, 7f.). Allerdings gelten diese Editionen vielfach als „Verstümmelungen" des Textes (Poschmann 1992); Büchners *Woyzeck* ist in gewissem Sinne zu einem Liebling der Editionswissenschaft geworden. Es werden gemeinhin vier Fassungen unterschieden. Als Grundtendenz kann festgehalten werden, dass der durch Eifersucht motivierte Mordfall zunehmend zu einem gesellschaftlichen Sozialpanorama erweitert wird (Hartung 1992, 221). Der erste zusammenhängende Entwurf (H 1) besteht aus den drei Handlungsteilen Jahrmarkt, Eifersucht und Mord und wird vielfach mit einer Ballade verglichen. Orientiert sich Büchner für diesen ersten Entwurf an Woyzecks Lebensphase 1820/21, so für den zweiten Entwurf (H 2) an dem Zeitraum um 1810, also an Woyzecks Militärzeit und seinem Leben mit der Geliebten und einem gemeinsamen Kind. Damit wird das Stück „dem Schema des bürgerlichen Trauerspiels an[genähert]" (Dedner 2000, 119). In dieser Fassung wird die Kritik an dem medizinischen Diskurs ausgeweitet, also die Pathologisierung des Delinquenten intensiviert (Kubik 1991, 65). Für den letzten Entwurf werden Erlebnisse aus beiden Lebensphasen Woyzecks zusammengefügt.

Die gerichtsmedizinische Debatte

Das Stück, das die aufsehenerregende Verurteilung des Mörders Woyzeck zu Beginn des 19. Jahrhunderts zum Gegenstand hat und in enger Auseinandersetzung mit der herrschenden Rechtssprechung wie der medizinischen Praxis entsteht, bezieht innerhalb der lebhaft geführten gerichtspsychiatrischen Debatte eindeutig Position. Der entlassene Soldat und arbeitslose Perückenmacher Woyzeck – Büchner macht aus dieser Gestalt allerdings einen dienenden Soldaten, hebt sein soziales Milieu also an (Hartung 1992, 216) – ersticht am 2. Juni 1821 seine Geliebte Johanna Christiane Woost und wird nach ausführlichen Begutachtungsprozessen zum Tode verurteilt. Büchner übernimmt eine Vielzahl an Details aus dem Gutachten des Arztes Clarus (abgedruckt u.a. in Dedner 2000, 121f.; Mayer 1963, 75f.), der Woyzeck für zurechnungsfähig erklärt hatte. Clarus lässt die Diagnose partieller Unzurechnungsfähigkeit nicht gelten und bestätigt damit das Todesurteil. Kann dieses Gutachten als „Signal zu einer restaurativen Wende der Psychiatrie und Strafjustiz" gelten (Dedner 2000, 8), so erhebt Büchner in seiner Darstellung gegen die von Clarus und anderen vertretene idealistische Position Einspruch. In seinem bürgerlichen Trauerspiel verdichtet Büchner Symptome der realen Gestalt – die Angst vor den Freimaurern, die Stimmen, die Unruhe, die somatischen Phänomene – zu einem Krankheitsbild, das auf gesellschaftliche Ursachen zurückgeführt wird. Hatte der Arzt Clarus Woyzeck lediglich die Anlage zu einer Krankheit zugestanden (Dedner 2000, 151) und daraus die volle Zurechnungsfähigkeit abgeleitet, so erscheint Woyzeck bei Büchner als einer, an dem ein „Mord durch Arbeit" begangen wird, wie es in *Dantons Tod* heißt.

Der Anfang als Ende

Ähnlich wie in diesem Historiendrama Büchners beginnt auch das Stück über den niederen Soldaten und das medizinische Versuchsobjekt Woyzeck recht eigentlich mit dem Ende. Eröffnet wird mit einer Apokalypse, einem Weltuntergangsszenario, das in biblischen Bildern sowie in fragmentarischen Anspielungen auf Märchen und Volkslieder beschworen wird. Die letzten Zeilen der Szene lauten: „Still, Alles still, als wär die Welt todt." (Wo, 10) Der Beginn ist das Ende; die dramatische Entwicklung, der Mord Woyzecks an Marie, die sich auf den imposanten Tambourmajor einlässt und Woyzecks Eifersucht provoziert, ist nicht viel mehr als die veranschaulichende Zuspitzung eines unerträglichen Zustandes. Diese Todesverfallenheit wird von der Forschung zuweilen als grundlegender Nihilismus Büchners bezeichnet, allerdings wird in dem Drama sehr genau vorgeführt, welche bürgerlichen Institutionen den depravierten Figuren das Leben nehmen. So wird erneut das Tugendethos, das die Etablierung der bürgerlichen Gesellschaft begleitet, einer kritischen Revision unterzogen, allerdings aus einem neuen Blickwinkel. Deutlich wird nämlich, dass moralische Forderungen an ökonomische Bedingungen gebunden sind. Der hellsichtige Woyzeck erklärt dem Hauptmann, einem Etablierten des gesellschaftlichen Systems: „Sehn Sie wir gemeinen Leut, das hat keine Tugend, es kommt einem nur so die Natur, aber wenn ich ein Herr wär und hätt ein Hut und eine Uhr und eine anglaise und könnt vornehm reden, ich wollt schon tugendhaft seyn." (Wo, 18f.) Damit wird die Allianz von Tugendproklamation und ökonomischem Interesse, wie sie sich in dem metaphorischen Geflecht von Schillers *Kabale und Liebe* zumindest andeutet, offen benannt. Tugend, der zentrale Begriff des bürgerlichen Trauerspiels und bürgerlichen Ethos überhaupt, stellt einen ausgrenzenden Begriff dar; das Tugendethos riegelt die Grenzen zwischen den Schichten ab. In Büchners Drama ist es allerdings nicht mehr die Grenze zum Adel, die über diesen rigiden Tugendbegriff etabliert wird, sondern die Grenze

Tugendkritik

zur pauperisierten Unterschicht. Darüber hinaus wird auch das aufklärerische Mitleidsethos einer immanenten Kritik unterzogen, indem es als Selbstgenuss des Bürgers erscheint. Der Hauptmann spricht: „[I]ch sag' mir immer du bist ein tugendhafter Mensch, (*gerührt*) ein guter Mensch, ein guter Mensch." (Wo, 18) Damit wird bloßgestellt, „was der kathartischen Wirkungsästhetik des bürgerlichen Dramas als Agens dient und was sie auch im Endresultat nolens volens nur erreicht. Der Hauptmann übt den moralischen Selbstgenuß, der nichts anderes ist als eine Verwandlungsform des praktischen bürgerlichen Egoismus, in musterbildlicher Weise." (Poschmann 1983, 273)

Medizinkritik

Ein weiterer Diskurs, der in Büchners Drama einer kritischen Revision unterzogen wird, ist der medizinische; die Forschung hat in diesem Zusammenhang diverse medizinhistorische Vorbilder ausgemacht (Roth 2000). Der niedere Soldat Woyzeck verdingt sich als Versuchskaninchen für medizinische Experimente. Tagelang lebt er nur von Erbsen, eine Tortur, die seine pathologischen Zustände fördert. Woyzeck wird zum Opfer einer wissenschaftlichen Ratio, die denjenigen Gegenstand zerstört, in dessen Dienst die Untersuchungen unternommen werden – den Menschen. Büchner geht es in seinem Drama also ganz wesentlich „um die rechtlichen, sozialen, religiösen, moralischen, psychologischen und naturwissenschaftlichen Systeme, Institutionen und Voraussetzungen der Gesellschaft überhaupt" (Richards 1989, 40). Sein Stück stellt eine kritische Analyse konkreter historischer Zustände und Institutionen dar, kann also nicht als pessimistisch-nihilistische Formulierung eines leidvollen Daseins gelesen werden. Glück, der sich mit denjenigen Positionen auseinandersetzt, die die historisch-soziale Konkretion nivellieren und das Drama zu einem metaphysischen erklären (Glück 1986, 194f.), unterstreicht ganz in diesem Sinne, dass Büchner kein Drama des Armen in christlicher Tradition geschrieben habe, sondern das Vorproletariat der 20er und 30er Jahre des 19. Jahrhunderts schildere.

Weiblichkeit und Tod

Büchner etabliert also einen fugenlosen Determinationszusammenhang, der private wie öffentliche Ebene umgreift und sich im Mord entlädt, im Mord an einer Frau, an Marie – auch diese Frauenleiche ordnet Büchners Drama der Tradition des bürgerlichen Trauerspiels zu. Zu überlegen wäre damit, ob die eigentliche 'Heldin' des Stückes nicht Marie ist. Die apokalyptischen Todesvisionen, die zu Beginn des Stückes Ausdruck der bedrängten Lebenssituation der beiden Protagonisten sind, werden auf die Frau fokussiert und damit in gewissem Sinne gebannt. Ganz konsequent ist in diesem Zusammenhang, dass Woyzeck vor seiner Tat in der Auseinandersetzung mit dem Tambourmajor, der im Übrigen sozial nicht weit über ihm, dem gemeinen Soldaten, steht (Meier 1980, 40), gedemütigt und verweiblicht wird. Diese Auseinandersetzung ist die einzige direkte der Rivalen; Büchner scheint den klassischen Konflikt der Antagonisten eher zu vermeiden (Hartung 1992, 208). Der Major verkündet bei seinem Auftritt emphatisch, und damit wird der Kampf zwischen den Rivalen eindeutig geschlechtlich semantisiert: „Ich bin ein Mann! (*schlägt sich auf die Brust*) ein Mann sag' ich." (Wo, 31) Als Woyzeck von ihm verletzt wird, höhnt der Tambourmajor: „[S]oll ich dir noch soviel Athem lassen als ein Altweiberfurz, soll ich?" (Wo, 31) Woyzeck wird diffamiert, und seine Ohnmacht wird mit Bildern diskreditierter Weiblichkeit umschrieben. Ausgehend von dieser Szene nimmt sich der Mord an Marie wie eine narzisstische Heilung der auch buchstäblich beschädigten Männlichkeit aus. Das Blut, das Woyzeck vergießt, wird zu dem Maries. Zum Schluss, in der Schenke, erscheint nicht mehr Woyzeck als der verletzte – „Anderer: Er blut" (Wo, 31) –, sondern dieser trägt das Blut Maries an seinem Körper. Die Leitmotive, die die Szenen miteinander verklammern, haben damit nicht nur den Effekt, einen Zustand von 'Unlebbarkeit' zu evozieren – wenn z. B. die Aussage „alles todt" den gesamten Text durchzieht –, sondern sie besitzen zugleich analytische Qualität. Denn das Blutmotiv lässt deutlich werden, dass das Blut Woyzecks zu dem Maries transformiert wird. Vorgeführt wird mithin, dass sich die bedrohte Männlichkeit als Aggression gegen das Weibliche wendet. Aus der Perspektive der Gender Studies ließe sich für Büchners Drama formulieren, dass der Tod als *die* fundamentale Störung der symbolischen Ordnung auf die Frau fokussiert wird. Der Tod, der in Büchners Stück von Beginn an omnipräsent ist, wird auf Marie zentriert und gebannt, kann aus der Distanz (als Tod des/der Anderen) als Faszinosum betrachtet werden.

Verschiebungsprozesse

Auffällig ist, dass sich Büchner mit Nachdruck auf die literarische Tradition bezieht; es lassen sich eindeutige Bezüge zu Lenz' *Die Soldaten*, zu Goethes *Faust I* ausmachen, ebenso zu Shakespeares Eifersuchtsdrama *Othello* und zu *Macbeth* (Dedner 2000, 225 f.). Die Lust Maries an den Schmuckstücken ist z. B. ganz nach Gretchens Freude über Fausts Geschmeide modelliert. In *Macbeth* geht der Befehl zum Mord ebenfalls von einem Messer aus, und die Figuren versuchen sich von dem Blut, von dem 'Fleck', reinzuwaschen. Darüber hinaus gleicht die Ermordung Desdemonas in einigem der Tötung Maries. Durch diese intertextuellen Bezüge wird die Tendenz der Gattung radikalisiert, hohe (Pathos-)Formen einem niederen Personal, hier einem plebejischen, zur Verfügung zu stellen. Zudem lassen sich Bezüge zur Schauerliteratur ausmachen (Oesterle 1983), und die Anspielungen auf die hohe Literatur werden zusätzlich durch die dialektale Färbung der Figurenrede 'herunterdekliniert' – die „tragende Sprachschicht des Textes bildet die großregionale hessische, ins Oberdeutsche ebenso wie ins Hochdeutsche hineinreichende moderne Umgangssprache, die zu Büchners Zeit gerade erst mit der Industrialisierung und der dadurch freigesetzten Mobilität aufkam" (Poschmann 1992, 198). Zitate aus der klassischen Höhenkammliteratur werden zum Ausdrucksmedium des 'kleinen Mannes', des proletarischen Milieus.

Anleihen an die Tradition

Dieses Sozialdrama Büchners kann, wie angedeutet, für die Dramen des Naturalismus, die rund 50 Jahre später entstehen, durchaus als vorbildlich gelten. Betont Büchner die Determiniertheit seiner Figuren durch ökonomische Verhältnisse, so ist diese Abhängigkeit, die das dramatische Subjekt zum Objekt werden lässt, auch für die sozialen Dramen des Naturalismus zentral. Denn die Stücke, die um 1890 die Bühnen zu erobern beginnen, transformieren die Gattung des Familienstückes zur Milieustudie, behandeln die Figuren in demonstrativer Weise als Produkt ihrer labilen Lebensumstände und ökonomischen Verhältnisse. Hatte das bürgerliche Trauerspiel zunächst, in Abgrenzung von der Tragödie, das private bürgerliche Leben zum Gegenstand, verschob sich der Fokus, vornehmlich bei Lenz und Büchner, zu determinierten Gestalten in sozial-gesellschaftlich prä-

Milieu als Determination

zisierten Milieus, so wird dieser Fokus, diese Milieuorientierung, im Naturalismus den neuen Theoremen angepasst, dem (Sozial-)Darwinismus, den Vererbungstheorien sowie der neu aufkommenden Wissenschaft der Physiologie. Im Anschluss an den 'nordischen' Naturalismus (Ibsen) und den französischen (Zola) treten neue Themen ins Zentrum – Degeneration durch vererbbaren Alkoholismus, Determination durch physiologische Ausstattung, Pauperisierung, die Sehnsucht nach Aufstieg sowie die Angst vor dem Abstieg in urbanen Milieus. Zusammen mit diesen Sujets werden neue Wirklichkeitsbereiche erobert sowie neue ästhetische Darstellungsweisen erprobt. Insofern ist das soziale Programm zugleich als ästhetische Innovation gedacht, ja diese steht bei einigen Autoren im Vordergrund, wie z.B. bei Arno Holz und Johannes Schlaf. Auffällig ist allerdings, dass eine Vielzahl der Dramen weiterhin im bürgerlichen Milieu, nicht aber im plebejischen angesiedelt ist – Sudermanns Erfolgsstück *Die Ehre* ebenso wie *Familie Selicke* von Holz und Schlaf oder auch Hauptmanns *Vor Sonnenaufgang*; das Drama *Die Weber* allerdings bildet eine Ausnahme. Die bürgerlichen Autoren verbleiben also in gewisser Weise innerhalb des ihnen bekannten Milieus und knüpfen dementsprechend vielfach an die Gattung des Familiendramas an, wie es Ibsen zeitgleich den neuen Tendenzen und Theoremen anpasst.

Das ernste Volksstück

Werden Hauptmanns Werke gemeinhin im Kontext dieser naturalistischen Strömungen aus Skandinavien und Frankreich gesehen, so lässt sich gleichwohl ein Bezug zur Tradition des 'ernsten Volkstheaters' herstellen, und zwar in der Form, wie es Ludwig Anzengruber in den 70er Jahren, also rund 20 Jahre vor Hauptmann, in Österreich entwickelt. Seine Dramen wie auch die Schönherrs nehmen wesentliche Themen und Formen der naturalistischen Dramatik vorweg (Aust, Haida, Hein 1989, 234). Denn Anzengruber formt das (lustige) Volksstück zum ernsten Drama um; er bricht mit der Auffassung, dass im Volksstück immer gelacht werden müsse und verfasst „ländliche Trauerspiele" wie beispielsweise das bekannte Stück *Der Meineidbauer* oder auch *Hand und Herz. Trauerspiel in vier Akten*, ein Drama, in dem sich die abstrakten Forderungen der Kirche an den Bedürfnissen des Herzens brechen; das „ländliche Trauerspiel" endet mit Mord und Selbstmord.

Das Drama des Aufstiegs

In dem bekanntesten Stück Anzengrubers, *Das vierte Gebot*, sein letztes erfolgreiches Drama, wird der Wille zum sozialen Aufstieg in einem urbanen Milieu, in Wien, zum Thema – Hauptmann wird in seinem Erstling *Vor Sonnenaufgang* ebenfalls den sozialen Aufstieg einer Familie zum dramatischen Sujet machen. Vorgeführt wird in diesem Drama Anzengrubers, das sich durch die ernste Funktionalisierung des Komischen auszeichnet (Aust, Haida, Hein 1989, 218f.), in welcher Weise emotional und moralisch verwahrloste Kinder zum Opfer des Aufstiegswillens der Eltern werden; „die enorme Dynamik des sozialen Wandels der liberalen Ära" wird als Erziehungsproblem verhandelt (Rossbacher 1992, 296). Die Figuren versuchen, den sozialen Identitätsverlust durch Hochwertworte und Phrasen auszugleichen, die den Illusionismus ihrer Selbsteinschätzung preisgeben – hier scheint Horváths „Bildungsjargon" vorweggenommen.

Formale Neuerungen

Anzengruber antizipiert also einige der Innovationen, die Hauptmann in seinen sozialen Dramen ebenfalls vornehmen wird: die konkrete Schilderung der Räumlichkeiten in den Nebentexten, die dialektale wie idiolektische Ausgestaltung der Figurensprache, z. B. in der „Bauernkomödie mit Gesang" *Die Kreuzelschreiber*; selbst der Übergang von Dramatik in Prosa findet sich vereinzelt. Die musikalischen Elemente sind bei Anzengruber meist durch das Bühnengeschehen motiviert, werden mithin in das realistisch-illusionistische Geschehen integriert. Familienähnlichkeiten bestehen darüber hinaus zwischen den naturalistischen sozialen Dramen und einem anderen österreichischen Autor: Karl Schönherr. Seine Stücke weisen eine ähnliche Überlagerung von mythischen und sozialen Elementen auf wie sie sich auch in Hauptmanns Texten findet. Schönherrs Bauernstücke, die einerseits die sozialen Hierarchien, die Generations- und Erbverhältnisse präzise abbilden, gipfeln andererseits nicht selten in einer Verklärung dionysischer, erdhafter Kraft, in Rausch und (tödlicher) Ekstase. Die soziale Thematik, wie sie Schönherr in seinen Bauernstücken, in *Erde* beispielsweise und *Der Weibsteufel*, aufgreift, wird mit mythischen Phantasien von Mutterschaft, Kraft, Rausch etc. verknüpft, eine Allianz, die sich auch in Hauptmanns Texten und stärker noch in einigen Dramen von Max Halbe zeigt, beispielsweise in seinen Dramen *Mutter Erde* und *Der Strom*. Diejenigen sozialen Dramen, die in ländlichen Räumen spielen und die bäuerliche Gemeinschaft zum Gegenstand haben, tendieren zu einer Form von Mythisierung, die der Verklärung von Heimat und Boden Vorschub leistet.

Hauptmanns *Vor Sonnenaufgang*

Als prototypisches Stück des naturalistischen sozialen Dramas gilt Hauptmanns aufsehenerregender Erstling *Vor Sonnenaufgang*, der ausdrücklich mit „soziales Drama" untertitelt ist. Das Stück wird 1891 an der Freien Bühne Otto Brahms uraufgeführt, an einer Privatbühne, die in geringerem Maße von der harschen Zensur betroffen ist und damit zum Wegbereiter neuer Stücke werden kann. Das Drama Hauptmanns handelt in ganz genuiner Weise vom sozialen Aufstieg. Im Vordergrund steht, sicherlich in Anlehnung an Ibsens Familiendramatik (Oellers 1975), eine prosperierende ländliche Familie, nicht aber das depravierte Arbeiterkollektiv. Die Familie Hoffmann kommt durch Kohleabbau zu Geld, wie bereits die pompöse, geschmacklose Inneneinrichtung ihres Domizils dokumentiert, die in dem eröffnenden Nebentext geschildert wird; Hauptmann weitet die Nebentexte vielfach zu detaillierten Prosaschilderungen aus, die die Bühnenpragmatik überschreiten. Der Text beginnt: *„Das Zimmer ist niedrig; der Fußboden mit guten Teppichen belegt. Moderner Luxus auf bäuerische Dürftigkeit gepropft. An der Wand hinter dem Eßtisch ein Gemälde, darstellend einen vierspännigen Frachtwagen, von einem Fuhrknecht in blauer Bluse geleitet"* (Vs, 265). Dieser Nebentext lässt zugleich deutlich werden, dass der Raum, Ausdruck sozial-gesellschaftlicher Gesetzmäßigkeiten, als dramatischer Akteur fungiert; die Figuren sind seine Produkte. Dass Hauptmann in seinem Stück insgesamt daran gelegen ist, das Milieu seiner Figuren zu präzisieren, belegt auch die sprachliche Differenzierung, die er in seinem Erstling vornimmt. Das gemeinsame Mahl im ersten Akt z. B., das allein der Konturierung des Personals dient, nicht aber dem dramatischen Fortgang, stellt eine Studie unterschiedlicher Sozio- und Dialekte dar. Während der tumbe Kahl, der avisierte Bräutigam Helenes und Beischläfer der Mutter, stottert – seine Rede löst sich tendenziell in Lautmalerei auf, wenn er stammelt: „D..d..die M..mm..maus, das ist'n in..in..infamtes Am..am..amfff..fibium" (Vs, 285) –, so sprechen Hoffmann und Loth Hoch-

Die Differenzierung der Sprache

sprache; die Magd Miele hingegen schreit mit Vorliebe und spricht mit starkem schlesischen Dialekt. Frau Spiller hat sich eine Marotte zugelegt, die sie für fein hält – Sprache macht eben Leute. Im Nebentext heißt es: „*[I]hr Ausatmen geschieht jedesmal mit einem leisen Stöhnen, das auch, wenn sie redet, regelmäßig wie 'm' hörbar wird.* Frau Spiller, *mit unterwürfigem, wehmütig geziertem moll-Ton, sehr leise*: Der Baron Klinkow haben genau dasselbe Buffet – m –." (Vs, 284) Intonation, Modulation, Prosodie, all das wird genutzt und verschriftlicht, um die Vielfalt mündlichen Sprechens in seiner sozialen Bedeutung zu dokumentieren. Es sind epische Zustandsschilderungen, die das Drama beherrschen.

Analytische und dramatische Momente

Die dramatische Aktion kommt entsprechend allein deshalb in Gang, weil ein Fremder in dieses Milieu eindringt und es damit zur Anschauung bringt. Vermag der marode Zustand der Familie – sie wird von Alkoholismus, Habsucht und Inzest heimgesucht – den Konflikt nicht aus sich selbst zu produzieren, so ermöglicht allein dieser Fremde die Präsentation der Umstände sowie ihre dramatische Zuspitzung; Loths Präsenz produziert den Konfliktstoff, der die Tragödie in Gang setzt. Er verliebt sich in die Tochter des Hauses, in Helene, die durch diese Beziehung den beengenden Verhältnissen zu entkommen hofft. Doch nach und nach tritt der Alkoholismus der Familie ans Licht, der im Übrigen in einer der Hauptmannschen Vorlagen ebenfalls von zentraler Bedeutung ist, in Tolstois Drama *Die Macht der Finsternis*. In Hauptmanns Stück lässt letztlich ein Arzt, ein Kenner also, die ganze Misere publik werden. Diese Auskunft, die den Alkoholismus der Familie wissenschaftlich bestätigt, ist deshalb von dramatischer Relevanz, weil Loth von Beginn an als überzeugter Antialkoholiker in Szene gesetzt wird und augenblicklich von seiner Leidenschaft zu Helene ablässt, als deren problematisches Erbe offenkundig wird. Bereits im ersten Akt erklärt Loth: Ihr „wißt wahrscheinlich nicht, welche furchtbare Rolle der Alkohol in unserem modernen Leben spielt ... Lies Bunge, wenn du dir einen Begriff davon machen willst. [...] Die Wirkung des Alkohols, das ist das Schlimmste, äußert sich sozusagen bis ins dritte und vierte Glied. [...] ich bin absolut fest entschlossen, die Erbschaft [gemeint ist seine genetische Gesundheit; Anm. v. Verf.], die ich gemacht habe, ganz ungeschmälert auf meine Nachkommen zu bringen." (Vs, 290 f.) An diesem Kredo des Sozialreformers Loth hat sich „die Kritik von Anbeginn entzündet" (Bellmann 1988, 9; Zimmermann 1995, 494 f.). In der Forschung wird immer noch der Streit ausgetragen, ob Loth Sprachrohr Hauptmanns sei oder aber seine Position diskreditiert werde. Moniert wurde vielfach, dass Loth von einer unsinnigen Prämisse ausgehe, von der Vererbbarkeit des Alkoholismus (Guthke 1961, 74), und dass seine Auffassung durch den Tod Helenes desavouiert werde (Sprengel 1984, 71 f.). Bellmann hingegen zeigt auf, dass Loths Überzeugungen in konsequenter Weise auf zeitgenössisches Gedankengut Bezug nehmen (Bellmann 1988, 14). Durch seine Überzeugungen allein desavouiert sich Loth also nicht. Allerdings problematisiert der tragische Tod Helenes seine Haltung. Loths Überzeugungen verstoßen gegen die Imperative einer praktischen Vernunft; die Position des Eugenikers Loth zieht eine Tragödie nach sich. Damit wird eine Theoriekritik formuliert, wie sie Hauptmann wiederholt in Szene setzen wird, beispielsweise auch in den *Ratten*.

Alkoholismus

Loth als Sprachrohr?

Vererbung als Fatum

Die Vererbungstheorie, die Loth vertritt, fungiert auf dramen- und gattungsgeschichtlicher Ebene als Analogon des antiken Schicksals. Der Fluch der Tantaliden beispielsweise erstreckt sich ebenfalls „ins dritte und vierte Glied", und im Alten Testament findet sich die Drohung: „Der Herr [...] sucht die Schuld der Väter an den Kindern heim bis ins dritte und vierte Glied." (4. Mose 14,18) Rächen sich die Sünden der Väter an den Kindern, wie z. B. auch in Ibsens *Gespenstern*, so wird im Naturalismus an die Tradition der Schicksalstragödie angeknüpft, in der der Einzelne jenseits individueller Handlungsdispositionen verbindlichen Gesetzen ausgeliefert ist. Der Determination der Figuren kommt also die Rolle des „ehernen Schicksals" zu, das Lenz, zumindest in seiner Tragödientheorie, im Namen des autonom Handelnden abgelehnt hatte. In *Vor Sonnenaufgang* zerbricht Helene an ihrem „Erbe", am Fluch des für vererblich gehaltenen Alkoholismus. Als sie einsieht, dass Loth sie nicht aus dem Familiengefängnis befreien wird, bringt sie sich um – ein Tragödientod, wie auch die Aktzahl nahelegt; Hauptmann übernimmt das klassische Schema der fünf Akte. Traditionelle Tragödienelemente werden also mit sozialen Themen verknüpft, wie auch in Hauptmanns Kindsmorddrama *Rose Bernd* (1903) und seinem späten Sozialdrama *Die Ratten* (1911).

Mythisierung

Zudem zeichnet sich trotz der präzisen Milieuschilderungen in Hauptmanns sozialen Dramen eine Tendenz zur Mythisierung ab, wie sie in den neuromantischen Stücken des Autors in den Vordergrund tritt. In *Vor Sonnenaufgang* – das Stück ist zunächst mit *Der Sämann* überschrieben, Hinweis auf einen mythischen Naturbegriff, auf das zyklische 'Stirb und Werde' – verweist bereits die Namensgebung auf mythische Stoffe. Loth ruft die gleichnamige alttestamentarische Gestalt auf, die dem wüsten Treiben in Sodom und Gomorrah den Rücken kehrt (1. Mose 19). Hauptmanns Loth lässt ganz vergleichbar ein 'Lasterhaus' hinter sich. Zudem findet der Raub der schönen Helena, von dem die griechische Mythologie erzählt, in seinem Drama nicht statt; in Bezug auf Helene ließe sich von einem durchgestrichenen Intertext sprechen, wie sich Hauptmanns Text insgesamt durch ein komplexes Verhältnis von Übernahme und Verwerfung antiker Stoffe auszeichnet, auch z. B. der *Ödipus*-Sage (Delbrück 1995). Darüber hinaus wird der Raum vielfach symbolisch-mythisch überhöht. Ähnlich wie in *Rose Bernd* wird die Protagonistin Helene der üppig blühenden Natur zugeordnet. Das erste Treffen zwischen Loth und Helene beispielsweise wird durch ein stummes Spiel vorbereitet, das Helene in die Natur integriert. Zudem wird der Apfel als topisches Motiv des Sündenfalls ins Spiel gebracht. Die junge Frau ergeht sich in hellem Sommerkleid im Garten; sie *„biegt auch Zweige von den Obstbäumen und betrachtet die sehr niedrig hängenden rotwangigen Äpfel."* (Vs, 304) Was die Zeitgenossen wie die Forschung wiederholt irritiert hat (Hildebrandt 1968; Hilscher 1969; Hans von Brescius 1976, 27, 29f.; Sprengel 1982) – das Nebeneinander von neuromantisch-,sentimentalen' Stücken und sozialen Dramen, das Nebeneinander von Mythos und sozialer Analytik –, das zeigt sich als Ambivalenz bereits in Hauptmanns erstem Stück.

Rose Bernd

Dieses Nebeneinander von mythischen Elementen und sozialer Thematik findet sich bei Hauptmann grundsätzlich, beispielsweise auch in seinem Kindsmorddrama *Rose Bernd*. In einer Art *passio*, einem Stationendrama im eigentlichen Sinne, wird der langsame Untergang Rose Bernds in Szene gesetzt; ursprünglich sollte die Protagonistin Rose Immoos heißen, eine Forcierung ihres Naturbezugs. Das Stück zeichnet sich durch seine Jagdmetaphorik aus, wie sie in *Vor Sonnenaufgang* präludiert wird (Delbrück 1995, 518f.): Flamm, der Liebhaber Roses, ist Jäger, und das Zimmer, in dem Ehen geschlossen werden, ist bezeichnenderweise mit Jagdtrophäen ausgestattet. Rose wird zum Wild für gleich mehrere Jäger. Mit Herrn Flamm – Nomen ist Omen – hat sie ein Verhältnis; Streckmann – Nomen ist ebenfalls Omen, er bringt sie zur Strecke – setzt sie unter Druck und vergewaltigt sie. Der blässliche August ist jedoch bereit, sie zu heiraten, nicht zuletzt auf Geheiß des Vaters. Er ist der einzige, der ihr Leid zu erahnen beginnt. Rose wird in einen Meineidprozess verwickelt und verfängt sich in Lügen, eigentlich aber in den „Schlingen" der Jäger – bis sie in ihrer Verzweiflung ihr Kind tötet. Das stammelnde Geständnis dieser Tat gipfelt in der existenziellen Erkenntnis eines leeren Himmels, die an Büchners Anti-Märchen aus *Woyzeck* gemahnt. Hauptmann führt in diesem Drama eine soziale Misere vor Augen und bricht eine Lanze für die alleinstehende Mutter. Zugleich jedoch wird der Antagonismus zwischen Mann und Frau durch die auffällige, oppositorisch organisierte Symbolik zu einem mythisch-ewigen Kampf stilisiert. Die Frau wird, topischen Weiblichkeitsrepräsentationen entsprechend, der Natur zugeordnet, der Mann der Technik. Die sozialen Dramen Hauptmanns tendieren zu ihrer Aufhebung aus dem Geist des Mythos.

2.2 Das hohe Pathos der Kleinbürger bei Hebbel

Hohes Pathos

Lässt sich trotz der Differenzen ein Bogen von Büchner zu den sozialen Dramen des Naturalismus schlagen, so ist eine weitere Variante der Gattung zu berücksichtigen, der vor allem daran gelegen ist, die Misere des Kleinbürgers im Gewand des hohen Pathos erscheinen zu lassen, also das Schicksal der 'Niederen' aufzuwerten und zu auratisieren. Dieser Versuch einer Nobilitierung kleinbürgerlicher Lebensformen mag es mit sich bringen, dass Hebbels bürgerliches Trauerspiel *Maria Magdalena* (1843) eine gewisse Nähe zu den Dramen des 18. Jahrhunderts aufweist. Hebbel wird dem pietistisch verwurzelten Kleinbürgertum zu einem Pathos verhelfen, das einem King Lear würdig ist. Stellt Büchner die hohe Sprache und ihre Motive dem proletarischen Milieu zur Verfügung, ohne dass die Misere auratisiert würde – eher geht es um die Demontage der hohen Tragödie und ihres Exklusivitätsanspruchs –, so nimmt Hebbel eine Aufwertung, eine Auratisierung des kleinbürgerlichen Ambientes vor.

Der Titel

Hebbels populäres, autobiographisch gefärbtes Drama (Reinhardt 1989, 197f.) über die Selbst- und Kindsmörderin Klara ist ausdrücklich als Kritik am bürgerlichen Trauerspiel angelegt, bezieht sich mithin eng auf die Tradition. Eine zentrale Streitfrage der Forschung betrifft jedoch nicht so sehr diesen Bezug als vielmehr die richtige Schreibweise des Titels. In der ersten Druckfassung von 1844 lautet der Name Magdalen*e* – ursprünglich sollte das Stück den Namen der Protagonistin Klara tragen, dann entschied sich Hebbel für die reuige Sünderin aus der Bibel. Bei der Uraufführung am

Burgtheater in Wien wurde der Name zu *Magdalena* korrigiert, und Hebbel verwendet in seinem Tagebuch meist die korrekte biblische Form (Pörnbacher 1970, 12). Gleichwohl streitet die Forschung weiterhin über den Titel; Ludker Lütkehaus z.B. versucht diese Verschreibung produktiv zu machen und als ein Signal zu deuten, das die Differenz zum biblischen Vorbild markiert (Lütkehaus 1983, 35).

Kritik am bürgerlichen Trauerspiel

Hebbel setzt sich in seinem Stück, wie angedeutet, ausdrücklich mit der Tradition des bürgerlichen Trauerspiels auseinander. In seinem berühmten Vorwort zu *Maria Magdalena* führt er aus, die Gattung des bürgerlichen Trauerspiels sei in Misskredit geraten – Hebbel hat vor allem Schillers *Kabale und Liebe* sowie die von ihm abgelehnten sozialkritischen Stücke des Jungen Deutschland, also die Dramen von Gutzkow, im Auge. Die Gattung sei deshalb im Verfall begriffen, weil sich die Krisen, die vorgeführt werden, nicht aus dem geschlossenen Kreis des bürgerlichen Alltags selbst entwickeln, sondern aus allerlei Äußerlichkeiten, z.B. aus dem Mangel an Geld oder aber aus dem Zusammenstoß des dritten Standes mit dem zweiten und ersten in Liebesangelegenheiten. Ähnlich wie Lessing besteht Hebbel darauf, dass das Bürgertum seine eigenen genuinen Tragödien, also tragische und mithin expressive Geschichten, zu produzieren vermag. Hebbels Bestreben ist entsprechend, ein kleinbürgerliches Unglück – im Zentrum steht die Familie des Tischlers Meister Anton – zum Gegenstand einer hohen Tragödie zu machen.

Die Herrschaft des Todes

Zu Beginn von *Maria Magdalena* scheint Hebbel jedoch zunächst an eine andere Gattung anzuknüpfen, an das Schicksalsdrama, wie es seit Beginn des 19. Jahrhunderts Konjunktur hat. Die vorausweisenden Todessignale werden in geradezu überdeterminierter Weise in Szene gesetzt. Das Verhängnis scheint unausweichlich; es deutet sich die „Herrschaft des Todes" an (Reinhardt 1989, 255f.). Zwar feiert die Mutter Klaras – so die Exposition – ihre Genesung von einer langwierigen Krankheit, doch das Brautkleid, das sie zur Feier des Tages trägt, wird zugleich als Leichenkleid ausgewiesen. Bei ihrem Gang in die Kirche trifft sie zudem, so berichtet die beobachtende Klara in einer Art Mauerschau, auf den Totengräber, eine Begegnung, die die Tochter als fatales Omen deutet. Tatsächlich vollstreckt sich schon recht bald, was dieses Treffen prophezeit – die Mutter stirbt, als der Sohn fälschlicherweise für einen Juwelendieb gehalten und kaserniert wird. Diese prononciert symbolische Struktur lässt das Geschehen als schicksalhaftes Verhängnis erscheinen – anders als Lessing psychologisiert Hebbel diese Vorausdeutungen zunächst nicht.

Die Rigidität des Ehrbegriffs

Dann jedoch wird die Schuld der Figuren zunehmend enthüllt, und zwar in einer Weise, die für den Tragikbegriff Hebbels aufschlussreich ist. Tragik entsteht vielfach aus der Disproportion zwischen Tat und Effekt. Der Gerichtsdiener Adam z.B. – möglicherweise Kontrafaktur des Kleistschen Richter Adam aus dem *Zerbrochnen Krug* – geht nach dem vermeintlichen Vergehen des Sohnes mit aller Härte gegen die Familie vor, weil Meister Anton ihn bei einem Wirtshausbesuch beiläufig beleidigt hatte. Folge dieser Schmähung ist der Tod der Mutter. Zudem entpuppt sich der vermeintliche Diebstahl des Sohnes als Missverständnis; die umnachtete Frau des Juweliers hatte den Schmuck in ihrem Wahnsinn entwendet – Folge dieses minoren 'Streichs' ist ebenfalls der Tod der Mutter und letztlich der Selbstmord Klaras. Diese Form von Tragik lässt zugleich sichtbar werden, dass es ganz ursächlich die strengen Prinzipien des Vaters sind, die die Tragödie heraufbeschwören. Genauer: Es ist sein rigider Ehrbegriff, der das Unglück provoziert. In einer Tagebucheintragung hält Hebbel fest: „Es giebt keinen ärgern Tirannen, als den gemeinen Mann im häuslichen Kreise." (Hebbel 1909, 150) In der Forschung wird der Streit ausgetragen, ob dieser Ehrbegriff als soziales Faktum zu werten sei oder aber einen Kunstgriff darstelle, um die Tragödie zu ermöglichen. Lütkehaus insistiert, dass die Ehrvorstellungen des Meister Anton, obgleich sie anachronistisch erscheinen, ein Pendant in der gesellschaftlichen Realität haben, und zwar im Kontext der „sozioökonomischen Misere dieses spätzunfthandwerklichen Kleinbürgertums" (Lütkehaus 1976, 74). Leonard repräsentiere den konkurrierenden, flexiblen Aufsteiger, Karl das abenteuernde Unternehmertum; das Trauerspiel führe vor Augen, dass das Leben „im reellen wie im weltanschaulich-übertragenen Sinn als eine permanente Bilanzbuchhaltung mit Positiv- und Negativsaldo" anzusehen ist (Lütkehaus 1976, 93). Reinhardt hingegen dementiert, dass Hebbel eine Generalabrechnung mit dem Bürgertum im Sinn habe, und betrachtet die sozialen Details des Stücks als Dekorum. Ziel sei vielmehr die (bürgerliche) Tragödie und deshalb stelle Hebbel den Ehrbegriff ins Zentrum. Denn, wie auch Schlaffer anmerkt: „Die tragischen Wirkungen, welche noch im bürgerlichen Drama von der Ehre ausgehen, helfen der Schwierigkeit ab, im bürgerlichen Zeitalter Tragödien zu schreiben." (Schlaffer 1973, 123) Nur aufgrund seines forcierten Ehrbegriffs komme dem Tischlermeister, so Reinhardt, ein heroisches Format zu, nur deshalb vermag er zur „Reinkarnation des alten tragischen Heldenmusters" zu werden (Reinhardt 1989, 211).

Ehre als soziales Faktum?

Ehre als Tragödienstoff?

Die Tochter als Vatermörderin

Unbestreitbar ist, dass dem Tischler Anton seine (Familien-)Ehre, also ein guter Leumund, alles gilt. Als sein Sohn ihn 'verrät', als er scheinbar zum Dieb wird, wird die Tochter dazu verpflichtet, die Ehre der Familie zu retten, und zwar in dem Augenblick, in dem ihre Schwangerschaft in einer Aposiopese, einer Auslassung, zum Ausdruck kommt. Der hartherzige Vater verlangt von Klara, sich von dem früheren Verlobten Leonhard, von dem sie das Kind erwartet, zu trennen. Sie aber erklärt: „Vater, Vater, ich kann nicht! Meister Anton: Kannst nicht? Kannst nicht? Was ist das? Bist du –" (Mm, 36). Trotz dieses (nicht zugelassenen) Wissens, dass die Tochter bereits gegen seinen Ehrenkodex verstoßen hat, lässt er sie auf die Hand der toten Mutter schwören, dass sie jungfräulich sei, und bekräftigt diese Forderung durch einen Schwur: Sollte die Tochter ehrlos werden, so bringe er sich um. Es wird also eine Konstellation geschaffen, in der die Tochter zur Vatermörderin zu werden droht – ein zentrales Sujet des bürgerlichen Trauerspiels –, oder zugespitzter: im Augenblick des Schwurs ist Klara bereits Vatermörderin. Sie antwortet etwas später auf die hellsichtige Anmerkung Leonhards: „Du kannst Gott Lob nicht Selbst=Mörderin werden, ohne zugleich Kindes=Mörderin zu werden" mit den Worten: „Beides lieber, als Vater=Mörderin! [...] Geb' ich meinem Vater das Messer in die Hand, so trifft's ihn wie mich! Mich trifft's immer!" (Mm, 59f.) Der abschließende Selbstmord Klaras kann damit als Opfer gelesen werden; sie nimmt auf sich, was der Vater für sich in Aussicht stellt. In einem verzweifelten Gebet heißt es ganz in diesem Sinne: „[N]imm mich für ihn!" (Mm,

43) Klara stirbt an Stelle des Vaters; Hebbel hält – vielzitiert – fest: „Mich selbst erschüttert diese Klara gewaltig, wie sie aus der Welt herausgedrängt wird." (Hebbel 1999, 455) Dieser Selbstmord lässt in aller Radikalität die Problematik einer bürgerlich-patriarchalen Familie deutlich werden, in der sich der Vater hybrid die Rolle des *pater familias* zuschreibt und die Kinder als seine Schöpfungen begreift, die unabhängig von ihm keinerlei Existenzberechtigung besitzen. Dieses patriarchale Familiengesetz erweist sich insbesondere für die Frauen als tödlich: Klara stirbt – anders als ihr Bruder. Die Mutter stirbt – anders als der Vater, dem lediglich die finale Anagnorisis verweigert wird; er erklärt zum Schluss: „Sie [gemeint ist Klara; Anm. v. Verf.] hat mir Nichts erspart – man hat's gesehen!" Und dann bekennt er: „Ich verstehe die Welt nicht mehr!" (Mm, 71) Diesen Schluss deutet Luserke als Absage an das Katharsismodell der Aufklärungsdramatik (Luserke 1992).

Die Tödlichkeit des Familiengesetzes

Anders als Büchners Figuren zeichnet sich das Personal Hebbels durch Eloquenz aus; vor allem Meister Anton umkreist seine Befindlichkeiten in Vergleichen, Metaphern und verdichteten Bildern. Er gleicht – auch in seiner Diktion – King Lear, dem abdankenden König, der von seinen Kindern verlassen wird. Signifikant für Hebbels Figurenkonzeption sind dabei die ausführlichen Monologe von Vater und Tochter (Reinhardt 1989, 235). Diese sind Kennzeichen monolithischer, abgeschlossener Individualitäten, die nach Hebbel, dem Hegel-Adepten, aller Dialektik unfähig sind und so die Tragödie provozieren. Hebbel streicht heraus, dass sich die Tragödie in *Maria Magdalena* allein aus den Einseitigkeiten der Figuren ergebe: „[D]er Alte ist ein Riese geworden und Leonhard ist bloß ein Lump, kein Schuft, der Sohn, der Secretair, sie Alle sind im Recht (worauf ich mir am meisten einbilde, da es allerdings am schwersten ist, aus der bloßen spröden Einseitigkeit, ohne Beimischung des positiv-Bösen die Schuld abzuleiten) und dennoch entbindet sich durch den Zusammenstoß dieser einander innerlich entgegen gesetzten Naturen das furchtbarste Geschick." (Hebbel 1999, 522)

Monologische Einseitigkeiten

Bringt diese monolithische Abgeschlossenheit die Unfähigkeit mit sich, sich in den Anderen einzufühlen, so ist die wiederholt formulierte Absage an das Mitleid (Reinhardt 1989, 231) auch aus dramengeschichtlicher Perspektive aufschlussreich: Den Hebbelschen Bürgern ist dasjenige Mitleid abhanden gekommen, das Lessing zur Bedingung von Mitmenschlichkeit erklärt hatte. Die Tragödie, die Hebbel entwirft, ergibt sich daraus, dass die Figuren genau über das Gefühl, das Lessing zum Ziel seiner Wirkungsästhetik erklärt hatte, also über Mitleid, über die Einfühlung in den Anderen, nicht verfügen. Dies bekräftigt auch der Titel. *Maria Magdalena* verweist auf die prototypische Sünderin des Neuen Testaments, der Christus ihre Sünden verzeiht; er fordert die empörten Umstehenden auf, die Sündige zu strafen, wenn sie selbst ohne Schuld seien (7. Lukas 37f.). Damit wird auf eine Haltung verwiesen, wie sie auch in Lessings Stücken im Zentrum steht, auf Vergebung. Meister Anton hingegen stellt in seiner Härte eine Gegenfigur zu Lessings Vätern dar – und zu Christus. Er beantwortet das versteckte Bekenntnis Klaras mit einer Selbstmorddrohung und damit indirekt mit einer Tötung. Das bürgerliche Trauerspiel Hebbels stellt eine Reflexion und resignative Antwort auf die Tradition des bürgerlichen Trau-

Der Verlust des Mitleids

Das biblische Vorbild

erspiels im 18. Jahrhundert dar. Die wirkästhetischen Forderungen Lessings werden in ihrem Dementi, also *ex negativo,* reformuliert. Mitleid wie Vergebung erscheinen im Angesicht der Härte der monolithischen Figuren als vergessene Tugend, als nicht eingelöste soziale Phantasie.

3. Soziale Programme im 20. Jahrhundert

Soziale Dramen im *inter bellum*

Schreibt Hauptmann noch bis in die 10er Jahre des 20. Jahrhunderts hinein naturalistische Stücke, so propagiert Hermann Bahr bereits 1891 das Ende des Naturalismus im Namen einer neuen Nervenkunst. Um die Jahrhundertwende dominieren Strömungen wie Ästhetizismus und Décadence, die sich einer sozial orientierten Kunst im Namen der Bohème verweigern. Allerdings erlebt das soziale Drama in den 20er und 30er Jahren, also in der Zeit des *inter bellum,* einen erneuten Höhepunkt – wohl auch deshalb, weil diese Gattung der 'misérables' die Artikulation von (narzisstischen) Verletzungen und Identitätsverunsicherungen nach dem 1. Weltkrieg ermöglicht. „Die zwanziger Jahre sind ein Augenblick tiefwirkender Desorganisation. Vertraute Orientierungsmuster der wilhelminischen Gesellschaft haben keine Geltung mehr. Drei Nachkriegsjahre mit immer wieder aufflackerndem Bürgerkrieg und die Erfahrung der Inflation werden in einer Phase der Stabilisierung von Wirtschaft und Politik aufgefangen, deren provisorischer Charakter den Zeitgenossen von beinahe allen Parteien eingeschärft wird. Unter der radikalen Intelligenz hat die Demokratie wenig Freunde." (Lethen 1994, 7) Es entsteht eine pessimistische Anthropologie, die in den neusachlichen Texten zu Phantasien der Panzerung, der Mechanik und des Verhaltenskalküls führt; Psychologie und Introspektion als Prämissen der Kunst werden aufgekündigt. Entworfen werden Poetiken aus dem Geist des Handwerks und des Bastelns, eine radikale Absage an den Geniegedanken. Marieluise Fleißer beispielsweise erhält von Bertolt Brecht für ihr Stück *Pioniere in Ingolstadt* folgende Anweisung: „Anregung von Brecht: das Stück muß keine richtige Handlung haben, es muß zusammengebastelt sein, wie gewisse Autos, die man in Paris herumfahren sieht, Autos im Eigenbau aus Teilen, die sich der Bastler zufällig zusammenholen konnte, aber es fahrt halt, es fahrt!" (Fleißer 1 1972, 442) Das soziale Drama wird diesen innovativen ästhetischen Richtlinien angepasst, zumal sich diese Gattung, anders als die auf individuelles Pathos angelegte Tragödie, in besonderem Maße für Typisierungen, für Formen der Entindividualisierung eignet, damit den antipsychologischen Tendenzen der neuen Sachlichkeit entgegenkommt. In Brechts Stücken wird entsprechend eine theatralische Demontage bürgerlicher Individualität und die kritische Revision der bürgerlichen Tragödientradition vorgenommen. Diese entpsychologisierenden, kollektivierenden Tendenzen, die die Figurenkonzeption der sozialen Dramen nachhaltig prägen, kommen einem besonderen Interesse der Autoren entgegen, dem Interesse an (faschistischen) Massenbewegungen und -hysterien – so bei Ödön von Horváth und Fleißer, die in ihren Ingolstädter Stücken den „Rudelgesetzen" der Masse nachgeht. Die sozialen Dramen der Zwischenkriegszeit verweisen hellsichtig auf den sich formierenden Faschismus und seine Gesetzmäßigkei-

Verhaltenslehren der Kälte

Typisierungen

Faschismusanalysen

ten, beispielsweise auf seine Allianz mit dem Kapitalismus, die vor allem Brecht nachhaltig interessiert (Müller 1985, 51 f.). Dass ein neuer Krieg heraufzieht, zeichnet sich entsprechend in Fleißers Drama *Pioniere in Ingolstadt* ab, dass sich die Gesellschaft paramilitärisch zu organisieren beginnt, bei Horváth. Ernst Toller allerdings wird einen etwas anderen Weg einschlagen; er wird die Tragödie wiederbeleben, um dem individuellen Leid (des Kriegsheimkehrers) Ausdruck zu verleihen.

Die Absage an die Familie

Dieses kleine Resümee lässt deutlich werden, dass sich das Genre in gewissem Sinne aus der Tradition des 19. Jahrhunderts herauslöst, denn ein wesentliches Thema wird in diesen neusachlichen Dramen eher selten verhandelt: die Familie. Die *dramatis personae* sind Paare, Passanten und Einsame in urbanen Milieus; die Straße wird zum Ort der dramatischen Geschehnisse. Intimität und Familie scheinen abgewirtschaftet zu haben. Rechnung getragen wird dem Abgesang auf die Familie, der um die Jahrhundertwende nahezu ubiquitär wird und in Thomas Manns Roman *Buddenbrooks*, der mit „Verfall einer Familie" untertitelt ist, prototypisch formuliert wird. Allerdings kündigt sich dieser Verfall bereits in den Szenarien der Literatur während des 18. Jahrhunderts an. „In den Familienschicksalen bei Ibsen und Hauptmann, sowie in den Ehehöllen der Strindberg-Stücke wird er ausgemalt, im expressionistischen 'Vatermord' endgültig besiegelt." (Erhart 2001, 31 f.) In den sozialen Dramen der 20er Jahren spielt das Thema Familie also lediglich eine marginale Rolle, um dann in den neuen kritischen Volksstücken von Kroetz, Sperr, Turrini etc. wiederum aufgegriffen zu werden; in der BRD der 70er Jahre wird die Familie als neue/alte Brutstätte von Tragödien wiederentdeckt.

3.1 Sozialdramen der Zwischenkriegszeit

Die Rückkehr zur Tragödie

Anders als die Dramen Horváths, Brechts und Fleißers, die kollektive Arbeits- und Gesellschaftsprozesse zum Gegenstand haben, kehrt Ernst Toller zur Tragödie zurück. Er entdeckt in seinen späteren Dramen, die als Abgesang auf seine sozialistischen Hoffnungen zu lesen sind, das Leid des Einzelnen, dem kein utopisches Konzept abzuhelfen vermag. Hatte sich Toller in seinen expressionistischen Wandlungsdramen sowie in seinen historischen Stücken, z. B. in *Die Maschinenstürmer. Ein Drama aus der Zeit der Ludditenbewegung in England in fünf Akten und einem Vorspiel,* mit dem Einfluss der Maschine auf den Menschen beschäftigt und pathetische Revolutionsvisionen entworfen, wie z. B. in *Masse Mensch. Ein Stück aus der sozialen Revolution des 20. Jahrhunderts,* so formuliert das Stück *Hinkemann* eine Absage an diese Utopie. Die im Festungsgefängnis Niederschönenfeld geschriebene „proletarische Tragödie" – Toller wird aufgrund seiner Teilnahme am Aufbau der bayrischen Arbeiter-, Bauern- und Soldatenräte inhaftiert (Haar 1981, 12; Köglmeier 1999, 27 f.) – entsteht in einer Zeit, in der Toller „schmerzhaft die tragische Grenze aller Glücksmöglichkeiten sozialer Revolution" erkennt (Grunow-Erdmann 1994, 127 f.). Das Revolutionspathos der früheren Stücke wird in Frage gestellt; zugleich ist mit dem neuen Fokus auf das Individuum die „ästhetische Legitimation der Tragödie" gegeben (Grunow-Erdmann 1994, 128). Allerdings entscheidet

Die Absage an die Revolution

sich Toller in seinem Stück *Hinkemann* nicht eindeutig zwischen Schicksal und sozioökonomischer Determination des Helden (Dove 1993, 147).

Das Drama *Der deutsche Hinkemann* – der Titel wird für den ersten Nachdruck in den reinen Namen *Hinkemann* geändert – liegt in mehreren, zum Teil stark abweichenden Fassungen vor (Reimers 2000, 97) und gilt als Tollers folgenreichstes Stück; es wird am 19.9.1923 im alten Theater Leipzig uraufgeführt. Geschildert wird das Los eines versehrten Kriegsheimkehrers, der an Impotenz leidet, sich jedoch mit seiner Frau Grete zu arrangieren und in die Gesellschaft zu integrieren versucht. Das Stück spielt 1921 und versteht sich als präzise Diagnose proletarischer Existenz. Die Sprache ist, anders als in den früheren Dramen Tollers, an den Stil der Normalsprache angenähert bei gleichzeitiger sprachlicher Differenzierung durch Idiolekte. Zuweilen wurde das Drama als Allegorie (Frühwald 1979, 278) auf die deutsche Gesellschaft nach dem 1. Weltkrieg gelesen – Herbert Jhering lehnt das Stück aus diesen Gründen in seiner Rede zur Verleihung des Kleist-Preises an Brecht ab (Frühwald 1981, 150f.). Die Frau des Kriegsheimkehrers mit dem traditionsreichen Namen Grete Hinkemann steht in dieser Lesart für die deutsche Gesellschaft, die den Blessierten und Stigmatisierten ausschließt, ja zum Gespött werden lässt. Eugen Hinkemann selbst wird durch seine Verwundung, durch seine Distanz zur herrschenden, patriarchal organisierten Gesellschaft, zu ihrem Seismographen; er wird, um mit Lessing zu sprechen, zum mitleidigen Menschen, eine Eigenschaft, die der verrohten Nachkriegsgesellschaft in hohem Maße abgeht (Reimers 2000, 108). Der Protagonist leidet entsprechend unter der Bastardisierung des Nachkriegslebens, unter der Vergnügungssucht, der Anbetung des „Priapus", wie es heißt. Hinkemann muss, um Geld zu verdienen, auf einem Rummelplatz auftreten. An diesem Ort muss der Ausgestoßene, selbst eine „armselige [...] Kreatur" (Hi, 225), als Herkules in rosafarbenem Kostüm Ratten und Mäusen den Kopf abbeißen und wird so zum pervertierten Zerrbild der deutschen 'faustischen' Kultur. Der Budenbesitzer preist ihn an: „Homunkulus, deutscher Bärenmensch! Frißt Ratten und Mäuse bei lebendigem Leibe vor Augen des verehrten Publikums! *Der* deutsche Held! *Die* deutsche Kultur! *Die* deutsche Männerfaust! *Die* deutsche Kraft!" (Hi, 208) Die faustische Tradition wird einer grotesken Demontage unterzogen, die in mancher Hinsicht an Büchners *Woyzeck* erinnert (Frühwald 1979, 278). Während des Theaterskandals, den die Dresdner Aufführung auslöst (Haar 1977, 40f.), wird entsprechend von rechtsradikaler Seite der Einwand vorgebracht, dass in dem Stück Tollers „alles beschmutzt wird, was der Deutsche ehrt" (Frühwald 1981, 158). Hinkemanns ganz 'unfaustische Tragödie' wird dadurch zugespitzt, dass ihn seine Frau Grete im Stich lässt. Sie amüsiert sich mit Herrn Großhahn, der seine Potenz bereits im Namen trägt; Toller arbeitet mit sprechenden Namen, wie sie die Komödientradition kennt. Diesem zitierenden und modifizierenden Spiel mit der Komödie entspricht es, wenn Hinkemann vor allem eines fürchtet, nämlich das Gelächter der anderen (Bütow 1973, 223f.) – eine Angst, die auch in Hinsicht auf die Gattung Relevanz hat. Hinkemann hält mit Nachdruck daran fest, eine tragische Figur zu sein, ähnlich wie in der Geschichte des bürgerlichen Trauerspiels um die Tragikfähigkeit des 'niederen', ehemals komödiantischen Personals gerungen wird. Ausgerech-

Allegorische Lesart

Die Bastardisierung des Nachkriegslebens

Die Angst vor der Lächerlichkeit

net das Lachen als zentrale Geste der Komödie lässt Hinkemann in seiner scheinbaren Lächerlichkeit zur tragischen Figur werden.

Zeitkritik

Das tragische Geschehen um Hinkemann wird von epischen Einlagen flankiert, die in verdichtenden Bildern die Atmosphäre der Zeit vergegenwärtigen. Eingeschoben wird beispielsweise der Kampf singender Kriegsinvaliden (Hi, 211 f.), eine Reflexion auf die blutige Räterevolution sowie auf den Untertanengeist (Grunow-Erdmann 1994, 141). Bei einem Wirtshausgespräch in einer Arbeiterkneipe werden unterschiedliche politische Haltungen der linksstehenden Arbeiterschaft konkretisiert und ironisiert (Bütow 1973, 219f.), und zwar durch Figuren mit sprechenden Namen wie Sebaldus Singegott oder Peter Immergleich. Sichtbar wird der Riss zwischen sozialistischer Theorie und Praxis, zwischen Anspruch und Wirklichkeit. Darüber hinaus wird das Leben auf der Straße in Szene gesetzt – mit hellsichtigem Vorausblick auf die Judenpogrome (Hi, 230). Es entsteht das Panorama einer Großstadt, die als Hintergrund und Anlass des privaten wie kollektiven Untergangs fungiert.

Die Erneuerung des Volksstücks

Greift Toller also auf die Trauerspieltradition zurück, um das unhintergehbare Leid des Einzelnen zur Anschauung zu bringen, so setzt Ödön von Horváth die Tradition des sozialen Dramas und des Volksstückes fort; er wird vielfach als Erneuerer des Volksstückes bezeichnet (Carl 1973), wobei 'Volk' im Wesentlichen „Durchschnittlichkeit" bedeutet (Lethen 2001, 14). Dieser Durchschnitt zeichnet sich vor allem durch sein falsches Bewusstsein aus, doch die Ursachen dieser Entfremdung kommen bei Horváth selten in den Blick (Fritz 1972, 53). Dieses falsche Bewusstsein zeigt sich vornehmlich im Umgang mit Sprache. In dem einschlägigen Text *Gebrauchsanweisung* legt Horváth eine differenzierte Sprachkonzeption vor, die Freuds Erkenntnis Rechnung trägt, dass das Subjekt nicht Herr im eigenen (Sprach-)Haus sei. Horváths Stücke führen entsprechend – so deutet bereits das Motto der *Gebrauchsanweisung* an – den „ewige[n] Kampf zwischen Bewußtsein und Unterbewußtsein" (Horváth 4 1970, 659) vor, einen Kampf, der sich in der Sprache der Figuren dokumentiert; es kommt zu Frakturen, zu Brüchen, zu zahlreichen Schweigemomenten. Wird auf diese Weise nahegelegt, dass sich die sprachlichen Aktionen der Figuren in einen Vorder- und Hintergrund aufspalten, dass in den Brüchen und Schweigemomenten der Sprache das Triebhafte, das Unbewusste, aufblitze, so ließe sich dieses Verhältnis von Vorder- und Hintergrund jedoch auch umkehren, wie vor allem die neuere Forschung festhält: Erst die Sprachfloskeln stellen den Eindruck von Verdrängtem her; das Unbewusste ist also Effekt der Sprachakte selbst. Das Unheimliche liegt an der Oberfläche der Sprachtextur. „Horváths Texte sind durchzogen von Zitaten, die suggerieren, Fenster zum Unbewußten zu sein. Dabei verbergen diese Äußerungen der Figuren nichts als das, was in ihrer 'Demaskierung' erst hergestellt worden ist." (Lethen 2001, 11) Produziert allein der Sprachvordergrund den Eindruck von Tiefe, so heißt das auch, dass die notorische Stille in Horváths Stücken nicht der Ort ist, an dem sich das Weltgeheimnis artikuliert; „die Sprache überlagert keinen Subtext, der aufgeladen werden müsste" (Lethen 2001, 13). Nach Lethen setzen Horváths Texte zudem eher die Zirkulation von psychoanalytischen Fragmenten in Szene, als Freud dramaturgisch umzusetzen. In dem Stück *Italienische Nacht* bei-

Gebrauchsanweisung

Das Unheimliche der Oberfläche

spielsweise erteilt der Trinker Betz eine kleine Lektion in Sachen Todes- und Überlebenstrieb, die jedoch eher vorgeführt als propagiert wird.

Bildungsjargon

Zentrale Ausdrucksform der Figuren Horváths ist der „Bildungsjargon" (Bartsch 2000, 43 f.), eine Art totaler Jargon (Nolting 1976), der den sozialen Aufstiegswillen wie das Ringen um Selbstbestätigung hörbar werden lässt. Diese Sprache bedient sich gewisser Hochwertwörter, wissenschaftlicher Termini, Verallgemeinerungen, um das symbolische Kapital der Figuren zu steigern. Das Material des Bildungsjargons kann entsprechend auf einen Kanon bildungsbürgerlicher Autoritäten zurückgeführt werden; „die Bibel, die deutschen Klassiker, Kalenderweisheiten, allgemein Sentenzen und Sprichwörter gehören dazu" (Carl 1973, 183). Der Bildungsjargon zeichnet sich also durch den Riss zwischen Intendiertem und Vermochtem, zwischen Sprachmaske und sozialer Herkunft, aus. Die hochgreifende Sprache verrät sich selbst und wird damit zu ihrer eigenen Kritik, liefert ihre eigene ironische Demontage gleich mit. Dieses Nebeneinander von Realismus und Ironie liegt Horváth in besonderem Maße am Herzen. In seinen Stücken werden die Figuren zum einen in ihren konkreten (Sprach-) Milieus aufgesucht und abgebildet – der realistische Aspekt –, zum anderen jedoch werden ihre sprachlichen Defizite durch Stilisierung überformt, um den Abstand zwischen Anspruch und (sozialer) Wirklichkeit aufscheinen zu lassen. Realismus, so das ästhetische Programm einer Demaskierung des Bewusstseins, steht neben Stilisierung.

Männerbünde

Horváth legt in seinen Stücken die (sprachliche) Anatomie eines kleinbürgerlichen Bewusstseins bloß, das hinter der Fassade sentimentalisierender Kulturgüter in Gewalttätigkeiten (vor allem gegen Frauen) ausartet und sich durch homosoziale Gemeinschaftsbildung auszeichnet. Antizipiert wird in seinen Dramen die Dynamik faschistischer Männerbünde, die Physiognomie einer sich faschistisch umbauenden Gesellschaft, wobei meist die Geschlechterverhältnisse zum Indiz der Barbarei werden. In *Geschichten aus dem Wienerwald,* 1931 am Deutschen Theater uraufgeführt, wird z. B. die systematische Ausbeutung der Protagonistin in Ehe- und Arbeitsverhältnissen vor Augen geführt, von den atmosphärischen Klängen Wiener Operetten begleitet, die für eine sentimentalisierte Gefühlswelt stehen. In *Italienische Nacht,* 1931 am Theater am Schiffbauerdamm uraufgeführt, wird die Gefahr des Faschismus direkt benannt; allerdings wird zugleich auch der Fanatismus der Gegner problematisiert. Und in dem Justizdrama und Volksstück *Glaube Liebe Hoffnung. Ein kleiner Totentanz in fünf Bildern,* 1936 am *theater für 49* am Schottenplatz uraufgeführt – die Veröffentlichung in Buchform wie die Uraufführung 1933 verhindert die Machtübernahme der Nationalsozialisten (Bartsch 2000, 94; Schnitzler 1990, 133 f.) – wird diese Analyse einer sich brutalisierenden Geschlechterordnung in Zeiten paramilitärischer Ordnungen fortgesetzt, und zwar ebenfalls auf der Ebene banaler Alltäglichkeiten. Ziel Horváths ist es, die „Unsichtbarkeit der Machtinstanzen [...] als *Strategie* zu entlarven", die darauf angelegt ist, „die Abwesenheit von Macht vorzutäuschen" (Haag 1995, 72). Diesem Interesse an Alltagsvorgängen entspricht eine Dramaturgie, die Haag als Fassaden-Dramaturgie bezeichnet (Haag 1995, 72); Ort des Geschehens ist nicht selten die Straße, die Fassade einer Häuserreihe, wie z. B. in Horváths 'Fräuleinstück' *Glaube Liebe Hoffnung.*

Die Tödlichkeit der kleinen Verbrechen

In diesem Drama wird ganz ähnlich wie in dem 'Wiener Volksstück' *Geschichten aus dem Wienerwald* der sukzessive Ausschluss der Protagonistin Elisabeth aus dem ökonomischen Bereich sowie ihre Kriminalisierung vorgeführt. Sujet sind die „kleinen Verbrechen", „deren Tatbestände" – so heißt es in der einleitenden *Randbemerkung* – „ungemein häufig nur auf Unwissenheit basieren und deren Folgen aber trotzdem fast ebenso häufig denen des lebenslänglichen Zuchthauses mit Verlust der bürgerlichen Ehrenrechte, ja selbst der Todesstrafe ähneln" (Gl, 327); Elisabeth wird diese Kriminalisierung tatsächlich nicht überleben. Der Form nach gleicht das Stück einem zyklisch angelegten, grotesk überspitzten Bilderbogen, genauer: einem Totentanz, der ähnlich wie Strindbergs *Totentanz* von 1899 die Hölle auf Erden beschwört. Die Szenenfolge beginnt damit, dass Elisabeth ihre (zukünftige) Leiche an das Anatomische Institut zu verkaufen versucht. Sie firmiert also von Anfang an als Untote, als „lebendige [...] Tote" (Gl, 334). Das heißt: Ihr Tod in der letzten Szene, der sie der Phalanx der schönen Leichen zuordnet, die die bürgerliche Literatur mit Leidenschaft produziert, löst ein, was sich bereits zu Beginn ankündigt. Der Tod bildet das Zentrum und den Ausgangspunkt dieses Stückes (Gamper 1976, 72).

Die Kriminalisierung der Frau

Elisabeth – so der weitere Gang der Handlung – braucht Geld, um einen Wandergewerbeschein zu erhalten, der ihr die Tätigkeit als Miederwarenverkäuferin ermöglicht. Der Präparator, der sie für eine „Zollinspektorstochter" hält, leiht ihr das nötige Bare, entlarvt sie jedoch bald schon als „Betrügerin"; der Vater Elisabeths ist lediglich ein Versicherungsinspektor. Die Rangsucht der patriarchalen Sphäre wird unverblümt lächerlich gemacht. Zugleich werden die Handlungs- und Redeweisen eines sentimentalen Bewusstseins dekuvriert. Denn der Präparator entpuppt sich zunehmend als passionierter Tierliebhaber, der sich Frauen jedoch am liebsten als Tote vorstellt (Gl, 335) und Elisabeth unbarmherzig vor den Kadi bringt. Damit beginnt die Kriminalisierung der jungen Frau; sie gerät auf die schiefe Bahn. Ihre Untat holt sie immer wieder ein, auch als sie sich mit einem tumben Polizisten liiert, dessen fürsorgliche Gewalt nichts zu wünschen übrig lässt. Elisabeth versucht zum schlechten Schluss Selbstmord zu begehen. Doch selbst dort kommt ihr die Ruhmsucht eines Lebensretters in die Quere. Nur mit Mühe schafft es Elisabeth in einer letzten Anstrengung, den Männern zu entkommen; sie stirbt. Der Titel *Glaube Liebe Hoffnung*, der die Kardinaltugenden des berühmten Korintherbriefs aufruft und bereits in einer Szenenübersicht zu dem Stück *Kasimir und Karoline* angeführt wird (Bartsch 2000, 94), wird also durch das Geschehen nachhaltig dementiert. Selbst die Rettung wird zum Geschäft, und über Elisabeths Leiche schließen sich die Männerbünde wieder zusammen. Der abschließende Nebentext lautet: „*Und nun marschiert draußen eine Formation mit Musik vorbei – und zwar abermals auf den Marsch Alte Kameraden. Die drei Schupos setzen sich ihre Helme auf und verlassen das Polizeirevier, denn sie müssen bekanntlich zur Parade. Nur Alfons Klostermeyer wirft noch einen letzten Blick auf seine tote Braut Elisabeth*" (Gl, 380) – eher ein gestisches Zitat, als eine Regung (Gamper 1974, 73). In Horváths Stück wird unmissverständlich, dass Frauen in diesen paramilitärisch organisierten Institutionen wie Medizin und Polizei grundsätzlich gefährdet sind. Sie finden ihren Ort in der Gesellschaft vornehmlich als Tote oder aber als Objekt ero-

Die Absage an die Kardinaltugenden

tischer Interessen, wie die Profession Elisabeths nahe legt. Sie verkauft Unterwäsche, Mieder und Dessous.

Lehrstücke

Thematisieren die sozialen Dramen der Zwischenkriegszeit vielfach die Arbeitswelt der Figuren – Fleißer behandelt in *Pioniere in Ingolstadt* beispielsweise die Arbeitsbedingungen von Dienstmädchen –, so wird in Bertolt Brechts Dramen Ökonomie ganz zentral. In den Lehrstücken, die Brecht ab 1924 entwickelt, treten die ökonomischen Determinanten allerdings eher in den Hintergrund, so Berg und Jeske (1998, 84). In diesen Stücken wird vielmehr den gesellschaftlichen Funktionen von Kunst in ihrer medialen Ausdifferenzierung, also im „Medienverbund", nachgegangen. Die Tragödienform, auch die des Kleinbürgers, wird suspendiert. „Nicht tragisch sich entwickelnde, unabwendbar-verstrickte" Figuren werden gezeigt, sondern es werden „synthetische und fiktiv-zugespitzte Konflikte [...] vorgespielt und zur Verhandlung gebracht" (Berg, Jeske 1998, 98). In den Dramen, die den Lehrstücken nicht zugerechnet werden, steht hingegen ganz die ökonomische Determination der Figuren im Vordergrund; Ziel ist, ein in den 'heiligen Hallen des Theaters' gemeinhin ausgespartes Thema auf die Bühne zu bringen: die Ökonomie. Ab 1924 nimmt Brechts Beschäftigung mit Sujets der Wirtschaft stark zu; der Dramenentwurf *Joe Fleischhacker in Chikago*, ein Vorentwurf zu *Die heilige Johanna der Schlachthöfe*, scheitert an der Komplexität der dargestellten ökonomischen Transaktionen und Zusammenhänge (Berg, Jeske 1998, 83f.). In dem Drama *Im Dickicht der Städte. Der Kampf zweier Männer in der Riesenstadt Chicago* (1921–24) wird das Konkurrenzprinzip, das die kapitalistische Gesellschaft zu ihrem Fundament hat, in Szene gesetzt und mit Brechts Faszination für den Boxkampf überblendet; das Drama stellt ein Hybrid aus gesellschaftlicher Analyse und ihrer Mythisierung dar (Bahr 1984, 84). Mit Brechts Interesse an kapitalistischen Prinzipien verbindet sich die dezidierte Absage an das (bürgerliche) Individualitätsprinzip, wie vor allem in der parabolischen Komödie *Mann ist Mann* (1926) deutlich wird (Müller 1984, 89). Mit diesem Stück beginnen zudem Brechts Kontrafakturen klassischer Stile und Gattungen, wie sie auch in der Schiller-Adaption *Die heilige Johanna der Schlachthöfe* (1929/30) demontiert und kommentiert werden.

Die Bedeutung ökonomischen Wissens

Die Genese des Stücks

Vorlage Brechts für *Die heilige Johanna der Schlachthöfe* ist unter anderem das Drama *Happy end* (1929) von Elisabeth Hauptmann, die neben Emil Burri zum engen Produktionskollektiv um Brecht gehört; die diversen Arbeitsstufen rekonstruiert Ketelsen (1984, 109f.). Brecht versetzt die Tragödienfigur Johanna von Orleans in den Kontext proletarischer Lebensformen; Johanna Dark lebt und wirkt in Chicago, ihr Terrain sind die legendären Großschlachtereien mit ihren tödlichen Arbeitsverhältnissen. Ursprünglich wollte Brecht den Weizenmarkt zum Ort der dramatischen Handlung machen – in Anlehnung an Norris Epos *Die Getreidebörse* (1903) –, doch er entscheidet sich für den Fleischmarkt. Denn auf diese Weise können die Börsenbegriffe „Stier" und „Bär" real gesetzt werden; die Spekulationsvorgänge haben ein konkretes Pendant, nämlich die Tiere, die auf die Schlachthöfe getrieben werden. Brecht orientiert sich in diesem Zusammenhang an Upton Sinclairs Roman *The Jungle* (1906) (Knopf 1986, 75f.), für die Darstellung der Großmagnaten konsultiert er Gustavus Myers' Werk *Geschichte der großen amerikanischen Vermögen* (Knopf 1980, 107).

Die Ikonisierung der Heldin

Die dramatische Handlung wird dadurch in Gang gesetzt, dass die zunächst unwissende Johanna zu wissen begehrt; ihr „dreimaliger Gang in die Tiefe" wird zu einem episch-analytischen 'Gestarium' der Ausbeutungsverhältnisse, wobei dieser Abstieg in die Tiefe zugleich als Anspielung auf Fausts Gang zu den Müttern betrachtet werden kann (Knopf 1980, 112). Dieser dreimalige Gang in die Tiefe signalisiert zudem die epische Tendenz des Stückes; Brecht wendet in *Die heilige Johanna der Schlachthöfe* die Mittel des epischen Theaters in konsequenter Weise an: Es werden Zwischentitel eingeschoben, die die Inhalte vorwegnehmen, ebenso Songs und kommentierende Sentenzen. Es herrscht insgesamt die deiktische Geste des epischen Theaters, das Zeigen von Zuständen und Gesetzen, die Johanna Dark und mit ihr den Zuschauern zunehmend verständlich werden. Versucht sie zunächst Heil und Frieden in die Hütten der Armen zu bringen, so durchschaut sie nach und nach – im Sinne von Marx – das affirmativ-konsolatorische Moment der Religion. Zum Schluss des Stückes verkündet sie, ihrer ursprünglichen Friedensbotschaft ganz entgegengesetzt: „Es hilft nur Gewalt, wo Gewalt herrscht, und/Es helfen nur Menschen, wo Menschen sind." (Js, 783) Allerdings wird diese Erkenntnis, die sie sterbend formuliert, von Hymnen und heiligen Gesängen überschrieen. Vorgeführt wird ihre Ikonisierung, ihre Kanonisierung zur Schutzpatronin der unheiligen Allianz von Wirtschaft und Religion. Die Gesundung des Marktes durch Massenarbeitslosigkeit, wie sie die Wirtschaftsbosse ankündigen, wird durch die Suppen und Glaubensartikel der „Schwarzen Strohhüte" zur erträglichen Maßnahme. Die Botschaft von Johanna Dark wird überhört; die religiöse Praxis wird auch weiterhin die ökonomischen Ungleichgewichte stabilisieren.

Die Dekonstruktion der Tradition

Mit dieser abschließenden Ikonisierung Johanna Darks wird das Finale der Schillerschen Tragödie über Johanna von Orleans re- und dekonstruiert; Brecht übernimmt beispielsweise den abschließenden Nebentext Schillers nahezu im Wortlaut (Js, 785). Dieser Rekurs auf das klassische Drama wird in *Die heilige Johanna der Schlachthöfe* auch auf formaler Ebene umgesetzt, und zwar durch die Versifikation. Es dominiert der Blankvers, doch werden darüber hinaus Hexameter, spanische Tetrameter, wie sie Schiller z. B. in *Die Glocke* verwendet, und antiker Chorgesang eingesetzt (Knopf 1986, 162 f.). Diese Adaption traditioneller Tragödienformen spricht den ökonomischen Transaktionen den Status von existenziellen Entscheidungen über Leben und Tod zu.

Vers und Prosa

Allerdings wird der Vers vielfach mit Prosapartien versetzt; es herrscht ein Nebeneinander von 'Pathosformen' und Prosa, das die grundlegende Dichotomie von Geist und Körper, von spirituellen Sehnsüchten und materiellen Interessen, zum Ausdruck bringt. Meist wird die versifizierte Form dann gewählt, wenn das 'Höhere' im Menschen spricht, und das heißt bei Brecht seine sentimentalisierten Erlösungshoffnungen. So äußert sich Mauler, der Großkapitalist, der zugleich als faustische Gestalt konzipiert ist (Knopf 1980, 112), bei seinem ersten Auftritt in Blankversen, um sein Leiden am Tod eines einzigen „Öchsleins" zu artikulieren (Js, 667 f.). Zu dieser formalen wie inhaltlichen Klassik-Dekonstruktion gehört im Übrigen auch, dass Schillers Verklärung Jeanne d'Arcs zur reinen Jungfrau, zur marianischen Gestalt, von Brecht nicht übernommen wird – Jungfräulichkeit und Reinheit, die zentralen Phantasmen Schillers und seiner Rezeption, stehen bei Brecht nicht zur Debatte (Stephan 1988, 62).

Ökonomische Vorgänge

Die Unternehmungen Maulers, die mit großer Präzision vor Augen geführt werden, folgen dabei nicht nur dem von Marx beschriebenen Zyklus von industriellen Prozessen: Auf Prosperität folgt Überproduktion, dann die Krise und Stagnation. Sondern es wird darüber hinaus das Verfahren des Cornerns, eine Kombination aus Hausse- und Baisse-Spekulation, vorgeführt (Rülicke-Weiler 1986, 87f.). In der Forschung wird die Funktion dieser ökonomischen Informationen unterschiedlich bewertet. So wird zuweilen festgehalten, dass Brecht die wirtschaftlichen Verhältnisse zwar genau abbilde, diese jedoch für die Zuschauer uneinsichtig blieben und damit das Irrationale, das Chaotische des Wirtschaftsprozesses, erfahrbar gemacht werde. Deutlich werde, dass der ökonomische Prozess für den Einzelnen nicht überschaubar sei (Herrmann 1974, 78). *Die heilige Johanna der Schlachthöfe* ist also eine Tragödie – die der wirtschaftlichen Verhältnisse, die in den Artefakten der Hochkultur, zumal der Klassik, gemeinhin nicht repräsentiert werden. Brecht macht Ökonomie zum Gegenstand eines hohen Stils, wie es ihren (tödlichen) Konsequenzen entspricht. Horváth und Fleißer hingegen wählen den 'niederen Tenor' des sozialen Dramas, um (tödliche) Arbeitsverhältnisse zur Anschauung zu bringen.

Ökonomie als Tragödie

3.2 Arbeit und Familie nach 1945

Das Ende ästhetischer Innovationen

Die Zäsur des Nationalsozialismus bereitet den innovativen ästhetischen Tendenzen, die die Avantgardebewegung um 1900 entwickelt und die Literatur der 20er Jahre fortsetzt, ein jähes Ende. Bis Ende der sechziger Jahre fallen die ästhetischen Experimente, die u.a. zu einer neuen Bühnensprache geführt hatten, in Europa einer fast völligen Verdrängung und tiefen Vergessenheit anheim. Nach dem zweiten Weltkrieg werden die Bühnen in den westdeutschen Sektoren im Zuge des Programms der *reeducation* wie einer versuchten Redemokratisierung von englischsprachigen Schriftstellern dominiert, z.B. von Arthur Miller, Thornton Wilder und Tennessee Williams. Es findet eine grundsätzliche Restauration des Literaturtheaters statt. Das Dokumentartheater, das in den 60er Jahren in der BRD in der Auseinandersetzung mit den verschleierten Nazi-Verbrechen entsteht, stellt eine erste Neuerung dar; zu diesem Genre gehören Rolf Hochhuths Papst-Anklage *Der Stellvertreter. Ein christliches Schauspiel* (1963), Heinar Kipphardts *In der Sache J. Robert Oppenheimer* (1964) sowie Peter Weiss' Stück *Die Ermittlung. Oratorium in elf Gesängen* (1965). Erst Ende der 60er Jahre jedoch wird in der BRD an die Avantgardebewegung angeknüpft. Es werden neue/alte Theaterformen wie das Straßentheater und die politische Revue entwickelt, das Regietheater entsteht. Im Zuge der 68er-Revolte kommt es zu einer grundsätzlichen Diskussion über die Funktionen und Wirkungsmöglichkeiten des Theaters, wobei auch die institutionellen Gegebenheiten des (Stadt-)Theaters in Frage gestellt werden. In diesem Kontext ist die Wiederbelebung des sozialen Dramas zu sehen, also die Stücke von Rainer Werner Fassbinder, Peter Turrini, Wolfgang Bauer, Martin Sperr und vor allem Franz Xaver Kroetz, Stücke, die sich vielfach am kritischen

Die Wiederentdeckung der Avantgarde

Volksstück der Zwischenkriegszeit orientieren. Zu Beginn der 70er Jahre erlebt das soziale Drama in der BRD einen neuen Höhepunkt.

Produktionsmethoden als Sujet

Die Entwicklung in der DDR sieht hingegen anders aus. Hier feiert das soziale Drama weitaus früher seine Renaissance, und zwar vor allem deshalb, weil in der DDR von Beginn an genuin soziale Themen wie Produktionsmethoden ästhetisch verhandelt werden. Ähnlich wie Brecht das Theater nutzt, um Marktprinzipien auf die Bühne zu bringen, werden in den sozialen Dramen, die in der DDR entstehen, ökonomische Theoreme veranschaulicht. „Der Schlüsselbegriff in den Gesellschafts- und Kulturkonzeptionen der DDR lautet *Produktivkräfte* [...]. Mit den Produktivkräften befinden wir uns im Zentrum der sozialistischen Gesellschaft, dem am genauesten beobachteten und kontrollierten und zugleich sensibelsten, anfälligsten Bereich, der Achillesverse der beginnenden sozialistischen Nachkriegsgesellschaft." (Bogdal 1999, 117f.) Vor allem die Bauern werden als dramatisches Personal entdeckt: Seit Erwin Strittmatter, der Meister einer neuartigen Dorf- und Bauernliteratur (Emmerich 1981, 146), in *Katzgraben* die erste Bodenreform und ihre Folgen behandelt hatte, „waren die Bauern der DDR besonders nach der sozialistischen Kollektivierung ein privilegierter Gegenstand der Dramatik der DDR" (Schulz 1980, 35) – einen Überblick über die Bauerndramen von Friedrich Wolf, Sakowski, Baierl und Heiner Müller gibt François (1995). In diesen ländlichen Stücken werden neue Arbeitsmethoden demonstriert sowie die Situation der Tätigen innerhalb dieser neuartigen Wirtschaftskontexte reflektiert. Auffällig ist – das mag auf das verordnete Programm des sozialistischen Realismus zurückzuführen sein –, dass die Autoren eher an komödiantische Formen anschließen, tragische Ausgänge hingegen vermeiden. Das *Kulturpolitische Wörterbuch* führt zum Stichpunkt *Konflikt* entsprechend aus: „Sozialistisch-realistische Kunst feiert nicht das Aufbrechen der Widersprüche 'an sich', das bloße Vorzeigen ihrer Existenz. Ihr Interesse liegt bei der prinzipiellen Lösbarkeit der Widersprüche, bei der Vertiefung der Überzeugung, daß der neue Mensch in der Gemeinschaft seinesgleichen immer sicherer sein Schicksal zu beherrschen lernt und dem Wirken von Widersprüchen nicht ausgeliefert ist." (Berger u.a. 1970, 358) Heiner Müller allerdings wie auch Volker Braun werden sich diesem Reglement – mit Folgen – entziehen; ihre Dramen führen Hemmnisse vor, „deren Beseitigung außerhalb des je gegebenen Handlungsspielraums der Akteure liegt", und nähern sich damit dem Tragischen wieder an (Profitlich 1983, 119). Zu unterscheiden sind also dramatische Lösungen, die dem verordneten ästhetischen Programm folgen, und Entwürfe, die diese Prämissen unterlaufen.

Die Vermeidung von Konflikten

Fortschrittsethos

Zu ersteren wäre Erwin Strittmatters prototypische Bauernkomödie *Katzgraben* zu rechnen, die in Zusammenarbeit mit Bertolt Brecht realisiert und 1953 am Berliner Ensemble uraufgeführt wird. Die Vorfassung von 1951 im Auftrag der FDJ ist für die Berliner Weltjugendfestspiele gedacht und als Laienspiel konzipiert (Geerdts 1972, 250). *Katzgraben* stellt eines der ersten sozialistischen Gegenwartsstücke dar; gezeigt wird die Transformation der alten, auf Privatbesitz basierenden Ordnung – dafür stehen der Großbauer Großmann und der Baron, der seine Ländereien verlassen musste – in neue Bewirtschaftungsformen. Den zeitlichen Rahmen bilden die Jahre zwischen 1947 und 1949. Kann der Großbauer die verarmten Kleinbauern zunächst politisch wie wirtschaftlich unter Druck setzen, indem er Saatgut, Ochsen und anderes verleiht, so stabilisiert sich die Bauernorganisation nach und nach: Zunächst werden Ochsen geliefert, die allerdings aufgrund ihrer Magerkeit einige Unbill anrichten, dann Traktoren. Zudem gelingt der Aufbau von MAS, von Maschinenausleihstationen, und damit schlussendlich die Eliminierung von Abhängigkeiten, die den Fortschritt hemmen. Indiz dieses Aufbruchs zu neuen Verhältnissen ist der Bau einer Straße, der trotz massiven Widerstandes der konservativen Kräfte bewilligt wird. Strittmatter lehnt sich grundsätzlich an das Volksstück an; es werden Lieder integriert, Sprüche und Kalenderweisheiten einmontiert. Zudem bedient er sich komödiantischer Mittel. Zugleich jedoch setzt der Autor auf Einfühlung und entwickelt einen positiven Helden, der zur Identifikation einlädt – einer der Aspekte des Stückes, die kritisiert wurden. In seiner Überarbeitung, die in den *Katzgraben-Notaten* kommentiert wird, nimmt Brecht diese Identifikationsästhetik zurück. Kritisiert wurde zudem „die schematische Art, in der soziale Schichten und Widersprüche in einem Lausitzer Dorf der Nachkriegszeit personifiziert, das Bündnis zwischen Arbeitern und Bauern poetisch arrangiert und die führende Rolle der Partei rhetorisch behauptet werden" (Pauli 1992, 69). Doch Strittmatter hat Gründe, warum er ausgerechnet zu diesen dramatischen Mitteln greift: Ihm ist daran gelegen, den Zuschauer ganz unmittelbar zu erreichen, die Rampe aufzuheben. Im vierten Akt wird entsprechend zu Ehren der ankommenden Traktoren ein Volksfest ausgerichtet, das von programmatischen Gesängen sowie der Demonstration fortschrittlicher Bewässerungsstrategien begleitet wird und in seinem Festcharakter den theatralischen Vorgang auf der Bühne zu sprengen, die Rampe zu überschreiten scheint. Diesem Versuch, das Publikum mit einzubeziehen, entspricht es, wenn die ergänzenden Szenen von 1958, die die Entstehung von Kolchosen zum Thema haben und als „propagandistische Aufforderung zum Beitritt in die landwirtschaftlichen Produktionsgenossenschaften (LPGs)" verstanden werden können (François 1995, 89), ausdrücklich für Laienspielgruppen konzipiert sind. Auffällig ist auf formaler Ebene, dass Strittmatter den fünfhebigen, klassischen Jambus einsetzt und damit – ähnlich wie Brecht – eine Revision, eine Depotenzierung der klassischen 'Hochwertform' vornimmt; das Versmaß der klassischen Tragödie wird zur Ausdrucksform kollektiv-ländlicher Themen, ein Verfahren, dessen sich Heiner Müller ebenfalls bedient.

Identifikation

Der Jambus als Pathosform

Den problematischen Übergang von kapitalistischen Besitzverhältnissen zu kollektiven Arbeitsstrategien wählt auch Heiner Müller in seiner „Komödie" in fünfzehn Bildern *Die Bauern* als Gegenstand (Uraufführung am 30. 5. 1976 an der Volksbühne Berlin/DDR). Es handelt sich bei diesem Stück um eine umbenannte, identische Version des Dramas *Die Umsiedlerin oder das Leben auf dem Lande* (1956 bis 1961), das seinerseits auf die Erzählung *Die Umsiedlerin* von Anna Seghers zurückgeht (Wieghaus 1984, 96f.). Anders als Strittmatters Drama wurde Heiner Müllers Rekonstruktion der Vorgänge „auf dem Lande" zwischen 1946 und 1960, Höhepunkt der ansteigenden Republikflucht, als defaitistische Kritik am Sozialismus verstanden. Die Inszenierung der Erstfassung an einer Studentenbühne der Hochschule für Ökonomie in Karlshorst 1961 wird nach der Premiere verboten (Schulz 1980, 36) und hat den Ausschluss Müllers aus

Skandale

dem Schriftstellerverband zur Folge (François 1995, 99f.). Die Empörung mag zum einen darauf zurückzuführen sein, dass Müller die neuralgischen Aspekte der Landreformen thematisiert, sich mithin weigert, „szenische Musterlösungen für Konflikte auf der Bühne zu präsentieren und dadurch die aufgerissenen Widersprüche zu glätten und zu harmonisieren" (Keller 1992, 59). Müller kritisiert in seinem Stück zum einen das Doppelzünglertum, also (staatliche) Versprechungen, die nicht eingehalten werden. Zudem wird die Misere der Bauern in dieser Übergangsphase in aller Drastik präsentiert und zu existenziell überhöhten Todesbildern zugespitzt. Ketzer, der bei Treiber, einem wahren Antreiber, Schulden gemacht hat, soll vom „Erfasser" um sein letztes Pferd gebracht werden. Er ersticht das Pferd jedoch; in seinem Monolog, der seinen Selbstmord vorbereitet, heißt es: „Die Hauptsache am Bauern ist das Vieh / Er ist kein Mensch ohne, er kann sich kopfstelln / Sein Feld sein Grab, mit seinen Knochen düngt ers / Und vor der Ernte erntet sein Feld ihn / Er feiert Kirmes zwischen den sechs Brettern." (Ba, 29) Darüber hinaus wird die Korrumpierbarkeit der Genossen wie die Unbelehrbarkeit der Bauern vor Augen geführt: Als die MAS, die Maschinenausleihstationen, etabliert sind, geraten die Bauern in die Abhängigkeit von den Maschinisten. Sie kommen überein, das Volkseigentum unter sich zu verlosen. Allerdings ist es wiederum ein reicher Bauer, Treiber, sowie ein Neubauer, die die Maschinen gewinnen. Die Abhängigkeiten bleiben bestehen; das „Große bleibt groß", der Reiche reich. Erst dieses Erlebnis führt die Bauern zu der Überzeugung, dass ihr Egoismus zu überwinden, dass kollektive Arbeit die vorteilhaftere Variante sei. Diese plötzliche Kehrtwendung steht auf recht tönernen Füßen, erscheint kaum motiviert und stellt den behaupteten anagnoretischen Akt, die Einsicht der Bauern, in Frage (Ba, 95). Der Schluss nimmt sich wie eine Farce des didaktischen Theaters aus.

Kritik an Missständen

Auch die Reflexionen über die Kreatürlichkeit des Mannes, seine Abhängigkeit von der Frau, der Mutter, eine Abhängigkeit, die noch dazu mythisch grundiert wird (Ba, 61), gehen sicherlich über die engen Grenzen einer sozialistischen Ästhetik hinaus. Zudem wird die doppelte Abhängigkeit der Frau reflektiert, beziehungsweise die Fragwürdigkeit der Männerherrschaft (Wieghaus 1984, 93): Von seiner früheren Frau verlangt Flint, der sich mit einer jüngeren verlustiert: „Zwei Hände sind zu wenig. Hab ich mehr?/Schlau sein wie tausend Mann, mit einem Kopf./Da brauchst du eine Frau, die selber Geist hat. / Wenn ich die noch mitschleppen muß, wo bleib ich?" (Ba, 70) Seine Frau, die den Namen Flinte trägt, antwortet: „Ja, schlau wie tausend Mann, ich bin die Dumme. [...] Arbeiten immer, aufm Gut für Taglohn / Daheim für nichts und wenig gute Worte. / Kinder austragen, in die Welt schrein, aufziehn / Bis mir die Brust vorm Bauch hing, auch für nichts. / Ein altes Weib, nach dem kein Hahn kräht, Zielscheib / Für Witze, abgeschoben für ein frisches / Fleisch jetzt" (Ba, 71). Die beiden Frauen, Niet und Flinte, wenden sich entsprechend von den Männern ab und bewirtschaften gemeinsam einen Hof. Damit ist die Sonderrolle angedeutet, die den Frauen in Heiner Müllers späteren Stücken zukommen wird; sie sind meist Hoffnungsträgerinnen und gefürchtete Gebärerinnen zugleich, die über Leben und Tod verfügen. Im *Auftrag* z.B. personifiziert die Frau den „Schrecken der Konterrevolution" und auch die

Die Rolle der Frau

„Hoffnung der Revolution" (Vaßen 1982, 53). Ein weiterer Grund für die Ablehnung des Stückes mag die Figur des Säufers Fondrak gewesen sein; sein einziges Kredo ist das Bier und die Lust. Er ist unbelehrbar, will in den Westen, zu den „Amerikanern", und artikuliert eine Weltsicht, die in ihrem kosmischen Pessimismus an Büchners Anti-Märchen oder auch an seinen sprachspielerischen Nihilisten Leonce gemahnt. Über diese individualistisch-anarchische Gestalt, dem jegliche Planwirtschaft als Diktatur gilt (Ba, 80), wird eine Verlustrechnung aufgemacht, die die Defizite der sozialistischen Ordnung zur Anschauung bringt. Der Weggang Fondraks, der einem Shakespearschen Narren gleicht, ist „Symbol dafür, daß dem 'praktischen' Aufbau des Sozialismus jene Triebkraft der Zerstörung 'abgeht', ohne die der Aufbau nicht gelingt" (Schulz 1980, 43). „Kommunismus soll die Freuden und Räusche, die der Kapitalismus zu bieten hat, nicht liquidieren, sondern – überbieten" (Schulz 1980, 43). Für diesen (unmöglichen) Rausch steht Fondrak.

Die Rolle des Narren

Der dialektische Jambus

In formaler Hinsicht versetzt Müller den einfachen Jargon der Bauern mit mythologischen Anspielungen und bildreichen lyrischen Passagen. Er wählt einen 'offenen' Jambus, der sich vielfach in Prosapartien verliert und wieder neu generiert – Reflex der sozialistischen Aufbauarbeit, wie Peter Hacks formuliert. Hacks deutet diesen „dialektischen Jambus" als formales Pendant der gesellschaftlichen Zustände: Wie „der Umsiedlerin-Jambus immer wieder neu produziert werden muß, muß der Sozialismus immer wieder neu produziert werden; beide sind nicht selbstverständlich. Die Prosa verfremdet den Vers, die Konfrontation mit dem Kapitalismus verfremdet den Sozialismus. Beider Schönheit wird, durch Verfremdung, deutlich." (Hacks 1977, 81) Zudem knüpft Heiner Müller durch Mittel wie die poetische Allegorie, die emblematische Verkürzung, die sprechenden Namen sowie auf inhaltlicher Ebene durch die virulente Todes- und *vanitas*-Thematik an das barocke Trauerspiel an (Schulz 1980, 45f.). In Heiner Müllers Dramen der 70er Jahre wird diese Tendenz verstärkt, vornehmlich weil der Körper nicht als Arbeitskraft, sondern als Kampffläche von Sexualität und Tod begriffen wird (Vaßen 1982, 46).

Die Kritik an Produktionsbedingungen

Ähnlich wie Heiner Müller in seinem Stück 'aus der Produktion', so macht auch Volker Braun in seinem Schauspiel *Die Kipper* auf die Widersprüche des Sozialismus aufmerksam. Die verspätete Uraufführung von Brauns Stück findet 1972 an den Städtischen Bühnen in Leipzig statt, und zwar nach einigen Skandalen: Nach dem Erstdruck des Textes in der FDJ-Zeitschrift *Forum* wird der stellvertretende Chefredakteur entlassen, die Proben für die Uraufführung am Berliner Ensemble werden abgebrochen (Rosellini 1983, 32). Das Stück scheint also einigen Zündstoff zu bieten und wird von Braun mehrfach überarbeitet: Die erste Fassung ist überschrieben mit *Der totale Mensch*, die zweite mit *Kipper Paul Bauch* (1966); 1972 folgt die um drei Prosaskizzen erweiterte Fassung *Die Kipper*. Problematisiert wird in diesem 'Produktionsstück', dass sich im Sozialismus, zumal auf der Ebene der 'blue-collar-jobs', die Arbeitsbedingungen des Einzelnen nicht wesentlich verbessert haben, dass Arbeitsteiligkeit, d.h. die Isolation von menschlichen Kräften, auch weiterhin besteht. Die Forderungen des Autors Braun lauten – in Anlehnung an Marx –: „Produktion muß etwas Umfassenderes als etwas bloß Technisches sein, etwas Menschlicheres. Es geht mir um die Fragwürdigkeit heutigen Produzierens überhaupt, darum, daß der Mensch nicht nur Produzent von Waren, sondern seiner eigenen Persönlichkeit, der Produzent menschlicher Beziehungen sei." (Rosellini 1983, 33) Paul Bauch, der in seiner Vitalität ein Nachkomme von Brechts Baal zu sein scheint, aber auch „eine Kreuzung aus dem Räuber Moor und dem Marquis Posa" (Vormweg 1977, 22), ist Kipper, d.h. er kippt zusammen mit seiner Brigade Sand in einem Werk für Kohleförderung, eine wenig erfüllende Tätigkeit. Im eröffnenden Nebentext, einer moritatenhaften Vorwegnahme, heißt es: „Paul Bauch entdeckt, daß er außer dem Arm, den er für die Produktion benötigt, noch einen zweiten hat, außerdem zwei Beine und, eigentlich, einen Kopf." (Ki, 111) So macht sich Paul Bauch auf, inmitten seiner monotonen Arbeitswelt Freiheit und Schönheit zu entdecken (Ki, 131). Er versucht die Einschränkungen seines Arbeitslebens durch festliche Alkoholexzesse und durch Leistungssteigerung zu überwinden – Arbeit wird zum Sport. Bauch scheitert jedoch, als sein Fanatismus den Unfall eines Kollegen nach sich zieht. Das Stück endet offen, allerdings mit einem desillusionierten Protagonisten; Bauch macht sich auf den Weg. Auch wenn sich Brauns Stück durch die Erfolglosigkeit seines (Arbeits-)Helden von anderen Dramen der Zeit unterscheidet, so hat es doch mit diesen gemein, dass der Held als Mensch gezeichnet wird, „der seine Arbeit – die Geschichte – 'macht'" (Profitlich 1985, 56). Die Sprache des Stückes wechselt zwischen Fachjargon (Ki, 130) und ekstatisch-visionären Reden. Bauch beschwört kosmische Bilder und entwirft ikarische Freiheitsphantasien (Ki, 155). Diese visionären Ekstasen sind Ausdruck seiner Forderung, als ganzer Mensch gebraucht zu werden, als ganzer Mensch wahrzunehmen und tätig zu sein. Er erklärt programmatisch: „Ja, ich lebe mit allen Fasern, mit dem Kopf und mit dem Arsch. Ich will nach der ungeheuren Enge ungeheuren Raum. Ich will ganz gebraucht sein." (Ki, 159) Diese Forderung wird innerhalb des Stückes nicht eingelöst.

Die Suche nach dem Rausch

Dominiert in den Dramen der DDR die soziale (Arbeits-)Thematik seit den 50er Jahren, findet in der BRD zu Beginn der 70er Jahre eine Renaissance des sozial engagierten Volksstückes statt; Martin Sperr, Franz Xaver Kroetz, Rainer Maria Fassbinder und Peter Turrini, sie alle schreiben sozialkritische Kleinbürger- oder Bauerndramen, und zwar ausgehend von der Wiederentdeckung Ödön von Horváths (Schutte 1980) und Marieluise Fleißers. Fassbinder, der sich selbst als „Fleißer-Schüler" bezeichnet und ihr den Film *Katzelmacher* widmet, inszeniert 1971 zwei Bearbeitungen von *Pioniere in Ingolstadt*, eine im Bremer *Concordia*-Theater, eine andere im ZDF (Kässens, Töteberg 1979, 14). Und Kroetz schließt mit seinen erfolgreichen Dramen ausdrücklich an Horváth an: In *Heimarbeit* (1969, 1971 in München uraufgeführt) soll, ähnlich wie in den *Geschichten aus dem Wienerwald,* das missliebige Kind durch Verkühlung beseitigt werden, und auch die Dramen *Lieber Fritz* (1972), *Stallerhof* (1972) und *Wildwechsel* (1973) weisen Ähnlichkeiten mit den Stücken Horváths auf.

Die Renaissance des Volksstücks in der BRD

Vor allem Franz Xaver Kroetz gilt als Meister des kleinbürgerlichen Sozialdramas; seit den 70er Jahren produziert er dieses Genre, das ganz auf Mitleid angelegt ist, nahezu seriell. Er führt aus: „Sie kommen [...] direkt aus dem Herzen, aus dem Mitleiden, aus dem totalen, wütenden Unver-

Mitleidsdramaturgie

ständnis gegenüber Verhältnissen, die Menschen kaputtmachen" (Jährig 1974, 11). In den Stücken der 80er Jahre versucht Kroetz das relativ stereotype dramatische Schema aufzubrechen, und zwar durch Anleihen an Mittel des absurden und surrealen Theaters, wie sie in den Stücken *Mensch Meier* (1977), *Nicht Fisch nicht Fleisch* (1980) und *Der Stramme Max* (1980) zum Einsatz kommen; Kroetz versucht sich auf diese Weise von der Mitleidsdramaturgie seiner frühen Stücke zu lösen (Walther 1990, 85f.). In den 90er Jahren tritt das Volksstück in seine Reflexion ein, thematisiert seine eigenen Voraussetzungen und wird zur Farce, wie z.B. in Kroetz' Erfolgsstück *Der Drang*. Kroetz lässt in seinen Dramen gemeinhin die ganz normalen Grausamkeiten der unterprivilegierten Schichten plastisch werden, seziert die vergeblichen Versuche, ein ramponiertes Selbstbewusstsein zu stabilisieren, z.B. durch aggressiv verteidigte Hierarchie. Entweder müssen Außenseiter, oder aber Ehefrauen und Töchter herhalten, um die gebrochene Identität der männlichen Figuren vergessen zu lassen, zumindest für Momente. Dabei ist es meist der technische Fortschritt im Arbeitsbereich, der das labile Familiengefüge zum Kollaps bringt, verstärkt durch ein 'falsches Bewusstsein' und Sehnsüchte, wie sie Medien und Mode produzieren. Dieses 'falsche Bewusstsein' verrät sich – ähnlich wie bei Horváth – durch seine sprachlichen 'Missbildungen'. Die Figuren verfangen sich in Sprachfloskeln, die sie zu Katachresen, zu schiefen Bildern, umbauen, ringen um ihre Position durch den Verweis auf Medien, Stars und Wissenschaft – „das ist wissenschaftlich bewiesen", lautet eines der beliebtesten Argumente. Den Wunsch der Figuren nach gesicherten Haltungen bringt das vielfach gebrauchte anonyme 'man' zum Ausdruck, das an die Stelle der direkten Ansprache der Figuren tritt. Zudem ist der Dialog bei Kroetz, ähnlich wie bei Horváth, von Pausen durchsetzt, wird also vom permanenten Einbruch des Schweigens bedroht.

Die Adaption Hebbels

Im Zusammenhang der vorliegenden Untersuchung ist vor allem interessant, dass Kroetz wie auch Fassbinder ausdrücklich an die Tradition des bürgerlichen Trauerspiels anknüpfen. Untertitelt Fassbinder seine Moritat *Bremer Freiheit* mit *Ein bürgerliches Trauerspiel*, so bezieht sich Kroetz in *Maria Magdalena* (1972) ausdrücklich auf Hebbels Drama über die Selbst- und Kindermörderin Klara. Kroetz transponiert die weitgehend übernommene Handlung nachdrücklich in seine Zeit: Aus dem Schuster Meister Anton wird ein Einzelhändler, der einen kleinen Schuhladen besitzt, aus Karl ein Vertreter, aus Leonhard ein Inspektorenanwärter. All diese Figuren zeichnen sich – im Gegensatz zu den zahlreichen Stummen und Sprachlosen in Kroetz' Dramen – durch „Geschwätzigkeit" aus (Panzner 1976, 45), eine Eigenschaft, die wesentlich auf die Sprachmächtigkeit der Vorbilder zurückzuführen ist. Zu den aussagekräftigen Differenzen zum Hebbelschen Vorbild gehört vor allem, dass das Personal nicht mehr in der Lage ist, eine Tragödie, ein Trauerspiel, zu produzieren. Die Figuren, die sich

Pragmatik statt Sentiment

ausdrücklich gegen Sentimentalitäten wehren, gehen ihre persönlichen 'Unfälle' – die Schwangerschaft Maries, die Kerkerhaft des Sohnes Karl, den Tod der Mutter – mit einem gehörigen Maß an Pragmatismus und Lakonie an, mit einem 'Sinn' für das Wesentliche, d.h. für Geld, für Aufstieg und ökonomische Absicherung. Die Interaktionen werden versachlicht, werden zu vertragsmäßigen Arrangements. Aus dem Flehen Maries, Leonhard möge sie heiraten, wird eine Abmachung; aus der Rivalität zwischen Peter und Leonhard ein „Metsch" (Ma, 246), ein „Duell" (Ma, 244). Und die Tragödie Maries wird durch ein offenes Ende aufgehoben, das gleichwohl die männlichen Allianzen, die männlichen Seilschaften, als tödliche in Erscheinung treten lässt. Die drei Männer, Karl, Peter und der Vater, setzen sich versöhnlich zum Skatspiel; Marie tritt auf und erklärt: „Damits es wißts: / Ich hab mich vergiftet." (Ma, 255) Doch glauben tut ihr keiner. Peter: „Zerscht mußt tot sein, / dann glauben mir es! *Sie lachen. / Pause.* / Hol ein Bier, is gscheiter. / *Pause.* / *Marie* Ja." (Ma, 255) Die Tragödie wird zur Komödie, wie das Lachen der Figuren nahe legt. Doch birgt dieser Umschlag wie der nicht stattfindende Selbstmord Maries tragisches Potenzial. Der Figur wird Tragik, wird Pathos verweigert, und auch das kann tragisch sein.

Das Ende der Tragik

Allerdings wurde Kroetz' Adaption vielfach als misslungen kritisiert – auch, weil es den Vergleich mit dem Vorbild nicht bestehe. Carl beschreibt die Problematik dieser produktiven Rezeption, wie sie Kroetz versucht, folgendermaßen: „Zum einen beschwört es [Kroetz' Stück; Anm. v. Verf.] zwangsläufig den ständigen Vergleich mit dem Original herauf (an das Kroetz sich im Gang der Handlung, in der Folge der Szenen und Dialoge weitgehend bindet), zum andern sieht es sich für jede Übernahme und Veränderung dem Verlangen nach Motivation ausgesetzt." (Carl 1978, 86) Ziel einer solchen Adaption wäre also, so Carl, eine Art produktive Polemik, die dadurch entsteht, „daß historisch-kritische und gegenwartskritische Zielsetzung dialektisch vermittelt wären, daß also die Parodie des Originals in die Gegenwartssatire umschlüge." (Carl 1978, 87) Doch in Kroetz' Fassung 'degeneriert' die Tragödie zur Satire, die die Figuren boshaft erscheinen lässt, sie denunziert, zumal ihr Handeln nicht motiviert erscheint (Walther 1990, 92; Blevins 1983, 85). So bleibt auch das Insistieren des Vaters auf Ehre bzw. Schande uneinsichtig. „Im Mund von Kroetzens 'Papa' wird der Vergleich mit dem biblischen Adam zur verständnislosen Reminiszenz, und die Furcht vor der 'Schande' als moralische Verhaltensnorm – schon bei Hebbel in ihrer objektiven Berechtigung in Frage gestellt – kann nun auch subjektiv nicht mehr in ihrer existenziellen Bedeutung glaubhaft gemacht werden." (Carl 1978, 88) Das bürgerliche Trauerspiel des 19. Jahrhunderts lässt sich offensichtlich nicht ohne weiteres in ein soziales Drama des 20. Jahrhunderts transponieren.

Kritik an der Bearbeitung

Rainer Maria Fassbinder knüpft, ähnlich wie Kroetz, neben dem bürgerlichen Trauerspiel vornehmlich an das Volksstück an; in dem frühen Drama *Katzelmacher* (1969), das im Kontext seiner *antiteater*-Experimente uraufgeführt (Karsunke 1974) und von Fassbinder erfolgreich verfilmt wird (Roth 1974, 123; Töteberg 2002, 49), wird die Dynamik von Gruppenbildung und Ausgrenzung des Fremden demonstriert. Außenseiter ist der griechische Arbeiter Jorgos, der allerdings nicht als Identifikationsfigur fungiert. Vielmehr gibt er den sozialen Druck weiter; Jorgos lehnt seinerseits den türkischen Gastarbeiter ab, und zwar mit dem gleichen Hass, der ihm entgegen gebracht wird. Vor allem die Verfilmung von *Katzelmacher* lässt deutlich werden, was Fassbinders Œuvre grundsätzlich kennzeichnet: die Lust am Artifiziellen wie auch – das allerdings gilt vornehmlich für die späteren Stücke und Filme – die „Erprobung von Glaubwürdigkeit und Lüge

Katzelmacher

der pathetischen Stilfigur" (Iden 1974, 25). Eine dieser „pathetischen Stilfiguren" stellt die Gattung des Trauerspiels dar, die Fassbinder in seinem Stück *Bremer Freiheit. Frau Geesche Gottfried* aufruft. Mit *Bremer Freiheit*, einem Drama, das Fassbinder 1971 in Bremen uraufführt und ebenfalls verfilmt (Spaich 1992, 369), wird ein Punkt erreicht, wo die „Erprobung der Statthaftigkeit des großen Gefühls, der schweren Gebärde und der endgültigen Tat in die schwierigste Phase eintritt: beim Trauerspiel" (Iden 1974, 25); das Stück ist mit *Ein bürgerliches Trauerspiel* unterschrieben.

Realismus und Überzeitlichkeit

Fassbinder greift einen realen Fall vom Beginn des 19. Jahrhunderts auf – den der Massenmörderin Geesche, der 'schönen Gesina', ein Bremer Kriminalfall. Die Zeitangabe lautet: „Die Handlung trägt sich zu Bremen um 1820 zu." (Br, 604) Darüber hinaus gibt Fassbinder für „den genauen Regisseur" den Umrechnungskurs der Bremer Währung zu dieser Zeit an. Deuten diese Informationen auf historische Genauigkeit, so läuft das Drama diesen Vorgaben jedoch mit Bedacht zuwider, allein schon durch den moritatenhaften Anstrich des Geschehens; für die Bremer Inszenierung wählt Fassbinder entsprechend eine Mischung aus kaltem Realismus und manieriert rankenden Gebärden (Iden 1974, 27). Die Gewalttätigkeit des Ehemannes gegen die Frau – *„er will sie umarmen, dann schlägt er sie unheimlich brutal zusammen, bis sie schluchzend am Boden liegt, er steht über ihr"*, so heißt es im Nebentext (Br, 605) – ist auch die Gewalt von heute, wie die Gegenwartssprache unmissverständlich werden lässt. Gezeigt werden in knappen, sich beschleunigenden Kurzszenen die Giftmorde der Geesche Gottfried, die von einer Demonstration weiblicher Abhängigkeit in emotionaler wie ökonomischer Hinsicht ihren Ausgang nehmen. Die Männergesellschaft um ihren Ehemann belustigt sich beispielsweise mit Witzen folgender Art: „Da bringt ein Mann die Mutter seiner Kinder um, indem er sie erzwingt mit bloßen Händen, natürlich treten ihr die Augen vor, da sagt er kalt zu ihr, was Frau, da schaust. *Lachen, sie saufen alle ungemein Wassergläser voll Schnaps.*" (Br, 607) Reaktion auf diese übersteigerten Demütigungen sind die Morde Geesches, die leitmotivisch mit einem Song verknüpft sind – dieser dient als Chiffre für den Mord, tritt zunehmend an seine Stelle. Generalthema ist dabei der Kampf Geesches um „ihren eigenen Kopf"; die Mutter hingegen predigt: „Du kannst doch nicht den Kopf des Mannes mit deinem Kopf vergleichen." (Br, 616) Geesche kämpft um ihr eigenes Begehren, auch im Angesicht kirchlicher Vorschriften, und sie kämpft um die Teilnahme an der Produktion. Das Stück endet mit ihrer Entdeckung und ihrem Tod. Ziel sei es gewesen, die These zu belegen: „Zur falschen Zeit das richtige Bewußtsein nutzt gar nichts." (Jacobs 1983, 303) Der Erfolg von Fassbinders Beweisführung wurde jedoch vielfach in Abrede gestellt. Jacobs hält fest: „Es entsteht [...] nur das Bild eines malträtierten Wesens, das sich heimtückisch und wahllos an seiner Umwelt rächt." (Jacobs 1983, 302 f.; vgl. auch Iden 1974, 27) Kritisiert wurde zudem die moritatenhafte 'Simplifikation' der gesellschaftlichen Zusammenhänge, die jedoch den Eindruck von Unausweichlichkeit, von Zwangsläufigkeit evoziert. Der Gattungsbezug, die Kennzeichnung des Dramas als bürgerliches Trauerspiel, fungiert bei Fassbinder insgesamt als Kommentar. Die Unterdrückung der Frau sowie ihr Ausschluss von den Produktionsverhältnissen bezeichnet einen Zustand, der über Jahrhunderte

Abhängigkeiten der Frau

Moritat als Kritik

bürgerlicher Gesellschaftsentwicklung hinweg konstant bleibt und als (meist unsichtbar bleibende) Kehrseite der bürgerlichen Trauerspiele mitgedacht werden kann. Fassbinder knüpft an eine Gattung an, die eng mit der Etablierung der bürgerlichen Gesellschaft, und das heißt mit der Konstitution ihrer repressiven Geschlechterrollen, verbunden ist; diese Repression macht das Drama als vergangene und gegenwärtige sichtbar.

3.3 Soziale Dramen der 1990er Jahre

Adaption der Gattung in den 90ern

Nach der 'Wende', nach 1989, lässt sich in Deutschland eine erneute Vorliebe für die Gattung des sozialen Dramas feststellen, die ganz wesentlich mit den entstehenden gesellschaftlichen Ungleichgewichten in Zusammenhang steht. Allerdings wird das Genre an aktuelle ästhetische Konzepte angepasst: durch groteske Überzeichnungen, durch *Trash*-Versionen, durch Anleihen an die schnelllebige Medienästhetik, durch tragikomische Ausdrucksformen. Das wird u.a. in den Dramen von Oliver Bukowski deutlich, einem jungen Autor aus der DDR, der die kleinbürgerlichen Aufstiegswünsche der 'Ostler' in komödiantischer Manier – immer hart am Slapstick – in Szene setzt. In dem *Hardcoreschwank Londn – LÄ – Lübbenau*, 1994 mit dem Gerhart-Hauptmann-Preis ausgezeichnet, wird ein selbstgebastelter Getränkeladen in der Garage eröffnet, „Gretschkes Getränk-Buttike", doch wird der Schnaps beim Warten auf den ersten Kunden in den eigenen Hals geschüttet. Dieses Warten auf die Zukunft gibt Raum für allerlei Kalauer, allerlei Klischees über Ossis – Bukowski hält nichts vom 'hobbysozialen Verzicht' auf Vorurteile. Doch dann steht am Ende der enttäuschten diffusen Wünsche der gemeinsame Tod, allerdings eher ein rührender, nicht sentimentaler.

Der Kampf um Arbeit

Dieses soziale Anliegen, das um Aufstiegswünsche und Abstiegsängste in einer neuen politischen Landschaft, in neuen Machtverhältnissen, kreist – das Stück *Gäste* von Bukowski (1999) greift dieses Sujet ebenfalls auf –, konzentriert sich im Verlauf der 90er Jahre immer deutlicher auf das Problem Arbeit. Der Kampf um Arbeit, um Berufstätigkeit, wird als neue Kampffläche, als neuartige Form des Krieges und der Tragödie entdeckt und dramatisiert. Als prototypisch kann Urs Widmers Produktion *Top dogs* gelten, ein Projekt des Neumarkt Theaters Zürich. Nicht die *underdogs* stellen das Personal, sondern die 'hohen Tiere', die Manager und Unternehmer, die zunehmend selbst von der grassierenden Arbeitslosigkeit betroffen sind. Diesen soll durch „Outplacement-Agenturen", die zugleich eine spezielle Form von Therapie anbieten, zu neuen Jobs verholfen werden. Die versammelten Personen, neun an der Zahl, enthüllen im Verlauf dieser Rollenspiele ihre Kränkungen, ihre emotionalen Depravierungen wie die Aggressivität der Arbeitsverhältnisse, die zum neuen Kampfplatz mutieren (Kammler 2001 386f.). Die Bekenntnisse und Geschichten, die in langen Monologpartien vorgetragen werden, die Hypochondrien und Träume werden dabei meist ins Komödiantische zugespitzt. Zudem wird der Dialog zuweilen durch reine Worthäufungen von Firmennamen und Fachbegriffen unterbrochen, die chorisch in Form von Gebeten beschworen werden; diese 'Übungen' sind Bestandteil des Managerkurses (To, 49). Kulminiert die vorletzte Szene in einem ekstatischen Ausbruch, in dem Firmennamen mit Zitaten aus der Apokalypse versetzt werden, so scheint von dem Spuk nichts übrig zu bleiben, als sich eine der Figuren verabschiedet – sie hat eine neue Arbeitsstelle in einer „äusserst dynamische[n] Industriestadt in Südkorea" (To, 50) gefunden. Die Sprache, die Gesten, all das rastet wieder in die Routine des pragmatischen Arbeitsverhaltens ein, das durch die therapeutischen Übungen gestützt wird.

Wahnsinn und Normalität

Die durchlässige Grenze zwischen Therapie und Arbeit, 'Wahnsinn' und Normalität, wird in einigen weiteren Stücken der 90er Jahre dramatisiert: In dem lyrischen Monodrama von Albert Ostermaier *Erreger* rekapituliert ein Trader, ein Börsianer, seine Vergangenheit, festgeschnallt an eine Pritsche, weil er in seiner Umnachtung Frau und Kind hingemetzelt hat. In Moritz Rinkes formal recht konventionellem Stück *Republik Vineta* befinden sich die Unternehmer, die an einer geheimnisvollen Operation „Vineta" beteiligt sind, an einem Ort, an dem ihnen zwar alte Arbeitsverhältnisse vorgegaukelt werden. Doch tatsächlich absolvieren sie Sandkastenspiele ohne Folgen – auf diese Weise soll ihnen der Ausstieg aus der Arbeitswelt erträglich gemacht werden. Zu diesen Stücken, in denen Arbeit und Arbeitslosigkeit zum dramatischen Sujet, zum Anlass der Tragödie wird, gehören zudem Rolf Hochhuths recht papierenes Dokumentardrama *Das Recht auf Arbeit*, eine Auftragsarbeit für die Salzburger Festspiele, Dea Lohers Stück *Der Dritte Sektor* und Roland Schimmelpfennigs *Push up 1–3* wie auch John von Düffels *Elite I.1*.

Inzest als Sujet

Neben diesem Thema, das die Zentrierung des sozialen Dramas auf ökonomische Probleme fortsetzt, wird auch das andere genuine Thema des sozialen Dramas aufgegriffen – das Familiendesaster, das in den Stücken der 90er Jahre vielfach auf den Inzest zurückgeführt wird. Als prototypisch kann in diesem Zusammenhang Dea Lohers Stück *Tätowierung* gelten, in dem der Inzest aus einer tragikomischen Perspektive behandelt wird. Das signalisieren bereits die sprechenden Namen; der Vater beispielsweise wird Ofen-Wolf genannt, der Florist, der die missbrauchte Anita vor ihrem Vater zu retten versucht, Flower-Paul. Allein Anita ist von dieser Namensgebung ausgenommen. Gegliedert ist das Stück in Kurzszenen, die mit lapidaren, zuweilen euphemistischen Titeln überschrieben sind. Die Rede der Figuren erscheint dabei mehr aussparend als darstellend, ja stichpunktartig. Der Titel *Tätowierung* steht für die nicht aufzuhebende Stigmatisierung der Tochter durch die gewaltvollen Übergriffe des Vaters: „Meine Nadel stech ich / dir ins Fleisch / wieder und wieder / eine Tätowierung / die du behältst / mein Zeichen / dein Leben lang / Vatermal / unauslöschlich" (Tä, 96). Zu diesen Dramen, die innerfamiliäre Gewalt zum Gegenstand haben, ist z. B. auch Marius von Mayenburgs *Feuergesicht* zu rechnen, ebenfalls ein Inzestdrama. Tochter und Sohn schließen sich in ihrem Hass auf die Erwachsenen zusammen; sie suchen den rauschhaften Exzess, die Überschreitung und Verschwendung, unter anderem durch pyromanische Attacken. Mayenburg legt eine Art neues 'Frühlingserwachen' vor, das den Gewalttendenzen des Gegenwartsdramas Rechnung trägt. Gewalt wird jedoch nicht in seiner Genese gezeigt, bzw. kausal motiviert, sondern als Faktum vorausgesetzt. Das Stück von Mayenburgs zeichnet sich durch ein präzises leitmotivisches Geflecht aus, das die Identitätsproblematik der

Gewalttendenzen

Heranwachsenden profiliert, d.h. ihre 'Gesichtslosigkeit', die Sehnsucht nach einer 'ganzen' abgeschlossenen Ich-Identität, sinnfällig werden lässt. Auch Thomas Jonigk legt ein Inzestdrama vor, *Täter* (1999), in dem er Klischees, Rechtfertigungsformeln und Erklärungsfloskeln im Zusammenhang mit dem Phänomen Inzest anhäuft. Die Figuren wie Situationen werden ebenfalls ins Groteske überzeichnet – die Opfer bleiben allerdings von dieser Strategie ausgenommen. Inzest scheint deshalb zum beliebten Sujet des Dramas der 90er Jahre zu werden, weil so die interne familiale Gewalt in besonderem Maße fassbar wird und dem allgemeinen Interesse an Gewalt Rechnung getragen werden kann.

Arbeit und Familie, das sind also die neuen/alten Kampfplätze, auf denen die Figuren als Tote und Zerstörte zurückbleiben. Das soziale Drama, die Tragödie des Bürgers im Kontext seiner Familien- und Arbeitsverhältnisse, wird so schnell nicht abdanken.

VI. Einzelanalysen repräsentativer Werke

1. Jakob Michael Reinhold Lenz: *Die Soldaten*

Die Soldaten von Jakob Michael Reinhold Lenz entstehen im Winter 1774/75 und erscheinen im Frühjahr 1776 anonym im Buchhandel, allerdings ohne große Resonanz zu finden. Auch die Aufführungen finden wenig Beachtung (Krämer 1974, 51 f.). Aussagekräftiges Kuriosum dieser Publikationsgeschichte ist, dass Lenz in den Briefen an seinen Verleger wiederholt die Angst formuliert, er könne durch die Veröffentlichung seiner Soldatenschilderung den empörten Straßburger Soldaten zum Opfer fallen. Lenz versucht eine anonyme Veröffentlichung des Dramas zu erreichen und bewegt seinen Freund Klinger gar dazu, die Autorschaft zu übernehmen (Krämer 1974, 40f.). Anlass seiner Ängste ist die Tatsache – und das kann durchaus als Signum der Epoche Sturm und Drang gelten –, dass Lenz Wirklichkeitsspuren (Bosse 1997, 75) in seinen Text einarbeitet, dass er konkrete Details eines Familienskandals aus der Straßburger Zeit für sein Drama übernimmt (Luserke 1993, 77): Geschildert wird, wie eine junge Frau trotz Ehevertrag von ihrem Geliebten verlassen wird. Ganz ähnliches hat sich in Lenz' Umgebung in Straßburg zugetragen. Doch in seinem Stück spitzt Lenz diese Umstände zur Tragödie zu: Die Flucht des Liebhabers ruiniert nicht nur den Vater, der die Kredite des Flüchtigen übernimmt, sondern auch die Tochter gerät auf die abschüssige Bahn; sie wird als „Soldatenhure" stigmatisiert und unter den Soldaten weitergereicht. Auf dem Höhepunkt ihrer Bedrängnis wird sie von einer Gräfin aufgesucht, die einen letzten Rettungsversuch unternimmt und Marie in ihr Schloss aufnimmt. Doch die junge Frau flieht aus diesem 'Gefängnis' und macht sich auf, ihren Geliebten zu suchen. Zum Schluss ihrer Wanderungen kommt es zu einer fatalen Wiederbegegnung zwischen dem verzweifelten Vater und seinem zerstörten Kind – eine Tragödie. Die Realität sieht hingegen anders aus: Die Straßburger Familie erfährt Genugtuung. Der flüchtige Geliebte wird aufgrund des Ehevertrags verklagt, und die Tochter kann ihre Unbescholtenheit durch eine baldige Ehe wieder herstellen. Lenz setzt also seine (halb-)fiktive Gestalt dem gesellschaftlichen Abstieg aus. Er fürchtet die Veröffentlichung seines Stückes deshalb, weil er sich an der Wirklichkeit orientiert und doch nicht 'wahr' ist – eine Form von Realitätsnähe, wie sie für die Literatur des Sturm und Drang insgesamt signifikant ist.

Wirklichkeitsspuren

Sprache als Klang

Das Stück *Die Soldaten* beginnt *medias in res.* Die junge Frau Marie schreibt einen Brief an Stolzius, an den sie zarte Bande knüpfen: „Marie (*mit untergestütztem Kopf einen Brief schreibend*): Schwester, weißt du nicht, wie schreibt man Madam, Ma ma, t a m m tamm, me me, […]" (S, 5). Damit tritt das Material des Stückes in Erscheinung – die Sprache. Das Sprachmaterial selbst wird hörbar; die Begriffe werden desemantisiert und als Laut, als Klang, erfahrbar. Darüber hinaus wird die Hilflosigkeit Maries in Szene gesetzt. Sie muss nachfragen, verfügt weder über die Schrift noch über die Sprache der Galanterie. Und zum dritten wird kenntlich, dass Sprachkompetenz Hierarchien etabliert, den gesellschaftlichen wie familialen Status bestimmt. Marie verbietet sich die Korrektur der

Sprache als symbolisches Kapital

Schwester mit Nachdruck. Als diese erklärt: „Ey, was redst du doch, der Papa schreibt ja auch so", moniert Marie: „Sie will allesfort klüger seyn als der Papa; letzthin sagte der Papa auch, es wäre nicht höflich, wenn man immer wir schriebe, und ich und so dergleichen." (S, 6) Der Vater wird als (Sprach-)Autorität installiert, und über seine Autorität wird die Rivalität der Töchter ausgetragen. In mentalitätsgeschichtlicher Hinsicht ist interessant, dass es ausgerechnet die Sprache der Galanterie ist, die in diesem Bürgerhaus eingeübt wird. Die aristokratische Ausdrucksform wird auch für die Bürger zunehmend zum Ausdrucksmittel; das „Bürgertum beginnt, sich an die Rokoko-Kultur des Adels zu assimilieren. Galanteriewaren sind jetzt nicht nur beim Adel, sondern auch beim städtischen Bürgertum gefragt" – ebenso die galante Ausdrucksweise (Lützeler 1987, 133f.). Dieser gehobene Stil stellt jedoch innerhalb der komplexen Eröffnungssequenz lediglich eine Ausdrucksform unter anderen dar. Neben der höfischen Sprache, die Marie imitiert, bedient sie sich der „konventionell-formelhaften Sprache eines sittsamen honetten *Mädchens der Gesellschaft*", der „trotzige[n], aufbegehrende[n] Redeweise der *Kleinstädterin*, die sie auch ihrer Schwester gegenüber anzuwenden pflegt"; sie zeigt sich zudem als *„burschikose* [...], *kratzbürstige* [...], *bedenkenlose* [...] *Person*, die nicht mit Kraftausdrücken spart", und bringt ihre Besorgnisse über Interjektionen zum Ausdruck (Höllerer 1958, 132). Bei dieser Sprachvielfalt nach einer authentischen Sprachsphäre zu suchen, wie es eine Vielzahl der Interpreten und Interpretinnen unternehmen – Höllerer z. B. diagnostiziert das „Gegeneinander ihrer Unverstelltheit und ihrer Maskenhaftigkeit" (Höllerer 1958, 133) – ist müßig. Die Figuren setzen sich aus diversen Sprachrollen, aus Sprachspielen zusammen. Der sprachliche Ausdruck wird entsprechend ausdifferenziert. Es finden sich Übernahmen aus der gesprochenen Sprache, Spezialsprachen wie die der Soldaten, französisches Vokabular; das Jiddische wird imitiert sowie livländische Dialektwörter eingearbeitet. Die Figuren sind Effekt einer Pluralität von Sprachgesten im übertragenen Sinne, die zugleich ein System an Gesten im buchstäblichen Sinne umfassen. Lenz entwickelt ein mimisches Darstellungsprinzip, das in den *Soldaten* im Vergleich zum *Hofmeister* noch verstärkt wird (Schulz 1992, 193). Diese Gesten und Gebärden konturieren die Figuren und tragen zu ihrer Komplexität bei, indem Sprache und Gestik auch im Sinne des Widerspruchs, des Kontrastes etc. arrangiert werden. Diese (Sprach-)Komplexität wird dadurch gesteigert, dass das Stück, ähnlich wie *Der Hofmeister*, zwischen komödiantischen Elementen und Tragödie changiert. Das eröffnende Schreibspiel Maries, das ihre Sprachohnmacht verdeutlicht, erscheint zugleich als komisches Geplänkel. Das Geschehen tendiert nicht selten zur Karikatur, wie auch das Arsenal der sprechenden Namen zu erkennen gibt. „Desportes leitet sich ab aus französisch *déportements* 'schlechter Lebenswandel'. Karl Stolzius weist sich mit seinem Vornamen als 'frei', mit seinem Nachnamen als 'stolz' aus. Bei Wesener denkt man an 'wesen', das so viel wie 'überpersönliches Dasein haben' bedeutet – er ist (im Sinne von Lenzens Theorie) kein Einzelcharakter, sondern steht mit seinem Verhalten für einen sozialen Sachverhalt: für den Bürger im Konflikt zwischen überlebter Moral und neuem Aufstiegsehrgeiz. Bei Marie muß man wohl ironisch gemeinte Assoziationen an die Jungfrau Maria mitdenken, und eine ähnlich ironische

Die Pluralität der Ausdrucksformen

Die Bedeutung der Gestik

Sprechende Namen

Verbindung ist offenbar beim unverheirateten Offizier Mary mit französisch *mari* 'Ehemann' zu sehen." (Lützeler 1987, 150) Damit zeigt sich zugleich die Distanz zur Verlachkomödie, denn die Namen bezeichnen nicht lediglich eine lächerliche Eigenschaft der Figur, sondern stehen in einem kommentierenden, auch ironischen Verhältnis zu ihren Trägern. Lenz' Stück ist also eines über Sprache, über kommunikatives Handeln. „Der Gang der Handlung wird [...] in die Ordnung der Sprache umgeschmolzen." (Höllerer 1958, 133)

Sprachohnmacht

Die Sprachohnmacht Maries, mit der das Stück eröffnet, wird im weiteren Verlauf verschiedentlich aufgegriffen. An späterer Stelle – Marie hat sich bereits dem Freund des Desportes, Mary, zugewandt – äußert sie sich über ein Feuerwerk, das die beiden am Vorabend genossen haben: „Marie: Es war doch recht schön. Mary: Es muß wohl schön gewesen seyn, weil es Ihre Approbation hat. Marie: O ich bin keine Connoisseuse von den Sachen, ich sage nur wieder, wie ich es von Ihnen gehört habe." (S, 73) Sie spricht dem Adeligen nach dem Mund, verfügt nicht über eine eigene Redeweise. Und als sich das Geschehen drastisch zuspitzt – der untreue Adelige Desportes macht sich aus dem Staub, Marie versucht Schadensbegrenzung zu betreiben, um den verprellten Bräutigam Stolzius wieder zu versöhnen –, setzt sie wiederum einen Brief auf, und wieder muss sie ihre Schwester um Hilfe bitten. Marie diktiert: „Dero haben in ihrem letzten Schreiben mir billige Gelegenheit gegeben, da meine Ehre angegriffen. Charlotte: Angegriffen. Marie: Indessen müssen nicht alle Ausdrücke auf der Wagschale legen, sondern auf das Herz ansehen, das Ihnen – wart wie soll ich nun schreiben. Charlotte: Was weis ich? Marie: So sag doch, wie heißt das Wort nun? Charlotte: Weis ich denn, was du ihm schreiben willst. Marie: Daß mein Herz und – (*fängt an zu weinen, und wirft sich in den Lehnstuhl. Charlotte sieht sie an und lacht.*) Charlotte: Na, was soll ich ihm denn schreiben? Marie (*schluchzend.*): Schreib was du willst. Charlotte (*schreibt und liest.*): Daß mein Herz nicht so wankelmüthig ist, als Sie es sich vorstellen – ists so recht? Marie (*springt auf, und sieht ihr über die Schulter.*): Ja, so ists recht, so ists recht (*sie umhalsend.*) Mein altes Scharlottel, du." (S, 63f.) Die Schwester bringt den Brief mühelos zu Ende. Der Urheber ist offenbar bedeutungslos; 'die (galante) Sprache spricht', oder in den Worten Mattenklotts: „Die Personen sprechen nicht, sondern werden gesprochen." (Mattenklott 1985, 144)

Interpretationsfehler

Gesellschaftliche Hierarchie wird in Lenz' *Soldaten* also wesentlich über Sprachkompetenzen etabliert. Es erweist sich für die Figuren als nahezu lebenswichtig, Sprachspiele korrekt zu dechiffrieren, d.h. beispielsweise auch die Differenz von Absicht und Ausdruck einzukalkulieren, die Differenz zwischen konventionalisierter Höflichkeitsrede und authentisch gemeintem Ausdruck, zwischen Rhetorik und (scheinbarem) Selbstausdruck. Denn die Tragödie wird im Wesentlichen durch eine Fehldeutung, durch eine falsche Interpretation, ausgelöst, die sich der Vater Maries zu schulden kommen lässt. Die sechste Szene des Dramas könnte als 'Kollaborationsszene' zwischen Vater und Tochter bezeichnet werden. Nach dem Geständnis Maries, sie sei mit Desportes in der Komödie gewesen, folgt ihr der nachdenkliche Vater in das Schlafzimmer; Marie *„sitzt auf ihrem Bette"* (S, 28). In diesem intim codierten Raum – es deutet sich eine inzestuöse

Verbindung an, wie sie Lenz als Signum der patriarchalen Familie wiederholt vor Augen führt –, zeigt sie dem Vater die Geschenke von Desportes sowie ein Liebesgedicht, das an Simplizität nichts zu wünschen übrig lässt: „Wesener (*liest laut.*): Du höchster Gegenstand von meinen reinen Trieben. / Ich bet dich an, ich will dich ewig lieben. / Weil die Versicherung von meiner Lieb' und Treu, / Du allerschönstes Licht, mit jedem Morgen neu." (S, 29) Dieses Machwerk liest der Vater nicht als das, was es ist, nämlich als persuasive Rede eines Liebesdiskurses, sondern er versteht die Eloge als authentische Botschaft, als genuine, aufrichtige Liebeserklärung. Anders als die Präsente – offensichtlich Bestandteil eines Liebeswerbens – überzeugen den Vater diese Worte, die freilich nichts anderes sind als 'Galanteriewaren': „Wesener (*liest noch einmal.*): Du höchster Gegenstand von meinen reinen Trieben. (*steckt die Verse in die Tasche.*) Er denkt doch honett, seh ich." (S, 29f.) Für ihn spricht das Gedicht die Wahrheit, und zwar gemäß der bürgerlichen (rhetorischen) Vorschrift, natürlich und „von Herzen zu sprechen", wie es in den Briefstellern der Zeit heißt. Der Vater verkennt, dass das Gedicht Werbung und Persuasion beabsichtigt, nicht aber authentischer Selbstausdruck ist, nicht Geständnis. Brisant ist in diesem Zusammenhang, dass der Vater – darin folgt Lenz seinem Straßburger Vorbild – Galanteriewarenhändler, Juwelier, ist. Er ist in das galante Spiel zwischen Männern und Frauen eingeweiht, ja verdient an diesem. Er übersieht jedoch, dass auch die galante Sprache zu diesem Spiel gehört, ja selbst nach dem Prinzip der Galanteriewaren strukturiert ist: Kommt es bei diesen funkelnden Waren auf die Differenz zwischen Sachwert und Erscheinung geradezu an, so fallen auch in der galanten Sprache Ausdruck und Bedeutung auseinander, eine Sprachregel, die der Vater ignoriert.

Die Sprache der Galanterie

Wesener schürt also die Aufstiegsphantasie, die seiner Tochter den Untergang bereitet – das unterscheidet ihn von den Vätern, wie sie Lessing oder auch Wagner entwerfen. „Die alten Moral- und Tugendregeln, die sich am Begriff der Arbeit orientieren, werden verbannt und vergessen. Aus dem polternden bürgerlichen Tugendwächter wird der töricht-opportunistische Taktierer" (Lützeler 1987, 135). Zusammen mit diesem neuen Vaterbild wird auch das Motiv der verführten Unschuld modifiziert, das für die Figur der Marie maßgeblich ist. Denn anders als beispielsweise Emilia Galotti stirbt Marie nicht (Hallensleben 1994, 227); das „Massensterben von Frauen im Rahmen literarischer Fiktion" (Weigel 1983, 141) kommt an ein Ende, obgleich die Binarität der Weiblichkeitsimagines – die Frau als Hure oder Heilige – auch in Lenz' Drama herrscht. Bezeichnend ist zudem, und auch das kann als Novum gelten, dass der physische Verlust der Unschuld, ein Vorgang, wie er z. B. in Richardsons Romanen genüsslich ausgemalt wird, in Lenz' Stück eher eine nebensächliche Rolle spielt. Es geht bei Lenz nicht so sehr darum, dass Marie fällt, zur „Hure" wird, sondern „der Begriff der Hure wird gezeigt als fragwürdiges Konstrukt des herrschenden Diskurses" (Hallensleben 1994, 235); es dominieren auch hier die sprachlichen Aktionen.

Die Modifikation von Motiven

Allerdings *sprechen* die Figuren nicht nur, sondern sie *schreiben* auch, wie bereits in der Eröffnungsszene deutlich wird. Diese (antidialogische) Aktivität signalisiert, dass sich die Figuren von Lenz nicht mehr in einer stationär-statischen Welt bewegen, in der der Platz des Einzelnen festge-

Briefverkehr

schrieben ist. Die Briefe sind Indiz einer räumlichen Mobilität und damit der (bürgerlichen) Moderne schlechthin – Goethe nennt seinen Altersroman *Die Wanderjahre*. Der rege Briefverkehr, beispielsweise zwischen Armentieres und Lille, beides aufstrebende Manufaktur- und Handelsstädte, verweist auf einen gesellschaftlichen Zustand, in dem sich die Nahverbände auflösen und räumliche wie soziale Mobilität herrscht. Denn dieser räumlichen Bewegung entspricht (scheinbar) eine soziale: Der Vater Maries glaubt an den gesellschaftlichen Aufstieg, hofft mithin auf die Durchlässigkeit der Schichten, wie sie in diversen bürgerlichen Romanen der Zeit durchgespielt wird. In dem empfindsamen Roman *Pamela* von Richardson – die Gräfin La Roche aus Lenz' *Soldaten* erwähnt diesen epochemachenden Text ausdrücklich – wird die Ehe einer tugendhaften Bürgerlichen mit einem Adeligen geschildert. Doch in Lenz' Stück wird diese Aufstiegsphantasie als nahezu tödliches Missverständnis deutlich.

Die Pluralisierung des Raums

Diese Mobilität der Figuren hat Konsequenzen für die Raumdarstellung des Stückes. Auf dem Höhepunkt des Geschehens kommt es zu Kurz- und Kürzestszenen an unterschiedlichsten Orten. Erfahrbar wird die „räumlich-zeitliche Dissoziation des bürgerlichen Alltags" (Mattenklott 1985, 134); der Raum gewinnt eigenständige dramatische Qualität (Mattenklott 1985, 126f.). Zudem wird die Linearität der Handlung aufgebrochen. Bernd-Alois Zimmermann, der Lenzens Stoff zu einer Oper mit dem gleichlautenden Titel *Die Soldaten* (Uraufführung 1965) umarbeitet, spricht gar von der Simultaneität der Ereignisse, die diese dispersive Form zum Ausdruck bringe (Krämer 1974, 63f.). Simultaneität rückt an die Stelle von Linearität, auch weil die Figuren Spielbälle der Verhältnisse sind. Diese grundlegende Determiniertheit der Figuren ist eng mit dem sprachreflexiven Aspekt des Lenzschen Stückes verbunden – es ist die Sprache, die die Figuren und das Geschehen produziert. Gesellschaftliche Interaktion wird als kommunikatives Handeln vorgeführt; Sprache fungiert als symbolisches Kapital, das Hierarchien etabliert und zementiert.

Spiele im Spiel

Die Sprachanalyse in Lenz' *Soldaten* wird von einem weiteren reflexiven Verfahren flankiert. Wird wiederholt das Sprechen und Schreiben der Figuren zum Thema, so auch das Spiel, das Theaterspiel. Die Figuren 'spielen im Spiel', sie führen Komödien auf – Alltagskomödien –, und sie diskutieren über die Institution Theater. Dieses Verfahren zeichnet sich ein erstes Mal in der dritten Szene ab, also in dem (Liebes-)Geplänkel zwischen Marie und Desportes, das ebenfalls von Schreibversuchen Maries seinen Ausgang nimmt. Denn dass Sprechen und Schreiben symbolisches Kapital sind, dass sie Renommee und Prestige mit sich bringen, zumal für eine Bürgerliche, hat Marie sehr genau begriffen. Desportes fragt sie bei seinem Eintritt: „Was machen Sie denn da, meine göttliche Mademoiselle? Marie (*die ein Buch weiß Pappier vor sich liegen hat, auf dem sie krützelte, steckt schnell die Feder hinter's Ohr.*): O nichts, nichts, gnädiger Herr – (*lächelnd*) Ich schreib' gar zu gern." (S, 9) Desportes weiß dieses Geständnis sogleich in ein Kompliment umzumünzen, das Marie auch als solches erkennt. Marie sagt: „O Herr Baron, hören Sie auf, ich weis doch, daß das alles nur Komplimenten seyn. Desportes (*kniend.*): Ich schwöre Ihnen, daß ich noch in meinem Leben nichts Vollkommeners gesehen habe, als Sie sind. Marie (*strickt, die Augen auf ihre Arbeit niedergeschlagen.*): Meine Mutter hat mir doch gesagt – sehen Sie, wie falsch Sie sind. Desportes: Ich falsch? Können Sie das von mir glauben, göttliche Mademoiselle?" (S, 10) Ähnlich wie später in Wedekinds *Frühlingserwachen* wird in dieser kleinen Episode auch die Unzulänglichkeit der elterlichen Warnungen und Instruktionen kenntlich. Adoleszenz wird tabuisiert, dem Erwachsenwerden wird mit Ignoranz begegnet. Marie erklärt: „Meine Mutter hat mir doch oft gesagt, ich sey noch nicht vollkommen ausgewachsen, ich sey in den Jahren, wo man weder schön noch häßlich ist." (S, 10) Diese Unfähigkeit der Mutter, die Tochter auf 'die Welt' vorzubereiten, wird durch die des Vaters ergänzt. Ähnlich wie in *Emilia Galotti* erweist sich der Versuch, die Tochter von der scheinbar verwerflichen und lüsternen Welt fernzuhalten, als vergeblich – auch, weil dieses Verbot das Begehren erst entstehen lässt, die scheinbar verworfene Welt kennen zu lernen. Diese Dynamik des elterlichen Verbotes wird im weiteren Verlauf der Szene umgesetzt. Hinter dem Rücken des Vaters wird eine Intrige gesponnen und das Verhalten der Figuren zum Spiel, zur Komödie – und zwar, um die Komödie besuchen zu können. Desportes schickt den Vater aus dem Raum, um mit Marie einen gemeinsamen Gang ins Theater zu verabreden. Im Anschluss daran wird das Verhalten der kollaborierenden Figuren, also von Marie und Desportes, – durch ihren Informationsüberschuss, durch die verstohlenen Gesten – zum erotisierten Komödienspiel. „Die Situation zwischen Marie und Desportes entwickelt eine erotische Dynamik, die von beiden Seiten lustvoll vorangetrieben wird." (Hallensleben 1994, 231) Sie spielen dem Vater etwas vor, wobei dieses Spiel durch das Leitsymbol der Szene, durch die Zitternadel, die Desportes zu erwerben gedenkt, gedoppelt wird. Der Adelige fragt Marie: „Zu welcher riethen Sie mir? (*Marie lächelt, und sobald der Vater beschäftigt ist, eine herauszunehmen, winkt sie ihm zu.*) Wesener: Sehen Sie, die spielt gut, auf meine Ehr'." (S, 15) Gemeint ist das Schmuckstück, doch zugleich auch Marie; nicht nur die Zitternadel „spielt", sondern auch die Tochter. Allerdings wird diese 'Komödie' zum Anlass für die Tragödie; der Komödienbesuch läutet den sozialen Abstieg Maries ein. Die Stücke, die bei diesem verbotenen Ausflug zur Aufführung gelangen, Favarts harmloses Drama *La chercheuse d'esprit* und Merciers gesellschaftskritisches Stück *Le déserteur*, scheinen dabei für das weitere Geschehen keinerlei Relevanz zu besitzen.

Komödienspiele

Die in dieser Episode angedeutete reflexive Dimension wird in der nächsten Szene ausgeweitet, die sich insgesamt auf einer Metaebene bewegt. Im Kreise der gemeinen Soldaten und der Offiziere, die sich einer „übertreibende[n] *Geniesprache*" bedienen (Höllerer 1958, 136), wird über Theater und Frauen debattiert. Mündet die Theaterdiskussion in die entgegengesetzten Positionen über Weiblichkeit: „Eine Hure wird immer eine Hure" – „[E]ine Hure wird niemals eine Hure, wenn sie nicht dazu gemacht wird" (S, 21, 22) –, so wird ein enger Zusammenhang zwischen 'Amüsierbetrieb' Theater und Weiblichkeit hergestellt. Dieser Konnex mag zunächst verwundern. Ihm kommt jedoch vor dem Hintergrund der Triebtheorie, die Lenz wiederholt in seinen Werken artikuliert, Plausibilität zu. In der Erzählung *Zerbin* heißt es, durch einen auktorialen Erzähler autorisiert: „Der Trieb ist allen Menschen gemein; er ist ein Naturgesetz." (Lenz 1913, 96) Und in *Die Soldaten* wird dieses Theorem von dem Pfarrer

Theaterreflexionen

Die Triebtheorie von Lenz

Eisenhardt aufgegriffen. Er erklärt: „Der Trieb ist in allen Menschen" (S, 22) und bewegt sich damit auf den Spuren von Lenzens Triebtheorie. Weiblichkeit und Theater werden vor dem Hintergrund dieser Theorie deshalb assoziiert, weil sie beide über das Vermögen verfügen, Triebe als anthropologische Ausstattung des Menschen (des Mannes) zu schüren oder aber zu befriedigen, Triebenergien abzubauen und zu kanalisieren. Die Frau wie das Theater, beides kann der Triebbefriedigung wie ihrer Stimulation dienen. Damit wird auch offenkundig, warum die Soldaten neben den Hofmeistern ein vorzügliches Sujet für Lenz abgeben: Die Soldaten müssen meist lange Zeit auf die Ehe verzichten, vermögen mithin nicht auf diese 'institutionelle Form der Triebbefriedigung' zurückzugreifen. An die Stelle dieser legitimierten Form tritt das Theater als kompensatorische Belustigungs- und Unterhaltungsinstitution oder aber die Liebelei. Die Soldaten halten sich durch Intrigen, Theaterbesuche und Affären schadlos – auf Kosten der Bürgerstöchter. Die Gräfin fasst das gesamte Geschehen des Stückes entsprechend mit den Worten zusammen: „Das sind die Folgen des ehlosen Standes der Herren Soldaten." (S, 117) Die Diskussion über das Theater steht also mit dem Soldatenschicksal, das das Stück zum Thema hat, in engem Zusammenhang, denn ähnlich wie in *Der Hofmeister* geht es um sexuelle Repression und kompensatorischen Triebumgang.

Immanente Poetik

Aus dieser Funktion des Theaters als Unterhaltungsmedium ergeben sich poetologische Richtlinien, die von den Figuren, von dem Pfarrer wie den Soldaten, ebenfalls entwickelt werden. Grundlage dieser poetologischen Bestimmungen ist die Überzeugung, dass das theatralische Geschehen *per se* zur Nachahmung anrege und seine Stoffe deshalb sorgfältig auszuwählen seien. Eisenhardt fragt Mary, seinen Antagonisten: „Ich bitte Sie, beantworten Sie mir eine einzige Frage, was lernen die Herren dort [im Theater; Anm. v. Verf.]?" Dieser antwortet: „Ey was, muß man denn immer lernen, wir amüsiren uns, ist das nicht genug?" (S, 20) Doch für Eisenhardt ist reines Amüsement nicht möglich, denn das Theater zeigt Verhaltensmöglichkeiten und -varianten auf, die zur Imitation anregen. Er erklärt: „Wollte Gott, daß Sie sich blos amüsirten, daß Sie nicht lernten! So aber ahmen Sie nach, was Ihnen dort vorgestellt wird, und bringen Unglück und Fluch in die Familien." (S, 20) Aufgegriffen wird Aristoteles' Lehre von der Nachahmung als anthropologische Grundkonstante des Menschen, eine Lehre, die Lenz auch in seinen *Anmerkungen übers Theater* zugrunde legt. Das Theater habe, so die konsequente Forderung Eisenhardts, diesen Trieb in Rechnung zu stellen; auch 'schlechtes Theater', also schändliches Verhalten, werde nachgeahmt. Daraus ergeben sich Forderungen für die Themen, die auf die Bühne gebracht werden. Eisenhardt führt über die verwerflichen Sujets der Komödie aus: „Einen wachsamen Vater zu betrügen, oder ein unschuldig Mädchen zu Lastern zu unterrichten, das sind die Preisaufgaben, die dort aufgelöst werden" (S, 24) – dieser *plot* gleicht dem des Lenzschen Stückes recht genau. Doch der Pfarrer Eisenhardt entwickelt eine Art Gegenmittel, ein Antidot: eine 'Poetik des Stachels'. Er führt aus: „Aber werden ihm [dem Zuschauer; Anm. v. Verf.] nicht in den neuesten Komödien die gröbsten Verbrechen gegen die heiligsten Rechte der Väter und Familien unter so reizenden Farben vorgestellt, den giftigsten Handlungen, so der Stachel genommen, daß ein Bösewicht da steht, als ob er

Poetik des Stachels

ganz neulich vom Himmel gefallen wäre." (S, 24) In Lenz' Stück werden ebenfalls Angriffe auf eine bürgerliche Familie vor Augen geführt. Allerdings werden diese mit einem „Stachel" versehen, mit dem Stachel der Tragödie, der das „Reizende" des Sujets zurücknimmt. Lenz liefert in dem Gespräch seiner Figuren über das Theater also eine Selbstbeschreibung seiner 'Komödie'. Diese muss notwendigerweise zur Tragödie werden, um die Nachahmung des „Reizenden" zu vermeiden.

Performanz

Theater meint in den *Soldaten* jedoch nicht nur das Geschehen auf der Bühne, sondern, wie bereits angedeutet, auch das Alltagsverhalten der Figuren ist grundsätzlich performativ-theatralisch verfasst. Allerorten wird Komödie gespielt. Das Spiel wird in gewissem Sinne ubiquitär; Lenz versteht sich darauf, das theatralische Potenzial alltäglicher Situationen sichtbar werden zu lassen. Diese Tendenz lässt sich ebenfalls als Absage an den französischen Klassizismus und seine Ständeregel lesen: Das theatralische Spiel, sei es komödiantisch, sei es tragisch, betrifft „jedermann", wie es in den *Anmerkungen übers Theater* heißt; ein jeder vermag zu spielen. Luserke hält entsprechend fest, dass Lenz mit dieser Poetik „einen entscheidenden Schritt über die aufgeklärten Theoretiker des Bürgerlichen Trauerspiels hinaus[geht], er definiert das Drama nicht mehr ständedistinkt, sondern bezieht den Pöbel, den beispielsweise noch Lessing, Nicolai und Mendelssohn in ihrem Briefwechsel über das Trauerspiel für nicht kathartisierbar und damit für rezeptionsuntauglich gehalten hatten, ausdrücklich mit ein als rezeptionsfähige Zuschauerschicht" (Luserke 1993, 78f.) – und auch als produktionsfähige, so könnte ergänzt werden; jedermann spielt. Dass das Alltagsverhalten der Figuren performativ-theatralisch angelegt ist, zeigt ein weiteres 'Liebesspiel' zwischen Marie und Desportes. Es dominieren zunächst körperliche Aktionen, Slap-sticks und Verstellungen; in Szene gesetzt wird ein sinnlich-körperliches Spiel, wie es gemeinhin in der Komödie seinen Ort findet. Marie versucht erneut einen Brief an den verzweifelten Stolzius zu schreiben; Desportes tritt hinzu und will ihr diktieren. „Desportes (*liest ihr über die Schulter.*): Monsieur – Flegel setzen Sie dazu. (*tunkt eine Feder ein und will dazu schreiben.*) Marie (*beyde Arme über den Brief ausbreitend.*): Herr Baron – (*Sie fangen an zu scheckern, so bald sie den Arm rückt, macht er Miene zu schreiben, nach vielem Lachen giebt sie ihm mit der nassen Feder eine große Schmarre übers Gesicht. Er läuft zum Spiegel, sich abzuwischen, sie schreibt fort*)" (S, 50). Der Schreibakt wird zum Liebesspiel, zu einem physisch-komödiantischen Vorgang, zu dem auch gehört, dass Marie mit der Jungfer Zipfersaat ihre 'Komödie treibt'. „Marie (*hier und da launigt herumknicksend.*) Jungfer Zipfersaat, hier hab' ich die Ehre, dir einen Baron zu präsentiren, der sterblich verliebt in dich ist. Hier, Herr Baron, ist die Jungfer, von der wir so viel gesprochen haben, und in die Sie sich neulich in der Komödie so sterblich verschameriert haben." (S, 51) Marie inszeniert ein Spiel, das ihre eigene Situation reflektiert, jedoch als theatralischen Akt zugleich distanziert, indem das Liebesgeschehen auf eine andere Person übertragen wird.

Der Alltag als Spiel

Komödie und Tragödie

Diese Komödie schlägt jedoch zumindest andeutungsweise in die Tragödie um. Wird das „Geschrey und Gejauchz" (S, 52) von Marie und Desportes von draußen hörbar – sie haben den Bühnenraum verlassen –, so bildet diese 'komödiantische Kulisse' des Lachens Hintergrund für das melancholische Volkslied, das die alte Mutter zum Besten gibt. Diese erscheint in der Gestalt einer Parze – sie strickt, *„zählt die Maschen ab"* – und krächzt ein Lied, das baldigen Schmerz prophezeit: „O Kindlein mein, wie thuts mir so weh, / Wie dir dein Aeugelein lachen, / Und wenn ich die tausend Thränelein seh, / Die werden dein Bäckelein waschen." (S, 53) Lachen und Weinen werden verknüpft, ja überlagert; das Komödiantische wird mit dem Tragischen szenisch verklammert. Nach dem Lied erhebt sich die alte Frau und *„geht hinein, sie* [die Lachenden; Anm. v. Verf.] *zu berufen"* (S, 53).

Die Intrigen der Soldaten

Zu dieser 'Alltagstheatralik' gehören auch die zahlreichen Intrigen, die die Soldaten spinnen. Diese stehen dem theatralischen Spiel strukturell nahe, und zwar aufgrund der ungleichen Informationsverteilung, die den Urheber der Intrige zum Regisseur der Aktion werden lässt. Zunächst wird der traurige Stolzius, der sich nach seiner unglücklichen Liaison mit Marie den Soldaten zugesellt – um sich an ihnen zu rächen –, zum Gegenstand einer dieser Aufführungen auserkoren. Haudy und Rammler gebärden sich wie rivalisierende Regisseure, die unterschiedliche Pläne im Sinn haben. Rammler erklärt: „Ihr sollt nur sehen, was ich aus dem Stolzius noch machen will." (S, 46) Doch bald darauf wird er selbst zum Objekt einer Inszenierung. Mary und Haudy planen einen „Spaß"; Haudy erklärt: „Das soll uns eine Komödie geben, die ihres gleichen nicht hat." (S, 47) Rammler wird weisgemacht, der Jude Aaron sei die Geliebte Marys. Rammler, der den Gerüchten auf den Leim geht, schleicht sich in dunkler Nacht verkleidet zu 'ihr' und gibt vor Mary zu sein: „Rammler: Du kennst mich doch, ich bin dein Mann nicht, ich bin Mary. (*zieht sich Stiefel und Rock aus*) Ich glaube, wir werden noch Schnee bekommen, so kalt ist es. (*Mary mit einem großen Gefolge Officieren mit Laternen stürzen herein, und schlagen ein abscheulich Gelächter auf. Der Jude richtet sich erschrocken auf.*) Haudy: Bist du toll geworden, Rammler, willst du mit dem Juden Unzucht treiben?" (S, 55) Dieses 'Spiel' lässt zugleich kenntlich werden, dass die eigentlichen Opfer der Intrigen im Wesentlichen Minoritäten, sprich Frauen und Juden, sind. Es sind die aus der männlichen Ordnung ausgeschlossenen Minderheiten, denen die 'Komödien' der Soldaten übel mitspielen.

Theater als Triebbefriedigung

Unterhalten sich die Soldaten also vornehmlich durch Liebesgeplänkel und Theaterbesuche, so wird Kunst in den Kontext von Triebbefriedigung und Lust gerückt. Kunst vermag Begierden zu schüren, eine Ansicht, die Lenz wiederholt äußert. In seinem Essay *Über die Soldatenehen*, der die gleiche Thematik behandelt und gemeinhin als Gegenstück zu dem Drama *Die Soldaten* gelesen wird, hält Lenz ganz in diesem Sinne fest: „Je geschwinder die Begierden mit den zunehmenden Künsten und Wissenschaften reifen, desto gefährlicher ihre Ehlosigkeit [die der Soldaten; Anm. v. Verf.]." (Lenz 1987, 796) Lenz zeichnet in diesem Text zudem das Bild eines Soldaten, der „alle seine Liebschaften verstohlen machen muß, da er Komödien und verbotene Bücher hat, seine Phantasie zu üben und allenfalls zum Kuppler seiner Begierden zu machen" (Lenz 1987, 797). In seinem Essay entwirft Lenz jedoch ein Gegenmittel, das die Einbildungskraft zu bändigen verspricht. Dieses Gegenmittel soll im Folgenden in einem Exkurs vorgestellt werden.

Über die Soldatenehen

Die Schrift an den König *Über die Soldatenehen* war ursprünglich für den Hof in Weimar (Kagel 1994, 119f.) und Versailles gedacht. Sie entsteht 1776 – allerdings arbeitet Lenz wohl seit 1773 an diesem Text –, wird jedoch erst 1913 gedruckt, nicht zuletzt deshalb, weil Lenz' Bekannte und Freunde intervenieren. Goethe berichtet im 14. Buch von *Dichtung und Wahrheit*, das die Rezeption von Lenz und seinem Werk maßgeblich beeinflusst hat: Lenz „hielt sich überzeugt, daß er dadurch bei Hofe großen Einfluß gewinnen könne, und wußte es den Freunden schlechten Dank, die ihn teils durch Gründe, teils durch tätigen Widerstand anhielten, dieses phantastische Werk, das schon sauber abgeschrieben, mit einem Briefe begleitet, kuvertiert und förmlich adressiert war, zurückzuhalten und in der Folge zu verbrennen." (Goethe 1982, 9) Goethe resümiert, dass Lenz „die Gebrechen jenes Zustandes [...] ziemlich gut gesehen" hätte, die vorgeschlagenen Hilfsmittel seien dagegen „lächerlich und unausführbar" (Goethe 1982, 9). Diese Einschätzung hat sich die Forschung meist zu eigen gemacht. Debattiert wird allerdings, ob Lenz' Vorschläge als Vorgriff auf die Revolution oder aber als reaktionäre Ideen zu verstehen seien. Wilson verbindet diese entgegen gesetzten Einschätzungen; er spricht von gleichzeitiger „Kritik und Affirmation" (Wilson 1994, 52).

Das Urteil Goethes

Lenz nimmt mit seiner Schrift, die der Gattung der Projektemacherei zugeordnet werden könnte, an einer regen Diskussion für und wider ein Bürgerheer teil, wie sie von Montesquieu und Rousseau angeregt wird. Für die Autoren, die sich an dieser Auseinandersetzung beteiligen, ist dabei „die Idee des Bürgerheeres Teil der Argumentationsstrategie im Emanzipationsprozeß gegen Adel und absolutistischen Staat" (Lützeler 1987, 142). Lenz plädiert ebenfalls für ein Bürgerheer – ein kritisch-revolutionärer Aspekt – und geht davon aus, dass der Soldat eines positiven Anreizes bedürfe, um sich restlos für sein Vaterland einzusetzen. Damit vollzieht Lenz den Übergang von einer strafenden zu einer belohnenden, motivierenden Gesellschaftsideologie. Ähnlich wie die pädagogischen Philanthropen der Zeit hält Lenz wenig von Unterwerfung, Strafe und Repression, wenig von „schwarzer Pädagogik". An die Stelle von Strafe und Angst tritt vielmehr die Belohnung und die Gratifikation – ein Konzept, wie es sich zum Ausgang des 18. Jahrhunderts durchzusetzen beginnt. Lenz geht es mithin darum, „die Menschen nicht bloß als Maschinen sondern als Menschen [zu] berechnen" – Berechnung freilich bleibt unabdingbar (Lenz 1987, 791). Der Soldat ist für Lenz erst dann ein guter Untertan, wenn er „begeistert" ist (Lenz 1987, 792); das Genie-Programm wird zum Maßstab einer Alltagspraxis verallgemeinert. Und begeistert ist der Soldat allein dann, wenn er weiß, wofür er kämpft, „es sinnlich lebhaft fühl[t] um sich davon begeistern zu können" (Lenz 1987, 794). Lenz stellt also Sinnlichkeit wie Einbildungskraft in Rechnung und leitet aus der Bedeutung dieser Kräfte ab, dass die Phantasie der Soldaten durch idyllische Familienbilder angeregt werden müsse; Begeisterung stelle sich lediglich ein, wenn der Soldat für seine Familie kämpfen dürfe. In einer emphatischen Anrufung heißt es: „Ihr Monarchen! ach seid ihr so fremd mit der menschlichen Natur geworden, es nicht in seiner ganzen Stärke zu fühlen, was für ein neues Leben, was für wundertätige Kräfte in eure Soldaten strömen müssen, wenn sie für Weiber und Kinder fechten." (Lenz 1987, 798) Ausgehend von dieser Idee entwirft Lenz einen Pakt zwischen Soldaten und Bauern, der auf ökonomi-

Die Idee eines Bürgerheers

Begeisterung durch Imagination

schen Berechnungen beruht. Diejenigen Bauern, so der Plan, die ihre Töchter an Soldaten verheiraten, werden von Abgaben und Zöllen befreit. Zudem vermögen die soldatischen Ehemänner, die zu gewissen Zeiten, im Glücksfall zur Ernte, heimgeschickt werden, ihren Schwiegervätern unter die Arme zu greifen, könnten mithin als billige Arbeitskräfte eingesetzt werden. Vorteil dieses Arrangements sei es, dass die Einbildungskraft der Soldaten mit sehnsuchtsvollen Bildern beschäftigt sei. Lenz erklärt: „Dergleichen Eindrücke verlöschen sich nie, sie erwachen im Schlachtfelde, im Augenblick der Gefahr, er sieht sein Weib mit Ähren und Trauben bekränzt ihm liebevoll entgegen kommen, ihn nach dem halbjährigen Entbehren, Sehnen und Unruhe, nach dem Schwitzen und Arbeiten auf beiden Seiten, er sie zu beschützen, sie ihn zu erhalten, wieder an ihre volle Brust drücken, wo die Gesundheit und die Freude ihm entgegenbläht." (Lenz 1987, 799) Damit fungiert die Frau freilich auch in diesem Entwurf lediglich als geeignetes Objekt der Triebarbeit; sie wird in diesem emphatischen Bild zur Ceres, zur Natur, verklärt, die die Blessuren der Zivilisation, genauer: des Krieges, heilt. Wilson hält in zugespitzter Manier fest: „Zum Kern der 'Vision' gehört es, daß die Frau zur Prostituierten für den Staat wird, sie wird auf ihre sexuelle und reproduktive Funktion beschränkt und dazu noch ihrer Kinder beraubt." Die Beteiligten „werden alle für den Staat instrumentalisiert, die Mutter als Gebärmaschine, Vater und Sohn als Kampfmaschinen – im Widerspruch zu Lenz' expliziter Abneigung gegen die bisherige Zurichtung der Soldaten zu 'Maschinen' im Absolutismus" (Wilson 1994, 59). Die bürgerliche Familienordnung, die Lenz beschwört, stelle lediglich, so Wilson, einen Deckdiskurs dieser repressiven Phantasie dar.

Die Frau als Heilkraft

Der Essay und das Drama

Damit hat Lenzens Plan mit den Vorschlägen der Aristokraten, wie sie zum Schluss des Stückes *Die Soldaten* vorgestellt werden, einiges gemein: In der ersten Fassung des Dramas wird überlegt, ob den Soldaten nicht schlichtweg Prostituierte zur Verfügung gestellt werden sollen. In der zweiten Fassung, die auf Anregung Herders entsteht, führt der Obrist Graf von Spannheim aus: „Schon Homer hat, deucht mich, gesagt, ein guter Ehmann sey ein schlechter Soldat. Und die Erfahrung bestätigts. – Ich habe allezeit eine besondere Idee gehabt, wenn ich die Geschichte der Andromeda gelesen. Ich sehe die Soldaten an wie das Ungeheuer, dem schon von Zeit zu Zeit ein unglückliches Frauenzimmer freywillig aufgeopfert werden muß, damit die übrigen Gattinnen und Töchter verschont bleiben. Gräfin: Wie verstehen Sie das? Obrister: Wenn der König eine Pflanzschule von Soldatenweibern anlegte; die müßten sich aber freylich denn schon dazu verstehen, den hohen Begriffen, die sich ein junges Frauenzimmer von ewigen Verbindungen macht, zu entsagen." (S, 117f.) In dieser zweiten Fassung gibt die Gräfin zumindest zu bedenken und deutet damit eine andere, weibliche Perspektive an: „Wie wenig kennt ihr Männer doch das Herz und die Wünsche eines Frauenzimmers." (S, 118) Lenz spielt also in seinen theoretischen Texten wie in seinen Dramen unterschiedliche Lösungen des gleichen Problems durch; er bezieht wiederholt wechselnde Positionen (Krämer 1974, 32).

Weiblichkeit als Opfer

Allerdings fungiert in seinen Projekten wie in seinem Drama *Die Soldaten* Weiblichkeit als Mittel, um die patriarchale Gesellschaft zu stabilisieren. Diese patriarchale Dynamik zeigt sich in den *Soldaten* im Übrigen auch dann, wenn der gekränkte Stolzius nicht etwa Marie zu Hilfe eilt, sondern die Ermordung des Rivalen plant und durchführt. Der Frau wird – so zeigt sich in dem Plan des Obristen – die Funktion des Opfers zugeschrieben, das die Ordnung der männlich dominierten Gesellschaft herstellt. Oder Weiblichkeit als phantasmagorisch-sinnliche Größe erleichtert das männliche Kriegsgeschäft. Damit wird zugleich eine hermetische Grenze zwischen den Geschlechtern errichtet sowie eine Disziplinierung und Festlegung der Geschlechterrollen vorgenommen (Wilson 1994, 62). Der Soldat ist vollgültiger Vertreter der patriarchalen Macht, ist Beschützer, „nun auch im atavistischen Sinne des gewalttätigen Kriegers" (Wilson 1994, 63); die Frau wird beschützt, als Mutter, oder aber sie ist Unterhalterin, also Prostituierte. Lenz' Militärphantasien sind also auch vor dem Hintergrund eines sich modifizierenden Geschlechterdiskurses um 1800 brisant. „Die liebende Passivität, die der Frau zugemutet wird, reagiert [...] auf eine Krise in der Differenzierung der Geschlechter, welche sozialhistorisch auf die Neudefinition der Geschlechtscharaktere zurückgeht, die sich in der zweiten Hälfte des 18. Jahrhunderts vollzieht." (Kagel 1994, 127) Zudem deutet sich in Lenz' Schrift eine grundlegende Militarisierung der Gesellschaft an (Müller 1984, 149). Denn der Soldat fungiert in Lenz' Entwurf als Platzhalter für den Mann überhaupt, repräsentiert „stellvertretend für die gesamte Gesellschaft die Verschränkung von Sexualität und Aggressivität, von Begehren und Macht" (Luserke 1993, 97).

Theoriekritik

In Lenz' Drama allerdings besteht, anders als in seinem Essay, eine Spannung zwischen den theoretischen Konzepten, die die Figuren äußern, und dem dramatischen Geschehen selbst. Diese Diskrepanz kann als Theoriekritik gelesen werden; zudem werden die Positionen der einzelnen Figuren durch dieses Verfahren relativiert. Bei Lenz, wie später bei Hauptmann, erreicht die Theorie das Leiden des Einzelnen nicht. Der Schluss von *Die Soldaten* ist entsprechend doppelt angelegt; Vater und Tochter finden in einer tragischen Vereinigung zusammen; es heißt im Nebentext: „*[B]eyde wälzen sich halb todt auf der Erde.*" (S, 116) Doch die Gräfin verweigert ausdrücklich, sich mit diesem verzweiflungsvollen Schicksal näher zu befassen; sie fragt: „Haben Sie die beyden Unglücklichen gesehen? Ich habe das Herz noch nicht. Der Anblick tödtete mich." (S, 116) Von dieser Verweigerung aus nimmt die theoretische Diskussion der Adeligen ihren Lauf; der Debatte ist mithin eine Distanz zum konkreten Schicksal der Figuren eingeschrieben und sollte nicht als Stellungnahme des Autors missverstanden werden (Lützeler 1987, 144). Vielmehr lässt sich der Schluss „als Parodie und Kommentar zur aufklärerischen Gattungspoetik verstehen, mit deren Absichten sie nichts gemein hat [...]. Insofern distanziert sich der Autor auch von aller lehrhaften Intention des Dramas, ohne freilich auf dessen Lehre zu verzichten." (Kagel 1994, 118) Geschehen und Lehre entsprechen sich also nicht, eine Diskrepanz, die zum „Wirklichkeitsmodell des offenen Dramas" gehört (Höllerer 1958, 145).

Aufklärungskritik

Formuliert Lenz' Drama eine Kritik an aufklärerischen Positionen, so betrifft diese Kritik an idealistisch-utopischen Konzepten auch den einfühlsamen Pfarrer Eisenhardt. Dieser bricht eine Lanze für verführte und vergewaltigte Frauen. Sein Kredo lautet: „[E]ine Hure wird niemals eine Hure, wenn sie nicht dazu gemacht wird." (S, 22) Gleichwohl unterbindet er die boshaft-komödiantischen Spiele der Soldaten nicht, als diese in dem verletzten Stolzius ein neues Opfer wittern. Als sie ihre Pläne schmieden, wendet sich Haudy an den Pfarrer und fragt: „[E]ines Menschen Leben ist doch kein Pfifferling?" Eisenhardt antwortet: „Ich menge mich in Ihren Kriegsrath nicht." (S, 38) Mit dieser Antwort macht er seinem Namen alle Ehre. Ähnlich wie in dem Drama *Der Hofmeister*, in dem das Aufklärungsethos an diversen Stellen einer Kritik unterzogen wird, wird in *Die Soldaten* dem Denken und Theoretisieren jenseits konkreter Verstrickungen eine Absage erteilt, weil dieses Denken immer schon eine Form von abstrahierendem Idealismus darstellt, das bei Lenz gemeinhin von sozialer Härte, von Verstößen gegen die Gesetze einer praktischen Vernunft, begleitet wird. Dass diese Idealismuskritik ein vornehmliches Anliegen des Autors ist, zeigt sich in einer Vielzahl seiner Schriften, beispielsweise auch in der Erzählung *Zerbin oder die neue Philosophie*, einer typischen Kindsmordgeschichte, wie sie zum Ausgang des 18. Jahrhunderts florieren. Zerbin ist zunächst ein wahrer Idealist und lehnt jegliche Determinierung des menschlichen Handelns ab: „Er hielt es des Menschen für unwürdig, den Umständen nachzugeben, und diese edle Gesinnung (ich kenne bei einem Neuling im Leben keine edlere) war die Quelle aller seiner nachmaligen Unglücksfälle." (Lenz 1913, 79) Doch Zerbin schwängert aus Frustration ein unbedarftes Mädchen, lässt sie bei ihrer (Tot-)Geburt allein und verhindert auch ihre Enthauptung als Kindermörderin nicht. Lenz schildert in dieser Erzählung, ähnlich wie in *Die Soldaten*, eine Kette verhängnisvoller kleinerer Umstände, die zur Tragödie führen: „Wie vieles kommt auf den Augenblick an, zu wie vielen schrecklichen Katastrophen war nur die Zeit, die Verbindung kleiner, oft unwichtig scheinender Umstände die Lunte!" (Lenz 1913, 93f.) Damit wird gegen das Autonomieethos, den freien Willen, wie ihn die Ethik der Aufklärung voraussetzt, Einspruch erhoben. Von besonderer Brisanz ist dabei, dass Zerbin moralische Vorlesungen zu verfassen beginnt, gleichwohl Marie nicht zu Hilfe eilt; die 'Theoretisierung der praktischen Vernunft' verstößt auch in dieser Erzählung wie in Lenz' *Soldaten* gegen ihre eigenen Imperative.

Zerbin oder die neue Philosophie

Empfindsamkeitskritik

Die Idealismuskritik in den *Soldaten* wird darüber hinaus von einer Absage an die Empfindsamkeitsdoktrin begleitet, weil diese gleichfalls die Triebausstattung des Menschen nicht anerkennt, bzw. Leidenschaft zu Freundschaft zu moderieren versucht. Im vierten Akt, der in der Flucht Maries kulminiert, tritt die Gräfin La Roche auf, die dasjenige Empfindsamkeitsethos vertritt, das beispielsweise Gellert in seinen Vorlesungen und Dramen popularisiert. Vorbild dieser Figur ist die bekannte Schriftstellerin Sophie La Roche, mit der Lenz und Goethe in regem Briefverkehr stehen. Die Rede der Gräfin ist von Leitbegriffen der Empfindsamkeit durchsetzt; sie spricht von dem „empfindliche[n] Herz", das sie ihrem Sohn mitgegeben habe (S, 76), und ihr Tränenreichtum kann ebenfalls als sicheres Indiz gelten. Auch ihr Sohn, der gleichfalls zarte Bande mit Marie unterhält – aus Mitleid, wie er glaubt –, küsst ihr die Hand „mit Thränen" (S, 77). Und der Versuch der Gräfin, der gefallenen Marie als „zärtlichste Freundinn" (S, 79) zu begegnen, weist sie ebenfalls als empfindsame aus. Die Gräfin erklärt ihrem Sohn: „[I]ch weis, daß Jungfer Wesenern nicht in dem besten Ruf steht, ich glaube, nicht aus ihrer Schuld, das arme Kind soll hintergangen worden seyn – Junge Graf (*knieend.*): Eben das, gnädige Mutter! eben ihr Unglück – wenn Sie die Umstände wüßten" (S, 78). Gegen diese fatalen Umstände versucht die Gräfin als *dea ex machina*, anders gesagt: mit patronisierender Fürsorge vorzugehen. Sie sucht Marie, die Bürgerliche, im Hause ihres Vaters auf; es kommt zu einem Gespräch, das allerdings die soziale Differenz zwischen den Figuren nicht aufzuheben vermag, diese vielmehr dokumentiert – durch die Verteilung der Redebeiträge. Die Gräfin dominiert das Gespräch souverän – in ebenso souveräner Verkennung der Situation. Sie hält die Bibel der Empfindsamkeit, Richardsons *Pamela*, für den Anlass allen Übels und erklärt Marie: „Ihr einziger Fehler war, daß Sie die Welt nicht kannten, daß Sie den Unterschied nicht kannten, der unter den verschiedenen Ständen herrscht, daß Sie die Pamela gelesen haben, das gefährlichste Buch, das eine Person aus Ihrem Stande lesen kann." (S, 83) Doch Marie antwortet: „Ich kenne das Buch ganz und gar nicht." (S, 83) Die Argumentation der Gräfin gerät nicht nur zur Apologie der Ständedifferenzen – die Aufstiegssehnsucht Maries belegt sie mit dem Topos der 'verkehrten Welt' (S, 86) –, sondern sie gesellt sich mit ihrem Lösungsvorschlag denjenigen Figuren in Lenz' Werk zu, die dem Trieb mit Askese zu begegnen versuchen. Die Gräfin nimmt Marie zu sich auf ihr Schloss und kaserniert die junge Frau (Luserke 1993, 91). Marie soll leben wie in einem Kloster, so will es die Gräfin; Wenzeslaus, der kleinbürgerliche Asket aus *Der Hofmeister*, propagiert in ähnlicher, allerdings drastischerer Weise Triebverzicht. Doch die empfindsame Gräfin hat, anders als Wenzeslaus, ein Einsehen; sie anerkennt die Relevanz von Imagination und Triebbefriedigung. Als sie das Gespräch zwischen Marie und Mary in der Laube belauscht – ein Verstoß gegen die von ihr verordnete Abstinenzregel – hält sie ihr Experiment für gescheitert und sinniert: „Ich weis nicht, ob ich dem Mädchen ihren Roman fast mit gutem Gewissen nehmen darf. Was behält das Leben für Reiz übrig, wenn unsre Imagination nicht welchen hineinträgt, Essen, Trinken, Beschäfftigungen ohne Aussicht, ohne sich selbstgebildetem Vergnügen sind nur ein gefristeter Tod. Das fühlt sie auch wohl, und stellt sich nur vergnügt." (S, 96) Damit wird der 'sinnlichen Imagination', wie sie Lenz propagiert, erneut das Wort geredet. Das Empfindsamkeitsethos, das Begehren zu Freundschaft zu sublimieren und damit zu entschärfen trachtet (Sauder 1990), gilt in Lenz' Augen als untaugliche Strategie und wird als gescheitertes Experiment vorgeführt. Idealismus und Empfindsamkeitsdoktrin, die der Triebausstattung des Menschen sowie der Bedeutung von Determination keinerlei Rechnung tragen, werden in Lenz' Stücken als unmenschliche Positionen entlarvt.

Sinnliche Imagination

2. Gerhart Hauptmann: *Die Weber*

Der Autor als Empiriker

1881 besucht Hauptmann das Eulengebirge; er macht unter anderem Station in Langenbielau, ein Ort, an dem 1844 der Weberaufstand tobte. Hauptmann, der von einem Redakteur begleitet wird, von einem 'Parteigänger der Roten', Max Baginski (Paschek 1980, 98f.), sammelt Materialien für sein Dialektstück über den Weberaufstand; die erste Fassung, Ende

1881 abgeschlossen, ist mit *De Waber* überschrieben. Ähnlich wie Zola den Autor als schreibenden Empiriker konzipiert, der die Situation der Arbeiter aus eigener Anschauung kennt, begibt sich Hauptmann vor Ort, um Daten zu erheben. Darüber hinaus stützt er sich auf wissenschaftliche Studien, die den Weberaufstand von 1844 zum Gegenstand haben, allem voran auf Alexander Schneers Untersuchung *Über die Noth der Leinen-Arbeiter in Schlesien und die Mittel ihr abzuhelfen* (abgedruckt in Paschek 1980, 39f.). Diese Beschreibung ist für eine Vielzahl der Details in Hauptmanns Stück bis in den Wortlaut hinein vorbildlich, so wenn in Hauptmanns Drama Aussagen über das Verhältnis von Kaufmann und Weber getroffen werden (Walach 1999, 23), wenn über die Vernichtung der Kartoffelernte durch Bodenerosion gesprochen wird (Walach 1999, 19), über die zu leistenden Abgaben der Weber (Walach 1999, 22) oder auch die religiösen Bräuche, beispielsweise über die zentrale Bedeutung der Beerdigung (Walach 1999, 25). Insgesamt kann Hauptmanns Bearbeitung innerhalb der Tradition der bildkünstlerischen und literarischen Adaptionen verortet werden, die die Weberaufstände von 1844 ausgelöst haben. Zu diesen Bearbeitungen gehören z. B. Heinrich Heines Gedicht *Die schlesischen Weber* (1844/47), Karl Schmidlins *Der arme Weber* (1844), Ernst Willkomms Roman *Weiße Sclaven oder die Leiden des Volkes* (1845), Georg Weerths *Romanfragment* (1845/46) sowie Robert Prutz' *Das Engelchen* (1851) (Schildberg-Schroth 1988, 10).

Der Autor als Leser

Zensurskandal

Hauptmann integriert also Beobachtungen, die seiner Zeit entstammen, sowie wissenschaftliche und literarische 'Informationen' über den Aufstand von 1844. Dieser Überlagerung von zeitgenössischem und historischem Material mag es zu schulden sein, dass es zu einem Zensurskandal um die *Weber* kommt. Zwar scheint das Geschehen in tiefer Vergangenheit zu spielen – das Datum 1844 wird ausdrücklich genannt –, doch der Wiedererkennungseffekt (der Unterdrückungs- und Ausbeutungszusammenhänge) ist groß. Der Berliner Polizeipräsident Richthofen verteidigt sein Verbot der öffentlichen Aufführung 1893 „mit der Behauptung, die Staats- und Gesellschaftsordnung von 1844 bestünde noch immer. […] Richthofen fügte hinzu, das Publikum werde 'die in dem Stücke zur Rechtfertigung des Aufruhrs geschilderten Verhältnisse mit der Gegenwart in Beziehung bringen, jene diesen ähnlich finden.'" (Schwab-Felisch 1959, 83) Sprengel kommentiert: „Selten wohl hat sich der Wilhelminische Staat so offen zur Tatsache bekannt, daß sich die gesellschaftlichen Strukturen seit dem Vormärz im Grunde nicht gewandelt hatten." (Sprengel 1988, 121)

Die Masse als *dramatis persona*

Was dieses Stück Hauptmanns aus dramengeschichtlicher wie -technischer Perspektive brisant werden lässt, ist vor allem die Tatsache, dass die Menge, die Masse, zur *dramatis persona* wird. Damit schreibt Hauptmann in gewissem Sinne auch die Gattung des Geschichtsdramas um (Jacobs 1981, 230). Ist in dem Skandalstück *Vor Sonnenaufgang* das soziale Elend der Kohlenarbeiter nicht viel mehr als 'ein Wetterleuchten' (Sprengel 1988, 107) – im Zentrum steht Loth, der eine wissenschaftliche Studie über die Misere der Arbeiter anzufertigen gedenkt –, so wird nun die Masse der verhungernden Weber zum dramatischen Personal. In der Forschung wird zwar wiederholt betont, Hauptmann individualisiere die Masse (Mittler 1985; Martini 1966, 252), doch das trifft sicherlich nicht *in toto* zu (Schlaffer 1972, 99). Lediglich einzelne Figuren heben sich von der gesichtslosen Masse ab, die auf der Bühne in Erscheinung tritt. Mit dieser Darstellungsform, mit dieser Präsentation der Masse, lässt Hauptmann auch die Tradition der bürgerlich-konservativen Darstellung des Weberelends hinter sich. Hauptmanns *Weber*, so betont von Hodenberg, vollzieht eine Synthese der beiden zentralen Rezeptionslinien der Webertragödien, der bürgerlichen und der sozialistischen. In dem halben Jahrhundert nach 1844 „hatte sich die Erinnerung an den Aufstand in zwei konkurrierende, symbolisch stark aufgeladene Mythen gespalten: den des Bürgertums und den der Arbeiterbewegung" (von Hodenberg 1997, 151). Die Bearbeitungen aus dem bürgerlichen Lager, die zahlreichen Gedichte, z. B. von Ferdinand Freiligrath oder Adolph Schirmer (Wehner 1981, 101 f.), favorisieren gemeinhin das Klischee der depravierten, hungernden Kleinfamilie, obgleich dieses Familienmodell in den Weberdörfern nicht vorherrscht (von Hodenberg 1997, 120f.). Zu den beliebten Topoi dieser Darstellungsform gehört die zur Prostitution gezwungene Weberin sowie die Szene der Warenabnahme (Gafert 1973, 212), wie sie auf dem Gemälde von Karl Wilhelm Hübner in prototypischer Weise dargestellt ist (Abb. in von Hodenberg 1997, 116); die Weberdramen von Hippolyt Schaufert und Hermann Semmig z. B. greifen ausdrücklich auf dieses Vorbild zurück wie im Übrigen auch Gerhart Hauptmann. Allerdings ist es im ersten Akt der *Weber* keine Frau, die vor Erschöpfung zusammensinkt – dieses Sujet setzt Hübner ins Bild –, sondern ein Knabe. In der frühsozialistischen Rezeption hingegen, z. B. in Heines berühmtem Weberlied, wird jegliche Individualisierung vermieden und die Revolte „als bewußte, geplante, gezielte Bewegung gegen gemeinsame Feinde charakterisiert" (von Hodenberg 1997, 141). Hauptmann schließt an diese beiden Stränge an und überlagert sie: Er individualisiert und naturalisiert die Revolte zur bewußtlosen Agitation, doch er zeigt sie auch als Massenbewegung. Er nimmt die blutigen Schilderungen, die seine Vorlagen liefern, zurück, moderiert sie, überschreitet auf der anderen Seite jedoch die bürgerliche Darstellungskonvention, indem er z. B. das Lied des *Blutgerichts*, die Hymne der Rebellion, ohne Relativierung wie z. B. in Schauferts Weberdrama einsetzt (von Hodenberg 1997, 154f.).

Konservative und sozialistische Tradition

Dieses Nebeneinander von anonymer Masse und individuiertem Geschehen zeigt sich in *Die Weber* von Beginn an. Bereits der erste Akt – Hauptmann wahrt die Geschlossenheit der Akte aus Gründen der Wirklichkeitsillusion (Sprengel 1988, 130) – ist als Massenszene konzipiert; vor Augen geführt wird, wie den Webern im Haus des Unternehmers Dreissiger – Vorbild ist der Baumwollfabrikant Zwanziger (Walach 1999, 6) – ihre Ware abgenommen wird. Die Weber werden nach und nach vorgelassen. Es kommt zu drei Bittgesuchen, die jedoch allesamt abgewiesen werden, sowie zu zwei Vorfällen, die die epische Funktion haben, die Misere der Weber und die revolutionäre Stimmung zu illustrieren. Das sich gleichförmig wiederholende 'Tauschgeschäft' – Waren gegen Geld – wird durch die Auseinandersetzung zwischen dem rebellischen Bäcker und dem Unternehmer sowie durch den Zusammenbruch eines hungernden Knaben unterbrochen. Der erste Akt endet mit einem demagogischen Monolog Dreissigers, dem die Weber demütig zustimmen. Die drei wiederholten Bittgesuche, die sich an seine 'barmherzige Rede' anschließen, werden er-

Die Masse und der Einzelne

Rhythmisierung

neut abgewiesen. Die eröffnende Massenszene wird also durch eine strenge Rhythmisierung, durch die Wiederholung von individualisierten Einzelaktionen, organisiert.

Auch im folgenden oszilliert das Geschehen zwischen dem verengenden Blick auf exemplarische Figuren, auf eine einzige Weberfamilie, und Massenszenerien. Die Situation der Weber wird dabei durch diverse Boten aus der Fremde, also durch Nachfrage und Kommentare, zur Anschauung gebracht. Im zweiten Akt wird die armselige Hütte der Familie Baumert gezeigt; zugleich wird der prekäre Zustand der Weber in Gesprächen zum Thema: Moritz Jäger, der bislang bei den Husaren gedient hatte, kehrt bei der Familie ein und ermöglicht als neugieriger Fremder die Beschreibung des Leids, das durch seine sprachliche Evokation verschärft wird. Reflexion produziert Rebellion, jedenfalls in Hauptmanns Stück. Im dritten Akt wird dieses Nebeneinander von Deskription der Lage und Aufstachelung noch einmal potenziert. Spielstätte ist ein Wirtshaus, in dem unterschiedliche soziale Gruppen aufeinander treffen; es bildet sich eine größere Gruppe, die durch das Weberlied zusammen geschweißt wird. Im vierten Akt dominiert wiederum ein privater Innenraum, der Wohnraum des reichen Unternehmers, der jedoch von der Masse der Weber umstellt wird. Als Jäger, einer der Anführer, in Gewahrsam genommen wird, steigert sich die Missstimmung, bis es zum gewaltvollen Eindringen und zur Plünderung des Hauses kommt. Und auch im fünften Akt wird ein Innenraum präsentiert, das Arbeits- und Wohnzimmer des alten gottgläubigen Webers Hilse; der herannahende Haufe wird akustisch wie teichoskopisch vergegenwärtigt. Hilse, dem der Zuschauer in diesem Akt ein erstes Mal begegnet, noch dazu an einem Ort, der bislang im Drama nicht erwähnt wurde, lehnt den Aufstand der Weber kategorisch ab, doch er wird, als es zur Auseinandersetzung zwischen Militär und Webern kommt, von einer verirrten Kugel getroffen – an sich ein klassischer Tragödientod, wäre dieser Tod nicht in hohem Maße kontingent. Das Drama Hauptmanns ist also zwischen Tragödie und sozialem Drama angesiedelt, zwischen Einzelschicksalen und Massenbewegungen, zwischen fatalistischem Mitleidsdrama und sozialistischem Revolutionsstück. Die Forschung hat diese Aspekte wiederholt gegeneinander ausgespielt. Ist Martini der Meinung, die *Weber* seien ein Drama der hilflos Leidenden (Martini 1972, 253), beschreibt er ihren Aufstand als triebhaften Taumel, die eigentliche Tragik als nicht realisierte Erlösungshoffnung – die *Weber* enden im Pessimismus, „dem nichts bleibt als ratlose Liebe zur menschlichen Kreatur und rufendes Mitleid zu ihr" (Martini 1972, 259) –, so betont Guthke, dass „das im Transzendenten verwurzelte Lebensbewußtsein Hilses" die eigentliche Botschaft sei (Guthke 1980, 86). Rudolf Mittler hingegen stellt diese Überzeugungen nachdrücklich in Frage (Mittler 1985, 208). Er betont, dass sich die Weber willentlich gegen die aufgenötigten ökonomischen Verhältnisse wehren und das Stück durchaus eine revolutionäre Botschaft übermittle. Eine ähnliche Position wird in der DDR-Germanistik vertreten. Am angemessensten scheint es m. E., die Unentschiedenheit in Hauptmanns Stück festzuhalten und zu beschreiben. „Die dualistische Struktur der *Weber* liegt auf der Hand: revolutionäres Tendenzdrama versus tendenzfreier Realismus der Zustandsbeschreibung; Wirklichkeitsnähe und Weltflucht in den Traum; Wechsel zwischen Natur

Tragödie und soziales Drama

Pessimismus versus Revolution

und Übernatürlichem; ein Changieren zwischen Aktualität und Überzeitlichkeit, Zeitgebundenem und Klassisch-Mythischem." (Rothe 1989, 107) Diesen Oppositionen lassen sich weitere zuordnen. So bewegt sich das Stück auch zwischen naturwissenschaftlicher Genauigkeit und überhöhender Symbolik, ein Nebeneinander, das plausibel werden lässt, warum Hauptmann neben seinen sozialen Dramen auch neuromantische vorlegt – sehr zur Verwunderung des Publikums. 1893 z.B. werden *Hanneles Himmelfahrt*, eine neuromantisch-sentimentale Krankengeschichte, sowie *Die Weber* uraufgeführt (Marx 1998, 85).

Sozialgeschichtliche Präzision

Hauptmanns Stück zeichnet sich zum einen – das lässt bereits die Entstehungsgeschichte vermuten – durch die Präzision der historischen und sozialgeschichtlichen Details aus. So wird beispielsweise eine genaue Analyse wirtschaftlicher Zusammenhänge geliefert, wenn Dreissiger die Schutzzölle anführt, die den Absatz von Webwaren erschweren. Er erklärt: „Das Ausland hat sich gegen uns durch Zölle verbarrikadiert. Dort sind uns die besten Märkte abgeschnitten, und im Inland müssen wir ebenfalls auf Tod und Leben konkurrieren." (W, 72) Gemeint ist die englische Kontinentalsperre, die selbst nach ihrer Aufhebung den Export weiterhin schädigt. Deutschland hingegen verzichtet auf eine ähnliche Schutzsperre. Die „industriell ungleich besser ausgerüstete englische Weberei und Spinnerei hatte mittlerweile überall auf dem Kontinent, auch in Deutschland, bedeutende Teile des Marktes erobert. Bei mehreren Generalkonferenzen des Zollvereins beantragten deshalb die süddeutschen Länder, vor allem Baden und Württemberg, Schutzzölle zugunsten der Leinenweberei. Die Anträge scheiterten am Widerstand Preußens, das 'frei und groß in dem [...] Grundsatze des unbeschränkten Verkehrs beharret'." (Schwab-Felisch 1959, 76) Dabei wird die Situation der Weber zusätzlich durch die steigende Nachfrage nach Baumwolle auf Kosten des Leinens wie durch die Entwicklung von mechanischen Webstühlen in England verschärft (Walach 1999, 33). Die Weber in Hauptmanns Stück betrachten die Maschinen entsprechend als ihre Feinde. Im fünften Akt ziehen die Horden aus, um die maschinellen Webstühle in den Fabriken zu zerstören. Bäcker erklärt zuvor: „Von hier aus geh mer nach Bielau nieder, zu Dittrichen, der de mechan'schen Webstihle hat. Das ganze Elend kommt von a Fabriken." (W, 78) Dabei handelt es sich wohl um Jacquard-Webstühle, die um 1805 erfunden wurden, also eher um veraltete Maschinen (Walach 1999, 33f.).

Maschinenkritik

Lehnsabhängigkeiten

Darüber hinaus wird in Hauptmanns sozialem Drama deutlich, dass die schlesischen Weber weiterhin in Lehnsabhängigkeit arbeiten; neben Abgaben wird 'Robot' verlangt, d.h. unentgeltliche Tagesarbeiten für den Grafen oder Fürsten. Einer der alten Weber beklagt sich: „Da sein zu entrichten Schutzgelder, Spinngelder, Naturalleistungen, da muß ma umsonste Gänge laufen und Howearbeit tun, ob ma will oder nicht. Ansorge: 's is halt aso: was uns d'r Fabrikante iebrich läßt, das holt uns d'r Edelmann vollens aus d'r Tasche. Zweiter alter Weber *hat am Nebentisch Platz genommen*: Ich hab's o 'n gnädijen Herrn selber gesagt. Se werd'n gittigst verzeihn, Herr Graf, meent ich ieber'n, das Jahr kann ich aso viel Howetage eemal ni leisten." (W, 49) Tatsächlich halten sich diese vormodernen Arbeitsformen bis in das 19. Jahrhundert hinein: „[D]ie Arbeit auf [...] landwirtschaftlichen Großunternehmungen wurde noch zum erheblichen Teil [bis weit ins 19. Jahrhundert; Anm. v. Verf.] durch die robotpflichtigen Bauern geleistet, die auch Zugvieh und Ackergerät beizustellen hatten. Die Robot ist, wie bekannt, ursprünglich eine außerordentliche Hilfe in der Not, sie entsprang der Treuepflicht des Untertanen gegen den ihn schützenden Grundherrn." (Brunner 1949, 322) Trotz „der sog. Bauernbefreiung, Aufhebung der Erbuntertänigkeit (1807) und dem Erlaß einer Ablöseverordnung (1821) waren die feudalen Gesellschaftsverhältnisse noch keineswegs überwunden"; auch Spinner und Weber hatten vielmehr „feudale Abgaben und Handdienste" zu leisten, was in Hauptmanns Drama berücksichtigt wird (Walach 1999, 27).

Die Französische Revolution

Zudem wird die sich nach und nach zuspitzende revolutionäre Bewegung, die in Hauptmanns Stück vorgeführt wird, in ihre Tradition eingestellt. Erinnert wird an die historischen Ursprünge der Weberaufstände, an „die aufrührerische Tradition der schlesischen Weber [...], die bereits 1793 gegen die Garnhändler und Kaufleute wegen der zu niedrigen Entgelte revoltierten" (Walach 1999, 30). Das Vorbild der Französischen Revolution verleiht bereits diesem Aufstand von 1793 einen revolutionären Charakter (Schwab-Felisch 1959, 75) und wird auch in Hauptmanns Stück *Die Weber* erwähnt. Der Schmied Wittig – Sprengel vermutet hier eine Reminiszenz an Zolas Stilisierung des Schmieds zur prometheischen Inkarnation des Proletariats (Sprengel 1988, 109) – stellt die rhetorischen Fragen: „Wo wär aso was im guden gangen? Is's etwa ei Frankreich im guden gangen? Hat etwa d'r Robspier a Reichen de Patschel gestreechelt? Da hieß's bloß: Allee, schaff fort! Immer nuf uf de Giljotine! Das muß gehn, allong sangfang. De gebratnen Gänse kommen een ni ins Maul geflog'n." (W, 54) Allerdings lässt dieser Hinweis zugleich die Brüchigkeit der bürgerlichen Ideologie in Erscheinung treten. „Die Verelendung der Heimarbeiter der schlesischen (von der Mechanisierung insbesondere der ausländischen Konkurrenz bedrohten) Textilindustrie in der ersten Hälfte des 19. Jahrhunderts führte den Zeitgenossen exemplarisch die Zerstörung von 'Gleichheit' und 'Brüderlichkeit' durch die Entfaltung unternehmerischer 'Freiheit' vor." (Sprengel 1988, 110) Zu der Präzision, der sich Hauptmann befleißigt, gehört darüber hinaus das Fachvokabular der Weber, das in dem Drama dokumentiert wird. So wird der Vorgang des Kammstechens in einem der Nebentexte ausführlich beschrieben; über die Arbeit des alten Hilse und seines Sohns heißt es: *„Der Alte und sein Sohn beginnen nun die mühsame Arbeit des Kammstechens. Fäden der Werfte werden durch die Augen der Kämme oder Schäfte am Webstuhl gezogen."* (W, 82) Zum Vergleich böte sich damit Goethes Weberbericht aus den *Wanderjahren* an, eine allerdings harmonisierende Schilderung der Schweizer Spinner und Weber in der Phase der Protoindustrialisierung in und um Zürich.

Fachvokabular

Symbolische Überhöhung

Dass jedoch dokumentarische Präzision neben symbolischer Überhöhung steht, zeigt sich bereits in dem eröffnenden Nebentext. Kenntlich wird hier zum einen, dass der Arbeitsprozess allein durch naturwissenschaftliche Errungenschaften rationalisiert zu werden vermag, dass Instrumente und Maschinen den Produktionsvorgang beeinflussen. Pfeifer, der die Ware untersucht, ist mit Lupe, Zirkel und Waage ausgestattet; seine Prüfung gleicht einer wissenschaftlichen Untersuchung: *„Expedient Pfeifer steht hinter einem großen Tisch, auf welchen die zu musternde Ware vom*

Weber gelegt wird. Er bedient sich bei der Schau eines Zirkels und einer Lupe. Ist er zu Ende mit der Untersuchung, so legt der Weber den Parchent auf die Waage, wo ein Kontorlehrling sein Gewicht prüft." (W, 5) Dieser 'prosaisch'-rationalistische Vorgang des Messens wird jedoch symbolisch überhöht. Nicht nur scheint das biblische Wort „gemessen und zu leicht befunden" verbuchstäblicht zu werden – freilich pervertiert –, sondern das Wiegen, das Abwägen, ruft noch dazu die Vorstellung eines (verkehrten) Gottesgerichtes auf. Die Musterung der Ware wird entsprechend als Gerichtsurteil bezeichnet; die Assoziation mit dem jüngsten Tag, mit dem Gerichtstag Gottes, liegt nahe. Es heißt: *„Es ist ein schwüler Tag gegen Ende Mai. Die Uhr zeigt zwölf. Die meisten der harrenden Webersleute gleichen Menschen, die vor die Schranken des Gerichts gestellt sind, wo sie in peinigender Gespanntheit eine Entscheidung über Tod und Leben zu erwarten haben."* (W, 5) Dieser Topos vom (letzten) Gericht wird in der ersten Strophe des Aufstandslieds aufgegriffen, das 1844 wie eine Initialzündung gewirkt hatte (Walach 1999, 15; abgedruckt ebenda, 73 f.). Diese Strophe lautet: „Hier im Ort ist ein Gericht, / noch schlimmer als die Vehmen [gemeint ist das Feme-Gericht; Anm. v. Verf.], / wo man nicht erst ein Urteil spricht, / das Leben schnell zu nehmen." (W, 37)

Visionen und Ekstasen

Diese symbolisch-religiösen Überhöhungen ziehen sich durch das gesamte Drama, kommen beispielsweise auch in den ekstatischen Reden der alten Weber im dritten Akt zum Ausdruck (Schößler 2002, 142 f.). Inmitten der revolutionären Umtriebe kommt es in dem ländlichen Wirtshaus zu einem inspirierten Sprechen auf den Spuren der Pfingst-Glossalalie. Der alte Baumert, der sich recht unvermutet zum Umstürzler mausert, spricht plötzlich 'ekstatisch'. Zusammen mit zwei anderen Webern formiert sich ein prophetischer Chor. Es heißt: „Dritter alter Weber *erhebt sich, vom Geiste getrieben, und fängt an, mit 'Zungen' zu reden, den Finger drohend erhoben*: Es ist ein Gericht in der Luft! Gesellet euch nicht zu den Reichen und Vornehmen! Es ist ein Gericht in der Luft! Der Herr Zebaoth ..." (W, 55). Er wechselt in Hochsprache und spricht in biblischer Diktion; zudem wird im Nebentext eindeutig auf das Pfingsterlebnis Bezug genommen. Dieses emphatische Sprechen wird fortgesetzt, als einer der Weber in Anspielung auf die mosaische Erzählung von der Rotte Korah *„mit gehobener Stimme"* verkündet: „Daher die Helle die Seele weit aufgesperrt und den Rachen aufgetan, ohn alle Maße, daß hinunterfahren alle die, so die Sache der Armen beugen und Gewalt üben im Recht der Elenden, spricht der Herr." (W, 55) In dem naturalistischen Stück *Die Weber* lassen sich gleichwohl Anklänge an Sehertum, Inspiration und religiöse Vision finden.

Religion als Sedativum

Allerdings wird in Hauptmanns sozialem Drama ebenfalls berücksichtigt, dass der Glaube den gesellschaftlichen Zustand, die Ausbeutungsverhältnisse, stabilisiert. Religion wird im Sinne von Marx als Sedativum der proletarischen Bevölkerung verstanden. Der Pastor Kittelhaus weist den aufmüpfigen Hauslehrer Weinhold mit den Worten zurecht: „Seelsorger, werde kein Wanstsorger! Predige dein reines Gotteswort, und im Übrigen laß den sorgen, der den Vögeln ihr Bett und ihr Futter bereitet hat und die Lilie auf dem Felde nicht läßt verderben." (W, 62) Religion besitzt in Hauptmanns Drama also eine doppelte Funktion: Zum einen wird der Topos religiös-ekstatischer Emphase aufgegriffen, um die revolutionäre

Stimmung zu potenzieren und zu auratisieren; zum anderen wird die Funktion der Religion als machtstabilisierende Instanz kenntlich.

Serielles Geschehen

Die genau geschilderten sachlich-funktionalen wirtschaftlichen Zusammenhänge, die das Stück im Sinne einer epischen Zustandsschilderung in Szene setzt, bringen es mit sich, dass die Figuren nicht Akteure sind, sondern zu Spielbällen abstrakter Gesetzmäßigkeiten werden. Signalisiert bereits die Länge des eröffnenden Nebentextes die epische Qualität des Geschehens – nicht die dialogisch-‚autonome' Sprache der Figuren treibt das Geschehen voran und etabliert einen sprachlich erschlossenen Kosmos, sondern es dominieren zeitliche und räumliche Determinanten –, so steht das Geschehen insgesamt im Zeichen der Epik: Gezeigt wird kein einmaliges Geschehen; vor Augen geführt wird vielmehr ein Zustand, eine sich wiederholende, serielle Aktion, ein Vorgang, der sich durch die rhythmischen Wiederholungen derselben Handlungen auszeichnet. Im Nebentext heißt es verallgemeinernd: „*Expedient Pfeifer steht hinter einem großen Tisch, auf welchen die zu musternde Ware vom Weber gelegt wird. Er bedient sich bei der Schau eines Zirkels und einer Lupe. Ist er zu Ende mit der Untersuchung, so legt der Weber den Parchent auf die Waage, wo ein Kontorlehrling sein Geschäft prüft. Die abgenommene Ware schiebt derselbe Lehrling ins Repositorium. Den zu zahlenden Lohnbetrag ruft Expedient Pfeifer dem an einem kleinen Tischchen sitzenden Kassierer Neumann jedesmal laut zu.*" (W, 5) Die Unterhaltungen der Weber können sich allein innerhalb dieses 'Handlungskorsetts', d. h. in den Zwischenräumen, entspinnen. Ihre Rede hat sich nach diesem nahezu maschinellen Vorgang zu richten, der das eigentliche dramatische Subjekt darstellt. So flüstern die Weber (W, 9, 10), oder aber ihnen wird das Wort verboten. Pfeifer verlangt: „Gebt Ruhe dahinten! Man versteht ja sei eegenes Wort nich." (W, 7) Die Rede der Figuren wird den mechanistischen Arbeitsvorgängen untergeordnet; nicht Sprachhandlungen stehen im Vordergrund, sondern die Sprache der Figuren zwängt sich in die Zwischenräume der automatisierten Aktionen. Pfeifer z. B. erklärt: „Ich hab keine Zeit. Abgemacht sela. Was bringt Ihr?" (W, 8) Der Nebentext ergänzt etwas später: „*Schon wieder ein neues Webe in Augenschein nehmend.*" (W, 8) Damit prallen zwei Zeitformen aufeinander, die rhythmische der Maschinen, der Arbeitsprozesse, und die der menschlichen Anliegen. Pfeifer und die anderen Vorgesetzten spulen die Prüfung routiniert ab: „[*O*]*hne sich stören zu lassen*", so geht das Geschehen voran (W, 10). Der mechanisch-iterative Vorgang wird zum eigentlichen Subjekt des Geschehens. M.E. ist damit auch die rhetorische Frage Schlaffers geklärt: „[W]ie aber kann Handlung entstehen zwischen Personen, die alle gleichgerichtet sind, wo also der personale Gegenspieler fehlt?" (Schlaffer 1972, 98)

Die Bedeutungslosigkeit der Sprache

Der Lärm der Maschinen

Die Dominanz der Produktion zeigt sich auch zu Beginn des zweiten Aktes. Dort fungiert die dröhnende Webmaschine als zentrale akustische Quelle; die Sprache der Figuren siedelt sich in den Pausen ihrer Tätigkeit an. Im Nebentext heißt es: „*Das Getöse der Webstühle, das rhythmische Gewuchte der Lade, davon Erdboden und Wände erschüttert werden, das Schlurren und Schnappen des hin und her geschnellten Schiffchens erfüllen den Raum. Da hinein mischt sich das tiefe, gleichmäßig fortgesetzte Getön der Spulräder, das dem Summen großer Hummeln gleicht.*" (W, 22)

Ähnlich wie später in Tollers historischem Drama *Die Maschinenstürmer* wird bei Hauptmann der Lärm der Maschine onomatopoetisch vergegenwärtigt; in der Schilderung (s. o.) herrschen Alliterationen und Assonanzen. Diese omnipräsente Geräuschkulisse verweist die Rede der Figuren in die Pausen des Arbeitsprozesses; der Lärm der Maschinen dominiert das Geschehen. Bezeichnend ist in diesem Zusammenhang, dass ausgerechnet das Geräusch der Webstühle das gesamte Stück initiiert haben soll. Hauptmann berichtet in seiner autobiographischen Schrift *Das Abenteuer meiner Jugend* von 1937, also rund 50 Jahre nach der Entstehung seines Dramas, von einem Geräusch, das ihm das Drama *Die Weber* förmlich aufgedrängt haben soll: „In und um Zürich blühte damals noch, und zwar seit dreihundert Jahren, die Seidenweberei. An den Stühlen saßen Handweber. [...] Das Wuchten des Webstuhles hörte man durch die Wand dringen. Und eines sonnigen Morgens, erinnere ich mich, überfiel mich bei diesem Geräusch der Gedanke: du bist berufen, 'Die Weber' zu schreiben! Der Gedanke führte sofort zum Entschluß." (Hauptmann 1962–74, 1078f.) Das Geräusch wird zum Initiator eines Stückes, das den nonverbalen akustischen Signalen breiten Raum gibt.

Körperliche Deformation

Dieser Vorrang mechanisch-funktionaler Arbeitsprozesse kündigt die Subjektstellung der Figuren auf, die auch in körperlicher Hinsicht als hinfällige, als deformierte, als depravierte Objekte der Maschinen erscheinen. Im eröffnenden Nebentext werden die Weber als *„Geschöpfe des Webstuhls"* bezeichnet: *„Die Männer, einander ähnelnd, halb zwerghaft, halb schulmeisterlich, sind in der Mehrzahl flachbrüstige, hüstelnde, ärmliche Menschen mit schmutzigblasser Gesichtsfarbe: Geschöpfe des Webstuhls, deren Knie infolge vielen Sitzens gekrümmt sind."* (W, 5) Die Figuren werden als körperlich deformierte in Szene gesetzt, ähnlich wie Karl Marx auf die Verletzungen hinweist, die die maschinelle Arbeit dem menschlichen Körper zufügt. Diese physischen Deformationen werden im Verlauf des Stückes mit großer Akribie vergegenwärtigt: August Baumert kann das Essen nicht bei sich behalten, als ihm nach längerer Zeit wieder einmal Fleisch vorgesetzt wird, und zwar der gehätschelte Hund. Einige der Weber werden vom Schlag gerührt oder aber liegen siechend auf dem Krankenbett. Der Knabe Heinrich fällt im ersten Akt vor Hunger in Ohnmacht. Arbeit wird zur Folter, wie es in dem aufrührerischen Weberlied heißt, das das Geschehen refrainartig begleitet und die Zusammenrottung vorantreibt. Entsprechend durchzieht das Motiv der Untoten und Gespenster das gesamte Stück. Die Weber bezeichnen sich selbst als nicht lebend und nicht tot; und wiederholt wird die Sehnsucht nach dem Tod artikuliert, sicherlich auch von der pietistischen Vorstellung angeregt, das Leben sei ein Jammertal.

Ästhetisierung der Frauenfiguren

Anzumerken ist, dass die Frauenfiguren grundsätzlich etwas anders behandelt werden als die männlichen: Ihr Elend wird ästhetisiert. In der ausführlichen Prosaskizze des eröffnenden Nebentextes heißt es: *„Die jungen Mädchen sind mitunter nicht ohne Reiz; wächserne Blässe, zarte Formen, große, hervorstehende, melancholische Augen sind ihnen dann eigen."* (W, 6) Und in dem einleitenden Nebentext des zweiten Aktes wird ein Genrebild entworfen, das die siechenden und sterbenden Frauen zu Schönheiten verklärt. Es heißt: *„Durch zwei kleine, zum Teil mit Papier ver-*

klebte und mit Stroh verstopfte Fensterlöcher der linken Wand dringt schwaches, rosafarbenes Licht des Abends. Es fällt auf das weißblonde, offene Haar der Mädchen, auf ihre unbekleideten, magern Schultern und dünnen, wächsernen Nacken, auf die Falten des groben Hemdes im Rücken, das, nebst einem kurzen Röckchen aus härtester Leinewand, ihre einzige Bekleidung ist." (W, 21) Nicht nur die Faszination Hauptmanns für langes, blond-rotes Haar kommt hier zum Ausdruck, wie es eine Vielzahl seiner Frauenfiguren ziert – beispielsweise Pippa aus dem Glashüttenmärchen *Und Pippa tanzt!*, Wanda aus dem gleichnamigen Zirkusroman und die dämonische Tänzerin aus *Atlantis*. Sondern es wird eine offensichtliche Verklärung der Armut vorgenommen. In Bezug auf die weiblichen Gestalten wird also das Interesse an sozialer Drastik zurückgenommen und die topische Gleichsetzung von Weiblichkeit und Schönheit postfiguriert wie auch die topische Assoziation von Alter und Hässlichkeit. Im Anschluss an die beiden jungen Mädchen wird die Mutter geschildert – in enger Anlehnung an die Tradition der *vetula*, der hässlichen Greisin: „*[E]in Gesicht, abgemagert zum Skelett, mit Falten und Runzeln in einer blutlosen Haut, mit versunkenen Augen, die durch Wollstaub, Rauch und Arbeit bei Licht entzündlich gerötet und wäßrig sind, einen langen Kropfhals mit Falten und Sehnen, eine eingefallene, mit verschossenen Tüchern und Lappen verpackte Brust.*" (W, 21) Sind die männlichen Figuren depravierte Objekte des Arbeitsprozesses, so die weiblichen noch dazu Objekte eines männlichen ästhetisierenden Blickes, der durch die Tradition verbindlicher Weiblichkeitsdarstellungen bestimmt wird.

Topische Weiblichkeitsrepräsentationen

Illusionistische Öffnung des Raums

Was das Stück Hauptmanns in dramentechnischer Hinsicht als Novum erscheinen lässt, ist, wie gesagt, der Umstand, dass die Masse zur *dramatis persona* wird, ohne chorisch-antagonistisch organisiert zu sein, wie z. B. in Schillers Drama *Die Braut von Messina*, oder aber metonymisch, wie z. B. im *Wallenstein*. Zwar werden bei Hauptmann einzelne Figuren exponiert und individualisiert, so der Hüne Ansorge und die Rebellen Bäcker und Jäger. Doch nicht selten dominiert das Bühnengeschehen eine Gruppe, die mithilfe unterschiedlichster Strategien sicht- und hörbar gemacht wird. Im Naturalismus gilt der geschlossene Innenraum für die Bühnengestaltung als verbindlich, so dass die Masse nur bedingt repräsentiert zu werden vermag. Zu diesen Strategien der Vergegenwärtigung gehört beispielsweise die illusionistische Öffnung des Raumes, wie sie auch in Holz/Schlafs Drama *Familie Selicke* und in Ibsens Stücken vorgenommen wird. Vorgesehen sind für die Bühne der *Weber*, wie auch in Hauptmanns Drama *Einsame Menschen*, Glastüren, die die wartenden Arbeiter, also den nächsten Raum, sichtbar werden lassen. Als sich der alte Baumert durch eine dieser Türen zwängt, heißt es im Nebentext: „*Hinter der Tür gewahrt man die Schulter an Schulter gedrängt, zusammengepfercht wartenden Webersleute.*" (W, 7) Damit wird der Bühnenraum erweitert, erneut ein Hinweis auf die epische Anlage des Stückes. Nicht die Sprachhandlung konstituiert den Raum, sondern der Raum wird jenseits des konkreten dramatisch-sprachlichen Geschehens als offener vorgegeben. Diese Ausweitung der Bühne, die in *Die Weber* die Repräsentation der Masse ermöglicht, wird durch das Mittel der Teichoskopie verstärkt. Der vierte Akt der *Weber* ist z. B. grundsätzlich teichoskopisch, also als Mauerschau, angelegt. Der Fa-

Teichoskopie

brikant Dreissiger und die anderen Figuren blicken wiederholt aus dem Fenster, um die sich zusammenrottende Masse zu beobachten und zu kommentieren. „Dreissiger *ist ans Fenster getreten, schiebt eine Gardine beiseite und blickt hinaus. Unwillkürlich*: Bande!!! – Komm doch mal her, Rosa! *Sie kommt.* Sag doch mal: dieser lange, rothaarige Mensch dort!" (W, 63) Diese Vergegenwärtigung des Unsichtbaren wird durch akustische Signale, durch eine komplexe Lautkulisse, intensiviert. Hört man zunächst das Weberlied – die im Wohnraum befindlichen Figuren fordern auf: „Nun hören Sie bloß, hören Sie bloß" (W, 64) –, so wird kurz danach „[*w*]*üstes Gebrüll von draußen*" vernehmlich, als Jäger vor den Unternehmer geschleppt wird (W, 69). Der Zuschauer hört *„Geschrei von unten: Kikeriki -i!! Wau wau, wau!"* (W, 70) Die Masse wird akustisch präsentiert, und zwar durch 'transdiskursive' Äußerungen, durch Lärm und Rufe. Entsprechend wird die Annäherung der Rotte vor allem akustisch erfahrbar. Im Nebentext heißt es: *„Man hört Klimpern von zerbrechenden Scheiben, die im Parterre eingeworfen werden."* (W, 76) Und weiter: *„Einige Sekunden bleibt der Raum leer. Im Salon zerklirren Fenster. Ein starker Krach durchschallt das Haus, hierauf brausendes Hurra, danach Stille. Einige Sekunden vergehen, dann hört man leises und vorsichtiges Trappen die Stufen zum ersten Stock empor, dazu nüchterne und schüchterne Ausrufe"* (W, 77). Auffällig ist in Hauptmanns Drama also zum einen die Bedeutung des Akustischen überhaupt, das nicht unbedingt semantisch organisiert ist. Zum anderen wird in seinem sozialen Drama ein 'transpersonales' Sprechen etabliert, Figur und Rede, Körper und Sprache, werden separiert. Nicht mehr der Einzelne spricht, sondern die Gruppe, die ihre ganz eigene Sprachdynamik entwickelt.

Die Bedeutung des Akustischen

Im fünften Akt von *Die Weber* wird dieses komplexe Arrangement von Teichoskopie und Akustik verstärkt, wobei die auf diese Weise hergestellte Verklammerung von Innen- und Außenraum auf inhaltlicher Ebene wiederholt wird und letztlich die Tragödie nach sich zieht. In diesem fünften Akt geht es darum, dass sich der alte Weber Hilse vor den Geschehnissen, vor dem 'Draußen', nicht zu schützen vermag. Transgredieren die Signale und Worte die Schwelle zum Innenraum, so durchschlägt schließlich eine Kugel das Fenster und tötet den Weber. Dieser fünfte Akt hat der Forschung einiges Kopfzerbrechen bereitet (Jacobs 1981, 232f.; Rey 1982; Sprengel 1984, 86f.; Rothe 1989, 114f.): Das dramatische Geschehen wird nach den extensiven Massenszenen auf eine einzelne Figur zentriert, die an den Ereignissen zugrunde geht. Damit scheint das soziale Drama zur klassischen Tragödienform zurückzukehren; aufgeworfen wurde entsprechend die Frage: „Ist Hilses Tod ein Zugeständnis des Autors an die Tradition, ein Versuch, das epische und insofern unendlich angelegte Sozialdrama durch eine tragische Katastrophe alten Stils zu schließen?" (Sprengel 1984, 87) Hilses Tod wird wie in der klassischen Tragödie als individuelles Ereignis fassbar. Doch zugleich bleibt unplausibel, warum ausgerechnet diese dem Zuschauer unbekannte Figur sterben muss, die sich noch dazu dem Aufstand hartnäckig verweigert und ihm jegliche Berechtigung abspricht. Hilse kann damit nicht im Sinne einer Mitleidsdramaturgie als Opfer der polizeilichen Gewalt angesehen werden, wie sie beispielsweise in den Berichten von Wilhelm Wolff angeprangert wird. Wolff führt über das Massaker bei-

Klassischer Tragödientod?

Die Kontingenz des Todes

spielsweise aus: „In Folge dreier Gewehrsalven blieben sofort 11 Menschen todt. Blut und Gehirn spritzte weit hin. Einem Manne trat das Gehirn über dem Auge heraus. Eine Frau, die 200 Schritte entfernt an der Thüre ihres Hauses stand, sank regungslos nieder. Einem Manne war die eine Seite des Kopfes hinweggerissen. Die blutige Hirnschale lag entfernt von ihm." (Wolff 1845, 190) Doch Hilse ist dezidiert kein Opfer der brutalen polizeilichen Aktionen, deren Gewalt in Hauptmanns Drama noch dazu zurückgenommen wird. Gleichwohl scheint die Individualisierung des Geschehens an eine Mitleidsästhetik anzuschließen.

Revolutionäres Pathos

Zugleich lässt sich der fünfte Akt im Sinne eines revolutionären Pathos lesen. Für diese Lesart sprechen die dramatischen Mittel, die mit der Vergegenwärtigung der Masse in unmittelbarem Zusammenhang stehen: Zunächst dominieren Reden ohne konkret auszumachende Urheber; im Haus des alten Hilse befinden sich mehrere Hausbewohner, deren Stimmen hörbar werden – vielleicht sogar im Nachklang der antiken Chorformation – : „*Stimmen der Hausbewohner:* Hier gäb's o Menschenschinder genug. – Da drieben wohnt glei eener. – Der hat vier Pferde und sechs Kutschwagen im Stalle und läßt seine Weber d'rfiere hungern." (W, 84) Der sich nähernde Weberzug wird durch akustische Signale, durch Glockenklänge, angekündigt. Zunächst ist lediglich „*[f]ernes Glockenläuten*" zu hören; eine der Figuren spricht: „Hört mal: in Reichenbach läuten sie Sturm. Finfzehnhundert Menschen. Der reine Weltuntergang. Unheimlich!" (W, 87) Es wird „*[f]ernes Singen*" hörbar (W, 88), bis das Glockenläuten in unmittelbarer Nähe stattfindet (W, 88). Die Annäherung der (unsichtbaren) Masse wird durch akustische Signale sinnfällig gemacht. Kurz vor Ende des Stückes heißt es: „*Von draußen dringt das Summen und Brausen einer großen Menschenmenge.*" (W, 99) Die mehrfach immanent gegebene Aufforderung „Horcht mal" kann dabei als Rezeptionsanweisung für den Zuschauer gelten. Diese akustischen Signale werden durch teichoskopische Informationen, durch 'Botenberichte', ergänzt. Der Sohn des alten Hilse, Gottlieb, erzählt, noch „*im 'Hause', mit fliegendem Atem*: Ich hab se gesehn, ich hab se gesehn." (W, 88) Die äußeren Geschehnisse, denen sich der alte Hilse zu verweigern versucht, dringen also unaufhaltsam in den Innenraum ein. Entsprechend wird die Grenze, die das Fenster markiert, mehrfach überschritten. Zeigt der alte Hilse durch das Fenster (W, 92), um auf das Jenseits als Ort seiner Hoffnungen zu verweisen, so ruft unmittelbar danach eine „Stimme, *durchs Fenster*: Weber raus" (W, 92). Und es werden Steine durch das Fenster in das Zimmer geworfen. Die Hausbewohner kommentieren: „Da flog a Stein ins Fenster!" (W, 93) Diesen Steinen folgen Schüsse; die erste der drei Warnungen an den widerspenstigen Hilse, der lieber auf Gottes Ordnung als auf menschengemachte Revolutionen baut, lautet: „Vater Hilse, Vater Hilse, geh vom Fenster weg. Bei uns oben ins Oberstiebl is 'ne Kugel durchs Fenster geflogen." (W, 100)

Die Unmöglichkeit des Rückzugs

Die Unmöglichkeit der Distanzierung

Innen- und Außenraum werden also eng miteinander verklammert – akustisch, teichoskopisch wie auch durch die Aktionen der Figuren. Hauptmann legt großes Gewicht auf diese Verzahnung, die zum Schluss des fünften Aktes in gewissem Sinne ein Opfer fordert. Ist die Schwelle zwischen Innen- und Außenraum durchlässig, so heißt das auch, dass eine Distanzierung von den revolutionären Ereignissen nicht möglich ist, dass der Rückzug in einen Innenraum welcher Couleur auch immer, nicht gelingen kann. Der Einzelne vermag sich nicht von den Ereignissen zu isolieren. Zu überlegen wäre damit, ob die Schwelle des Fensters nicht der Rampe gleicht. Auch der Zuschauer, der strukturell dem alten Hilse hinter seinem Fenster ähnelt, ist potenziell von den 'Kugeln' des Geschehens zu erreichen; auch ihn können die politischen Ereignisse attackieren. Die voyeuristische Situation ist keine prinzipiell geschützte. Die Raumgestaltung des Stückes legt also nahe, dass jeder zum aktiv Beteiligten wird, auch wenn er glaubt, nur zuzuschauen. Vor dem Hintergrund dieser Argumentation ließe sich mit Rothe schließen: „Der effektvolle Schluß – Hilses Sterben auf offener Bühne – täuscht nicht darüber hinweg, daß das revolutionäre Potential der *Weber*, ihr 'Prozeß' einer Politisierung und Radikalisierung des Volkes gewichtiger sind als jener Tod, daß der kurz aufblitzende Traum eines von Not und Sklaverei befreiten Lebens mehr zählt als Hilses 'Gewißheet' einer himmlischen Gerechtigkeit, mit welcher Hauptmanns Schauspiel auf der Vordergrundebene ausklingt." (Rothe 1989, 114) Auch Rothe stellt dabei das komplexe Arrangement von visuellen und akustischen Aspekten in Rechnung: Da „auf der Schaubühne die Macht des Optischen (hier Hilses Tod) allemal größer ist als die des Auditiven (Gefechtslärm, Siegesgeschrei hinter den Kulissen), wurde über dem visuellen Vorder- der akustische Hintergrund der *Weber* stets zu niedrig veranschlagt; inwieweit hier ein politisches, antirevolutionäres Vor-Urteil hineinspielte, dem Hilses eindrucksvolle Gottergebenheit gelegen kam, sei dahingestellt." (Rothe 1989, 115) Auf der anderen Seite allerdings – Gafert rekapituliert diese Diskussion (Gafert 1973, 253 f.) – ist es genauso möglich, den Tod des alten Hilse im Sinne eines resignativen Fatalismus zu lesen; das revolutionäre Aufbegehren schlägt in reine Destruktion um. Effekt ist unverschuldetes Leid, der Tod eines Unbeteiligten, über den das Fatum hereinbricht. „So eindeutig bisher das Recht der Weber erschien – es empfängt aus dieser Perspektive eine Relativierung, wenn es sich nun als blind zerstörerische Gewalt darstellt." (Martini 1972, 257) Jacobs hält entsprechend fest, dass der zufällige Tod Hilses auch die „Indifferenz und Blindheit der hier entbundenen Gewalten" zum Ausdruck bringe, wobei Hauptmann das historische Ereignis noch dazu naturhaft gestalte, also nicht im Sinne einer planbaren politischen Bewegung mit bestimmten Motiven und Intentionen. Vornehmlich diese Naturalisierung des historisch-sozialen Vorgangs hat den Protest Brechts hervorgerufen, der sich, obgleich er den Realismus des Werkes schätzte, gegen Hauptmanns pessimistischen Fatalismus stellt (Schrimpf 1977, 254 f.; Jacobs 1981, 236; Rey 1982, 141 f.). Hauptmann nimmt also einerseits eine Entpolitisierung des Stoffes vor, doch andererseits lässt sich der letzte Akt auch als Plädoyer für eine revolutionäre Aktivität lesen, der sich niemand zu entziehen vermag. Vor Augen geführt wird, dass sich die Figuren nicht in einen privaten Raum vor den revolutionären Ereignissen zurückziehen können, dass die Revolution alle erreicht.

Spiele im Spiel

Dieser fünfte Akt lässt darüber hinaus deutlich werden, dass Hauptmanns Stück reflexiv verfasst ist, dass die grundlegende Struktur der theatralischen Situation auf der Bühne wiederholt wird. Hauptmann situiert des Öfteren kleinere Gruppen auf der Bühne, denen die Funktion von immanenten Zuschauern zukommt. Das theatralische Geschehen wird mithin gedoppelt. Die 'Wirklichkeit' ist, ähnlich wie bei Lenz, theatralisch organisiert, und zwar meist im Sinne der Komödie; die immanenten Zuschauer brechen wiederholt in Lachen aus, wodurch die Wirkung des Geschehens potenziert wird. Luise z. B., eine kämpferische Frau, die mit ihrem Mann, dem gottesgläubigen „Gottlieb" unzufrieden ist, stellt die rhetorische Frage: „Und das will a Mann sein?" (W, 89) Daraufhin heißt es im Nebentext: „*Lachen der Leute im 'Hause'.*" Dieses Lachen wird des Öfteren in das tragische Geschehen eingeschaltet. Ebenfalls im fünften Akt kommt es zu folgender Szene: „Stimmen, *durchs Fenster.* Militär kommt. Seht euch vor! *Allgemeines, plötzliches Verstummen. Man hört einen Moment schwach Querpfeifen und Trommeln. In die Stille hinein ein kurzer, unwillkürlicher Ruf:* O verpucht! Ich mach lang! – *Allgemeines Gelächter.*" (W, 97) Dass

Wirkungssteigerung

Hauptmann Tragik und Komik vor allem deshalb zusammenführt, um die Wirkung der Ereignisse zu steigern, wird deutlich, wenn das kleine Mielchen von den Opfern der Militärsalven berichtet, und zwar lachend: „Mielchen *steckt den lachenden Kopf zum Fenster herein.* Großvaterle, Großvaterle, se haben mit a Flinten geschossen. A paare sind hingefall'n. Eener, der dreht sich so ums Kringl rum, immer ums Rädl rum. Eener, der tat so zappeln wie a Sperling, dem man a Kopp wegreißt. Ach, ach und aso viel Blut kam getreescht –! *Sie verschwindet.*" (W, 100) Tragik und Komik werden überblendet, um das Grauen der Nachricht für die Zuschauer zu potenzieren.

Lachen und Theater

Diese plötzlichen Ausbrüche finden sich auch im dritten Akt des Stückes, in der Wirtshausszene. Während der heftig geführten Diskussion bilden sich wiederholt Gruppen, die sich über die Argumente der Gegenpartei erheitern. Jägers Kritik an dem Reisenden wird mit Gelächter quittiert (W, 52). Und als sich der alte Baumert emphatisch für die Rebellion ausspricht, kann sich Wittig vor Lachen nicht halten: „*Unbändig herauslachend.* Ihr Leute, ihr Leute, ich lach mich tot. Der ale Baumert will Rebellion machen. [...] *Er will sich ausschütten vor Lachen.*" (W, 54) Damit wird eine Diskrepanz zwischen Inhalt, sprich: der Webermisere, und komödiantischem Aspekt etabliert, eine Diskrepanz, die den Zuschauer zur Stellungnahme anregt. Dabei wird das wiederholte Gelächter ausdrücklich als theatralischer Akt bezeichnet. Der alte Wittig kommentiert: „Laß ock du die geruhig a bissel a Theater machen." (W, 53) Und im fünften Akt erklärt Hornig auf das Gelächter der Häusler hin: „Gelt, das is amal aso a Theater?" (W, 92) Hauptmann stellt also die theatralische Dimension des Bühnengeschehens aus, und er inszeniert innerhalb der 'Tragödie' Komödien, die die Wirkung seines Stückes steigern.

Dramaturgie der Masse

An Hauptmanns Stück lässt sich also insgesamt ablesen, welche dramentechnischen Eigenheiten es mit sich bringt, wird das große tragische Subjekt suspendiert und die determinierte Masse zum dramatischen 'Akteur'. Zum einen wird die Sprache der Figuren den Arbeitsprozessen unterworfen, Ausdruck ihrer Determination; zum anderen wird das Spektrum an akustischen Signalen über das Diskursive hinaus bedeutend vergrößert, u. a. durch das Lärmen der Maschinen, durch die Rufe der Masse. Zudem wird die Teichoskopie, die die Öffnung des Bühnenraumes ermöglicht, zum probaten, ja ubiquitären Mittel, um die Menge zu repräsentieren. Diese Form der Teichoskopie wie die akustischen Signale, die die Grenze zwischen Innen- und Außenraum durchlässig werden lassen, machen darüber hinaus erfahrbar, dass der revolutionäre Aufstand nirgends halt macht, dass es keine Schutzzonen vor den dramatischen Geschehnissen gibt, auch nicht für den Zuschauer – so die 'revolutionäre' Lesart des Stückes.

3. Marieluise Fleißer

3.1 *Fegefeuer in Ingolstadt*

Die Ingolstädter Trilogie

Fleißers Schauspiel in 6 Bildern *Fegefeuer in Ingolstadt,* 1924 während ihrer Studienzeit in München begonnen, 1926 in einer Matineevorstellung der Jungen Bühne am Deutschen Theater Berlin unter der Regie von Paul Bildt uraufgeführt, stellt den Auftakt ihrer Ingolstädter Stücke dar; die Uraufführung wird im Übrigen von den verfeindeten Kritikern Alfred Kerr und Herbert Ihering einhellig gelobt (Kässens, Töteberg 1979, 8). 1928 folgt *Pioniere in Ingolstadt,* das bei der Premiere am 30. März 1932 in Berlin einen Theaterskandal auslöst. Und das 1930 geschriebene Stück *Tiefseefisch* (Brueckel 1997, 212f.), in dem Fleißer ihre Ehe mit dem Brechtgegner Draws-Tychsen verarbeitet, sollte zunächst mit *Ehe in Ingolstadt* übertitelt werden und die Ingolstädter Stücke zur Trilogie ergänzen. Die Autorin stellt mit diesen Titeln einen konkreten Bezug zu ihrer Heimatstadt her, das heißt zu einem provinziellen Milieu, das in *Der Tiefseefisch* dezidiert gegen das urbane Flair der Berliner Künstlerbohème abgesetzt wird. Nicht zuletzt diesem Lokalbezug mag es zu schulden sein, dass die Forschung vor allem den biographischen Aspekten in Fleißers Werk nachgegangen ist (Tax 1984; Lutz 1989; Sauer 1991). Fortgeführt wird damit zugleich die problematische Überzeugung, weibliches Schreiben (als in geringerem Maße formal gestaltetes) sei grundsätzlich biographisch verfasst, wie Göttel kritisch anmerkt (Göttel 1997, 13f.). In der Forschung hat sich entsprechend das Bild einer instinktiv arbeitenden, unreflektierten Autorin gehalten (Rühle 1972; Lutz 1979). Allerdings verweist bereits der Titel des Erstlings *Fegefeuer in Ingolstadt* jenseits der biographischen Bezüge und des ausgestalteten Regionalbezugs auf Religion und Transzendenz, auf religiöse (Straf-) Phantasien. Der Intendant der Jungen Bühne, Moritz Seeler, der diesen Titel anstelle von *Die Fußwaschung* – Fleißers ursprüngliche Wahl – vorschlägt, erklärt in einem Brief an die Autorin: „Fegefeuer – das ist die allgemeine, die seelische Landschaft, das Metaphysische, wenn Sie wollen; Ingolstadt – das ist die Realität, die irdische Landschaft, der Boden (ohne daß ein bestimmtes Ingolstadt gemeint sein muß!), und die eigentümliche Mischung dieser beiden Elemente macht ja gerade die Bedeutung Ihres Stückes aus." (Kässens, Töteberg 1979, 50) In Fleißers Stück geht es entsprechend um die Soziogramme einer (provinziellen) Gesellschaft, die sich durch Ausschluss, durch Hetzjagden, durch ein „Rudelgesetz", wie es Fleißer selbst nennt (Kässens, Töteberg 1979, 19), stabilisiert, wobei der katholische Glaube, seine Strafphantasien und metaphysischen Visionen diese Ausgrenzungen und Stigmatisierungen stützen, ja forcieren. Fleißers Protagonisten sind Ausgestoßene, verkörpern 'das Andere' der Norm. Die männliche Hauptfigur Roelle wird beispielsweise aufgrund eines körperlichen

Lokalbezug und Transzendenz

Ausschlussmechanismen

Stigmas zum Außenseiter, eine Position, die er willig übernimmt, weil er sich auf diese Weise zugleich zum Auserwählten zu stilisieren vermag. Roelle kompensiert seine Ausgrenzung durch eine Art religiösen Wahnsinn. Das Stück kann entsprechend als ein Stationendrama, als Geschichte einer *passio,* bezeichnet werden: In immer neuen Etappen werden diverse Formen der Demütigung und der kompensatorischen Überhöhung vorgeführt. Dieser 'Ausnahmegestalt' Roelle wird Olga zugesellt, die allein schon aufgrund ihrer vorehelichen Schwangerschaft aus der Gemeinschaft ausgeschlossen wird. Zudem zeichnet sie sich durch eine nur scheinbar beiläufige Überschreitung der Geschlechtergrenzen aus (Göttel 1997, 43f.). Olga eignet sich damit ebenso zur Außenseiterin wie ihr Kompagnon Roelle, demsie sich nach und nach zuwendet; Fleißers Stück erzählt auch von den Unmöglichkeiten einer Liebe zwischen Ausgegrenzten, weil diese notwendigerweise den gesellschaftlichen Druck reproduzieren. Das Drama *Fegefeuer in Ingolstadt* könnte also als Studie über Stigmatisierung und Stigmamanagement gelesen werden, um mit Goffman zu sprechen, als Studie über Individuen, die „von vollständiger sozialer Akzeptierung ausgeschlossen" sind (Goffman 1967, 7). Bezeichnend ist dabei, dass die Ausgrenzung des männlichen Protagonisten im Wesentlichen auf seine Hässlichkeit zurückgeht. Roelle, so monieren die Figuren lautstark, stinke und er habe einen Hals wie ein Wurm, einen Blähals (F, 65; 71). Tatsächlich kommt es Fleißer auf diesen Aspekt an; ihr Bekannter Feuchtwanger habe sie auf die „(interessantere) Psychologie des häßlichen Menschen" hingewiesen (Fleißer 1977, 131). Es ist also seine physische Erscheinung, die Roelle zum 'besonderen Menschen' macht. Entsprechend bezeichnet Goffman die körperliche Auffälligkeit, die freilich durch kulturell-gesellschaftliche Konventionen bestimmt wird, als eine der drei Typen des Stigmas (Goffman 1967, 12). Diese Typen bringen es mit sich, dass das Gegenüber anders wahrgenommen wird, als antizipiert wird, so dass der Eindruck von Einzigartigkeit und Besonderheit entsteht (Goffman 1967, 30). Körperliche Defekte lassen das Individuum in besonderem Maße zu einem diskreditierten Subjekt werden, da dieser 'Mangel' sichtbar ist und nicht über Informationssteuerung verheimlicht werden kann. Hässlichkeit hat „ihren anfänglichen und primären Effekt während sozialer Situationen" (Goffman 1967, 66), wie sie auch von Fleißer geschildert werden.

Stigmatisierungen

Die Bedeutung des Körpers

Neue Sachlichkeit

Wählt Fleißer einen körperlichen Defekt, um ihre Hauptfigur zu isolieren und zum Gegenstand des „Rudelgesetzes" zu machen, so bezeichnet dieses Sujet zugleich den historischen Ort ihres Schreibens. In einer antimetaphysischen Wende rücken in den 20er Jahren Körperpanzer, Physis und Sport ins Zentrum der künstlerischen Aufmerksamkeit. Fleißer selbst schreibt nicht nur Essays über Sport und lässt den Schwimmer zum neuen Helden werden – in dem Roman *Eine Zierde für den Verein* z.B., ebenso in *Pioniere in Ingolstadt* –, sondern versucht noch dazu das Geistige ganz aus der 'Fiber', aus dem Körper, abzuleiten. In ihrem bekannten Essay *Der Heinrich Kleist der Novellen* nähert sie sich dem bewunderten Dichter durch folgendes Verfahren: „Aus der Art seiner Empfindlichkeit stelle ich mir typische Reaktionen auf Reize vor, wie sein Lächeln aufhellend aus seinem Gesicht vorkam, wie er die Schulter hielt, wenn ihm einer daraufblickte. Ich denke selbst noch daran, wie sein geteiltes Haar, ihm fühllos, aus seiner gewärmten Haut wuchs." Es heißt weiter: „Wenn ich mich ihm so angenähert habe, versuche ich mich an einen Punkt heranzutreiben, an dem einem so beschaffenen Menschen die Konzeption, sagen wir einmal der *Marquise von O…*, zuteil werden konnte." (Fleißer 1989, 403) Ganz in diesem Sinne wird in *Fegefeuer in Ingolstadt* die körperliche Konstitution der Figuren zum Ausgangspunkt dramatischer Entwicklungen. Festzuhalten ist darüber hinaus, dass es nicht um körperliche Erfahrungen im allgemeinen geht, sondern um die Erfahrungen von Heranwachsenden. Fleißer thematisiert eine ähnliche Adoleszenzproblematik, wie sie in Wedekinds *Frühlingserwachen* oder auch in Else Lasker-Schülers Stück *Die Wupper* verhandelt wird (Döpper-Henrich 1996, 17f.). Fleißer führt über *Fegefeuer in Ingolstadt* aus, es sei ein Stück über „die rätselhaften Ausbrüche der Pubertät, eingesperrte Lebensangst" sowie über „eine große Einsamkeit all dieser immer nur nehmen wollenden und nicht aus sich heraus gebenden Menschen" (Kässens, Töteberg 1979, 54). „Es war um die Verwirrungen der Pubertät herumgeschrieben, mit Kleinstadtdumpfheit und verklemmt-katholischen Vorstellungen geladen" (Kässens, Töteberg 1979, 54), die in Sadismus umzuschlagen vermögen.

Adoleszenzproblematik

In dem Stück wird also eindringlich vor Augen geführt, welche geistigen, und das heißt auch sprachlichen, Deformationen die gesellschaftlichen Akte der Repression und Ausgrenzung mit sich bringen. Auch in *Fegefeuer in Ingolstadt* manifestiert sich gesellschaftliche Gewalt in diversen Formen von Sprachohnmacht. Fleißer hält fest, dass sie „schon allein durch die Sprache das System kritisier[…]e, das diese Sprache nötig hat" (Lutz 1989, 200). Die Nähe ihrer Kunstsprache zum Dialekt begründet sie dabei durch Komplexität: „Der Dialekt gibt viel mehr her als Schriftdeutsch, ich meine seelisch, und hat die Möglichkeit Zwischentöne auszudrücken, welche die Schriftsprache nicht mehr erreicht." (Fleißer 1973, 345) Zugrunde liegt der sich anschließenden Analyse die überarbeitete Fassung von 1971 aus den *Gesammelten Werken*, in der einige Zusammenhänge klarer ausgearbeitet sind – so betont Fleißer selbst (Fleißer 1972, 438f.; die frühere Fassung ist abgedruckt in Rühle 1972, 105–153).

Dialektale Kunstsprache

Eröffnet wird mit einer intimen Szene im Haushalt der Berotters, in der labile Familienallianzen vor Augen geführt werden. Nicht nur fehlt die Mutter, sondern der Vater, der zunächst als Zentrum der Beziehungsdynamik erscheint, kann seine patriarchal-autoritäre Position nicht ausfüllen. Er leidet bezeichnenderweise an Fallsucht; seine Schwäche wird in verbuchstäblichter Form vor Augen geführt. Insgesamt wird mit dieser Figurenanlage die Genealogie der schwachen Väter, wie sie die Trauerspiele gemeinhin entwerfen – ich erinnere an Odoardo, an den Vater Evchens, an den Schuster in Hebbels Trauerspiel –, fortgeschrieben, jedoch als spezifisches gesellschaftliches Phänomen nach dem ersten Weltkrieg. Fleißer führt in einem Interview über die Situation ihrer Generation aus: „Im Anfang der zwanziger Jahre ist ein Krieg noch gar nicht so lang verloren. Die Illusionen der früheren Generation sind zerstört. Eine Inflation hat den Vätern den Boden unter den Füßen weggerissen und alle betrogen. Die jungen Menschen glauben nicht an die Väter. Sie sind in einer religiösen Erziehung verfangen, aus der sie auszubrechen versuchen. Sie drücken an gegen einen Druck. Alles Vorgeformte stimmt nicht mehr. Sie können aber

Patriarchale Macht als Leerstelle

nichts Neues dagegen setzen. Sie suchen sich zu erlösen und können sich nicht erlösen." (Fleißer 1989, 520) Für die rudimentäre Familie, wie sie in Fleißers Stück gezeigt wird, heißt das, dass die Kinder zu Eltern werden können, die Eltern zu Kindern; die familialen Rollen stehen zur Disposition. Olga fordert ihren Vater in dem eröffnenden Gespräch nach einem aufflackernden Konflikt auf: „Schlag zu, und meine Mutter schlägst du in mir". Berotter antwortet: „Ich kann es nicht. Hört auf mich, wenn ich rede, Fleisch von meiner Anna. *Er stürzt.* Betrachtet mich, wie ich hier liege. Dieser ist es, der mit seiner Anna so hart war. Die Kinder müssen es wissen. *Die Kinder stehen unschlüssig neben dem Vater. Alle heben ihn auf.*" (F, 67) Der Vater, eben noch strafende Instanz, erscheint auf den Spuren Christi als ohnmächtiger und ausgestoßener Leidender. Er erklärt: „Du bist recht. Alle sind recht. Bloß ich bin nicht recht. [...] Ihr müßt euren Vater nicht immer außen stehen lassen." (F, 67) Gleichwohl kann diese Schwäche plötzlich wieder in Stärke umschlagen. Kurz darauf befiehlt der Vater seiner Tochter: „Du hast zu schweigen." (F, 67) Diese Transformationen durchziehen die Konversation insgesamt und sind Ausdruck labiler Familienstrukturen jenseits eines patriarchalen Zentrums. In jedem Sprachakt werden performativ neue Machtverhältnisse und neue Allianzen hergestellt, und zwar mithilfe von unterschiedlichsten Argumenten und Sprachstrategien. Clementine prophezeit ihrer Schwester, die sie erbittert bekämpft: „Du bist von ihr davongelaufen, wie sie tot war. [...] Um dich nimmt sie sich nicht an. Die Mama sieht ins Herz." (F, 68) Dann erklärt sie apodiktisch, mit durchaus komischer Wirkung: „Du kommst einmal nicht in den Himmel. Du mußt in der Hölle brennen, und ich liege in Abrahams Schoß. Olga: Dann willst du mich einmal nicht kennen. Clementine: Ich höre es nicht, wenn du schreist. Der Abstand ist zu groß" (F, 68) – im Übrigen eine Prosafassung des bekannten *De profundis*-Verses. Herangezogen werden also religiöse und familiale Sanktionierungs- wie Gratifikationsmuster, um das eigene Ich aufzuwerten und durch ein Bündnis zu stabilisieren oder aber herabzusetzen. Der Bruder Christian wird beispielsweise der aufbegehrenden Olga zugeordnet. Der Vater erklärt, als dieser auftritt: „Seine Schulmappe wirft man nicht so ins Eck. Heb sie auf und leg sie sorgfältig wieder hin." Clementine, die die Rolle der Mutter im Haushalt übernommen hat, kommentiert: „Das hat er von der Olga." (F, 64) Diesen Allianzbildungen entsprechen die zahlreichen Possessivpronomen, die die Rede der Figuren durchziehen. Wiederholt wird von „seiner Olga" und von „deinem Roelle" gesprochen (F, 65), wobei die possessiven Bezeichnungen zugleich Aneignung und Versachlichung zum Ausdruck bringen. Diese Tendenz zeigt sich auch dann, wenn die anwesenden Figuren einerseits zwar angesprochen werden, andererseits aber zugleich über sie gesprochen wird – zuweilen in einem Atemzug. Berotter, der mit seiner Tochter Olga unzufrieden ist, polemisiert: „Ich möchte wissen, wofür *du* nach der Schule daheim bist. In die Küche geht *sie* nicht." [Herv. v. Verf.] (F, 64) Die Figuren sind zugleich Ansprechpartner und Objekt der Rede, eine kommunikative Bewegung, in der die Sprachsubjekte zu sprachlosen Gegenständen werden. Die verdinglichende Distanz, die sich zwischen den Figuren etabliert – Zeichen einer gestörten Kommunikation – haben diese auch zu sich selbst, wenn sie in verallgemeinerter, anonymer Weise

Labile Allianzen

Vergegenständlichung der personalen Bezüge

über sich sprechen. Olga beispielsweise wirft ihrem Vater vor: „Mein Gesicht war dir nicht recht, das merkt ein Kind." (F, 64) Zugleich ist dieses Sprachverfahren auf den Versuch der Figuren zurückzuführen, sich über Normen, über allgemeine Gesetze und Redeweisen abzusichern, ganz wie es dem Horváthschen Begriff des Bildungsjargons entspricht. Vor allem Roelle montiert z. T. unpassende Begriffe eines elaborierten Codes in seiner Rede, um seinem Verhalten den Anschein von Gesetz und Legitimation zu geben. Er führt z. B. aus: „Wegen der gehe ich kein Haus weiter. Weil das bei mir ostentativ ist." (F, 69) Und er produziert reflexive Distanz, wenn er erklärt: „Dies sage ich mit einer stillen Hartnäckigkeit." (F, 69) Zwischen Figur und Rede entstehen Abstände, weil sich die Figuren selbst zu Objekten werden und in einer verdinglichenden Sprache sprechen, die aus heterogenen Diskurspartikeln zusammengesetzt ist (Göttel 1997, 98). Dabei sprechen die Unterdrückten in der Sprache der Unterdrücker, wie vor allem im Zusammenhang mit den zahlreichen Bibelzitaten deutlich wird. „Roelle kann sein Begehren nach Integration und Menschwerdung nur innerhalb des Diskurses der ihn unterdrückenden Machtinstanzen artikulieren; der Gepeinigte spricht in der Sprache der Peiniger." (Göttel 1997, 94f.)

Bildungsjargon

Diese differenzierten sprachlichen Strukturen, die vornehmlich das Ringen um Macht und Anerkennung in Erscheinung treten lassen, überwuchern das Inhaltliche zu Beginn des Stückes nahezu vollständig. Roumois-Hasler hält fest, dass die Aussage des Stücks „nicht auf der Inhaltsebene der Figurenäußerungen", sondern „indirekt in ihrem kommunikativen Sprechverhalten" liegt (Roumois-Hasler 1982, 146). Die Ereignisse werden entsprechend erst nach und nach transparent: Roelle hat erfahren, dass Olga eine Abtreibung vornehmen lassen wollte, in aller Heimlichkeit, wie es sie freilich in einer kleinen, sich bespitzelnden Gemeinschaft nicht gibt – bei der Ingolstädter Aufführung von Heinz Engels, so berichtet Fleißer, bewegten sich alle „Schauspieler [...] gleichzeitig auf der Bühne, weil in der Kleinstadt nichts verborgen bleibt" (Fleißer 1989, 518). Roelle versucht dieses geheime Wissen zu nutzen, um sein Verlangen nach Olga zu befriedigen, ein Verlangen, das sich zwischen Eros und Sadismus bewegt; Fleißer fokussiert sehr früh „eine sadomasochistische Komponente im Geschlechtermotiv" (Göttel 1997, 100), auch z. B. in der Erzählung *Die Dreizehnjährigen*, die als Vorform des Dramas gelten kann. Bereits in diesem frühen Text findet sich die Drohung, einem Mädchen den Rock anzuzünden, eine Phantasie, die auch Roelle hegt (Fleißer 3 1972, 10). Für Roelle verkehren sich die Flammen seiner Leidenschaft in zerstörerische. Er erklärt rückblickend: „Ich habe bei mir gedacht, gleich zünde ich ihr den Rock an." (F, 72) Erotische Phantasien werden zu sadistischen, die wiederum Selbsthass provozieren; Roelle fügt an: „Und ich war mir zuwider." (F, 72) Doch in der Realität bleibt von diesen pyromanischen Gewaltbildern nicht viel; Roelle steckt sich nach seinem Bekenntnis lediglich eine Zigarette an: „Wenn Sie gestatten, stecke ich mir eine an." (F, 72)

Die Bedeutung der Sprache

Eros und Sadismus

Roelles Auseinandersetzung mit Olga weist damit eine paradoxe Struktur auf: Das Ringen um Anerkennung zieht die Entwertung des Anderen nach sich, von dem Anerkennung verlangt wird. Damit wird Anerkennung im emphatischen Sinne unmöglich. Die Forderungen, die Roelle aufgrund

Die Unmöglichkeit der Anerkennung

seines Wissens erheben kann, lassen Olga zugleich als gefallene Frau erscheinen, als „so eine", wie es wiederholt heißt. Roelle erklärt beispielsweise: „Aber es macht nichts, daß man stinkt, es bringt einen nicht um, eine wie Sie sind." (F, 72) Und als Olga, seinem Verlangen nachgebend, vorschlägt: „Ich will mit Ihnen per Arm gehn vor der ganzen Stadt", entgegnet er: „Mit so einer mag ich mich bald nicht mehr sehen lassen in dem Kaff." (F, 72) Dieses Paradox, dass der Wunsch nach Anerkennung diesen Akt unmöglich werden lässt, weil er erzwungen wird, zeigt sich auch dann, wenn Roelle sein Wissen über Olga einzusetzen versucht, um sie zu einer positiven Aussage über sich und seinen Vater zu bewegen. Ihre frühere Diffamierung, Roelles Vater verkaufe Schnupftabak und stinke, soll sie in die euphemistische Formulierung umwandeln: „Sie haben eine überseeische Handlung, wo es nicht stinkt." (F, 71) Diese neue Version stellt nicht nur lediglich eine bestimmte Negation der ursprünglichen Diffamierung dar. Sondern der Anerkennungsakt wird fragwürdig, weil er das Ergebnis von Repressionen ist. Dieses Dilemma, dass Anerkennung lediglich durch Druck erreicht werden kann, der den Subjektstatus des Anderen aufhebt und den Anerkennungsakt hinfällig werden lässt, durchzieht das gesamte Stück.

Kommunikationsmodell Verhör

Die Bedeutung religiöser Praktiken in *Fegefeuer in Ingolstadt* bringt es mit sich, dass das Kommunikationsmodell des Verhörs in den Mittelpunkt einiger Szenen rückt. Wiederholt werden Beichten abgehalten, und zwar kirchliche, die dann im privaten Raum reinszeniert und zu Gerichtsszenen umgemünzt werden. Bereits im ersten Bild nimmt Roelle die Position des Beichtvaters ein: „Ich frage Sie als Ihr Katechet, dieses Kind Ihrer befleckten Empfängnis, ist es Ihnen ein Gegenstand der Liebe oder des Hasses?" (F, 72) Auch das gesamte zweite Bild ist von dieser Verhörstruktur gekennzeichnet, denn hier wird Roelle zum Opfer eines Verhörs, das sich bruchlos an die zuvor in der Kirche stattgefundene Beichte anschließt. Peps hat Roelles Beichte belauscht; er berichtet: „Olga, du weißt nichts. Er hat den ganzen Beichtstuhl vollgeredet mit dir. Er hat dich beim Namen genannt und dich richtig durchgezogen. [...] Ich bin danebengestanden und habe die Ohren langgemacht, junger Mann. Ich habe alles gehört." (F, 75) In der Kleinstadt gibt es keinen intimen Raum; das Private ist öffentlich, nicht nur indem Gesetze und Vorschriften in das Begehren des Einzelnen eingeschrieben werden, sondern auch, indem die Beichte, die scheinbar intime Rede, öffentlich gemacht wird. Zudem erscheint die religiöse Beichte rückwirkend als eine Art Verhör, wie die Wiederholung dieses Bekenntnisses deutlich werden lässt. Hermine fragt den 'Angeklagten': „Wie war es mit dem Hund?" (F, 77) Roelle hatte dem Tier Nadeln in die Augen gesteckt, denn, so erklärt er nun: „Ich habe gedacht, wenn er schreit, das ist wie meine arme Seele. Die Olga hat mich verstanden." (F, 77) Hermine bemerkt auf dieses Geständnis hin: „Er hat es zugegeben. Ihr seid meine Zeugen. [...] Damit hänge ich ihn beim Lehrer hin, daß er geschaßt wird. Das sind diese schlechten Elemente, die muß man aus der Schule entfernen." (F, 77) Der ausgegrenzte Roelle wird zum Angeklagten, zum Gegenstand von Verhören, die im Namen der 'Normalität' geführt werden. Konsequenz dieses Verhörs im zweiten Bild ist die erneute Stigmatisierung des bereits Auffälligen; Roelle wird nach dieser Szene von der Schule geworfen.

Medizin als Normalisierungsinstanz

Der Protagonist wird jedoch in noch anderer Hinsicht zum Gegenstand des Bekenntnis- und Verhördiskurses. Ähnlich wie Woyzeck zum Objekt dubioser medizinischer Experimente wird, so wird auch Roelle zum Gegenstand wissenschaftlicher Interessen – in einer Szene, die unmittelbar auf das Verhör im zweiten Bild folgt. Damit zeichnet sich eine weitere Stufe der Stigmatisierung ab: Nach dem Ausschluss aus der Schule folgt die medizinische Überwachung sowie die Pathographierung. Protasius, eine der Figuren, die im Vergleich zur Urfassung stärker profiliert ist, tritt auf. Er ist auf der Suche nach seinem Probanden, trifft jedoch nur auf Olga und unterhält sich mit dieser. Damit spiegelt bereits die Gesprächssituation Roelles Objektstatus; er selbst tritt nicht auf, es wird vielmehr über ihn gesprochen. In diesem Dialog wird deutlich, dass auch die Medizin Bekenntnisse und Beichten kennt, die das Innere des Subjekts zu produzieren, zu reglementieren und zu kanalisieren versuchen. Protasius, eine Gestalt, die dem absurden Theater entsprungen zu sein scheint (Göttel 1997, 97), erklärt Olga, dass der Proband „immer so ausgefragt wird und das ganze Innenleben wird nachher aufgeschrieben." (F, 79) Und als ihm Olga erklärt: „Der Roelle wird schon wissen warum, wenn er nicht hingeht", erklärt Protasius: „Dafür fehlt ihm die Übersicht. Weil das so ist, wenn am Knaben sich was ereignet und wir können an ihm unsere Beobachtungen machen, dann wird er verfaßt. Das sind aber die seltensten Menschen, die man verfassen kann, sagt mein Doktor. Wenn der Knabe aus dummem Widerstand ausbleibt, wo schaffe ich dann einen ähnlichen Ersatzmann heran?" (F, 80) Roelles Eigenheiten werden kartographiert. Auch der medizinische Bericht versucht neben der Beichte und dem (alltagssprachlichen) Verhör das Innenleben auszuloten und festzuschreiben. Derselbe Versuch, Intimität, Inneres, Begehren etc. an Regeln zu binden (und damit erst herzustellen), kennzeichnet mithin die Machtdiskurse Katholizismus, Medizin und Pädagogik. Protasius erklärt: „Ich sage, den Knaben darf man nicht so herumlaufen lassen mit seiner Veranlagung. Man weiß nicht, was sich entwickelt. Der Knabe kann eine Gefahr sein." (F, 80) Doch Protasius entpuppt sich als Rattenfänger, sein Wissenschaftsethos desavouiert sich selbst. Er führt aus: „Wir nützen ihn aus [den Knaben; Anm. v. Verf.] und wir spießen ihn auf, aber wir sichern ihm eine Art Unsterblichkeit zu." (F, 81) Bemerkt Olga daraufhin: „Sie werden mir langsam unheimlich" (F, 81), so deutet sich der latente Wahnsinn der Wissenschaft an. Die Wissenschaft, die Normalität zu sichern scheint, wird zum Un-heimlichen, das gegen die von ihr scheinbar gesicherte Normalität verstößt. Am vermeintlichen Wahnsinn von Roelle enthüllt sich also der der Systeme. An späterer Stelle werden im Übrigen zwei weitere Diskurse aufgerufen, die Identität und Normalität festschreiben: die polizeiliche Erfassung und das Bildungssystem. Protasius tritt zusammen mit seinem Kompagnon Gervasius auf – beide tragen sie Heiligennamen, sind jedoch ganz hinterhältige Burschen. Gervasius plant eine Verhaftung, doch sein Freund mahnt an: „Ja, wenn du keine abgestempelte Fotografie hast, dann kannst du auch keinen Menschen verhaften. […] Die mußt du jederzeit herzeigen können, wenn du eine amtliche Handlung vornimmst, sonst sitzt dir die Polizei auf." Gervasius bekennt daraufhin: „Das ist was Merkwürdiges mit deiner Bildung." (F, 98) Die beiden Dispositive Polizei

Polizei und Bildung als Dispositive der Macht

und Bildung werden ebenfalls als Formen der disziplinierenden Normalisierung kenntlich.

Religion als Institution der Ausgrenzung

Dass sich die Systeme zuarbeiten, dass beispielsweise die Religion die Ausgrenzung verschärft, die Pädagogik und Medizin produzieren, wird konsequent im nächsten Bild in Szene gesetzt. Roelle versucht seine angeblichen Engelsvisionen auf dem Marktplatz vorzuführen, um sich als Heiligen feiern zu lassen. Sein religiöser Wahn scheint es ihm also zu ermöglichen, das soziale Stigma in einer Art Stigmamanagement kompensatorisch in eine Heilsgeschichte umzumünzen – schließlich kann Christus als prominente Märtyrerfigur gelten. Vorgesehen ist für dieses Bild eine *backstage*-Bühne. Die Figuren halten sich hinter „einem Zigeunerwagen" auf (F, 81), eine Art Durchgangsstation. Wird zunächst ein Wortgeplänkel zwischen den beiden Ministranten vorgeführt, und zwar mit theatralischem Anstrich – sie wechseln ihre Rollen, schlüpfen in diejenige Roelles –, so folgt auf dieses Spiel die Begegnung von Roelle und Olga, die in einem Unterwerfungsakt von Olga kulminiert. Daran schließt eine Fütterungsszene an – die Mutter Roelles flößt diesem Essen ein. Die eigentliche *performance* bleibt jedoch aufgrund der *backstage*-Situation für die Zuschauer unsichtbar; diese Vorführung wird lediglich hinter der Bühne hörbar. Im Nebentext heißt es: *„Die Ministranten zerren den sich Sträubenden hinter den Wagen auf das Podium"* (F, 98), auf dem Roelle seine Visionen zu demonstrieren versucht. Diese bleiben für die Zuschauer uneinsehbar, ebenso das Aufbegehren der Masse, eine Art radikale Teichoskopie, die den Experimenten Hauptmanns nicht unähnlich ist. Paradoxes Ergebnis dieser öffentlichen Vorführung, die Roelles Außergewöhnlichkeit beweisen sollte, ist ein erneutes Versagen, das jedoch seine *imitatio* eines Märtyrerschicksals verstärkt. Ausgerechnet Roelles Versagen bestätigt seine Auserwähltheit; er wird in Anlehnung an diverse biblische Märtyrerschicksale gesteinigt. Im nächsten Bild firmiert er entsprechend als Schmerzensmann – *„Roelle mit verbundenem Kopf, es kommt Blut durch"* (F, 100) –, und seine Wunde wird, wenn wohl auch nur ironisch, mit dem Lanzenstich Christi in Verbindung gebracht. Roelle ergeht sich in der Klage, die er im Übrigen dreimal wiederholt: „Ich habe mir ein Loch in den Kopf schmeißen lassen" (F, 103). Hermine jedoch antwortet, in Anlehnung an die Geschichte vom ungläubigen Thomas und mit komischem Effekt: „Legen wir drei Finger hinein." (F, 103)

Funktion der biblischen Motive

Damit wird zugleich kenntlich, in welcher Weise sich Fleißer der biblischen Motive bedient. Sie übernimmt Zitate und Topoi im Sinne einer bestätigenden Übernahme, doch verkehrt diese auch, um paradoxe Konstruktionen sowie *double binds* aufzuzeigen und um die Differenz zwischen 'realem' Geschehen und Überhöhungen aufbrechen zu lassen, um die Fallhöhe zwischen biblischer Diktion und Geschehen in komischer Manier auszustellen. Dieses Verfahren wird auch dann eingesetzt, wenn Fleißer den biblischen Topos der Waschung umkehrt – diese Episode ist es, die die Autorin zu ihrem ursprünglichen Titel *Die Fußwaschung* angeregt hatte. Nach der desaströsen Vorführung auf dem Marktplatz stecken die jungen Leute Roelle, den Wasserscheuen, in eine Badewanne und waschen ihn gründlich, für ihn Gipfel der Demütigung. Clementine beschließt: „Wir stecken ihn ins kalte Wasser. Roelle: Das könnt ihr nicht mit mir tun [...] *Sie beginnen ihn zu entkleiden.* Roelle: Ich bin euch nie wieder gut. Christian: Davon fällt dir keiner tot um. [...] Roelle: Ich will bekennen. Ich muß was bekennen, was wichtig ist. Christian: Was? Roelle: Ich bin ein schlechter Mensch. Clementine: Das wissen wir. Roelle: Ihr seid schlechte Menschen. Hermine: Das wissen wir auch. Christian: Dein Tod wird es nicht sein. Mensch, es ist Wasser. Roelle: Halt! Ich will es selber tun. Clementine *drückt ihn hinein*: So, da sitzt du." (F, 110f.) Die Waschung wird zur Folter, die jedoch ihrerseits ironisiert wird – durch die Wasserscheu Roelles. Zudem wird aus dem biblischen Akt der Demut und der Anerkennung, aus der mildtätigen Fußwaschung, in Fleißers Stück ein Akt der Demütigung, die Roelle jedoch wiederum im Sinne seiner *imitatio* nutzt. Er erklärt: „Ich war nackt und ihr habt mich nicht bekleidet." (F, 111) Ein Märtyrer ist und bleibt er.

Massendynamik

Die Verfolgung der stigmatisierten Figuren findet zunehmend in weiteren Kreisen statt und kann so zur Analyse von Massenverhalten und -bewegungen zugespitzt werden, für Fleißer ein unübersehbares Zeichen ihrer Zeit. In ihrem Kleist-Essay führt sie aus, dass die Menschen der Gegenwart „auf ihre Erlebnisse nur mehr mit wenigen typischen, weil ausgesonderten und als zweckmäßig befundenen Reaktionen antworten, während sie so durch einen unausgesetzt wirkenden Terror in ihrem Fundus ganz und gar vergewaltigt sind zu Arbeitssklaven und bloßem Menschenmaterial, während ein neuer Typ des Masse-Menschen entsteht und in Feindschaft gegen jedermann erstarrt, während die Herzen sich systematisch verhärten" (Fleißer 1989, 404). Ganz in diesem Sinne verhärtet sich in *Fegefeuer in Ingolstadt* die Gemeinschaft gegen ihre Außenseiter. Auf Olga, die, eher beiläufig, versucht hat, sich zu ertränken – damit wird das Trauerspiel Hebbelscher Provenienz in gewissem Sinne banalisiert und zurückgenommen – wird buchstäblich Jagd gemacht. Im Nebentext heißt es: *„Von weitem Hetzjagd auf Olga, die sich ein paar Tage im Freien herumgetrieben hat. Pfiffe, Rufe*: Aufhalten! *Ein paar Schüler laufen in die Szene*"; einer der Schüler sagt: „Jetzt wird sie ausgestoßen. Da stellen wir uns hin. *Andere Schüler treiben Olga auf die Szene und kreisen sie dann ein. Wenn Olga sich durchdrängen will, wird sie zurückgedrängt.*" (F, 116) Diese Jagd demonstriert, durchaus im Sinne von René Girard, die gemeinschaftsstabilisierende Funktion des Opfers. Girard hat in seiner viel rezipierten Studie *Das Heilige und die Gewalt* gezeigt, dass in (archaischen) Gesellschaften Opfer gebracht, auserwählte Opfer getötet werden, um die zerstörerischen Binnenkräfte der Gemeinschaft still zu stellen. Diese werden auf den Gewaltakt der Opferung selbst übertragen und die Gruppe auf diese Weise homogenisiert. Einem ähnlichen Sündenbockmechanismus folgt das Geschehen in Fleißers Stück; die Gemeinschaft schließt sich durch ihre Ausschlüsse zusammen.

Die Funktion des Opfers

Die Gemeinschaft der Ausgegrenzten

Darüber hinaus interessiert sich Fleißer für die Begegnung der Stigmatisierten. Roelle und Olga 'vereinigen sich' am Schluss des Stückes im Zeichen eines pervertierten Liebesaktes; ihr Beisammensein steht buchstäblich auf Messers Schneide. „Roelle: Nicht weggehn, ich schreie. Olga: Schreien Sie. Roelle: Hier halte ich mich fest. Da – habe ich ein Messer. *Gibt es ihr.* Stoßen Sie zu, daß es mir die Augäpfel endgültig nach oben dreht. [...] *Olga schwankt, wirft aber das Messer weg.*" (F, 118) Über diesen Augenblick in der Ingolstädter Inszenierung von Heinz Engels führt Fleißer in *Dreimal Fegefeuer* aus, einer Aufführungsbesprechung unter anderem von der Wuppertaler Inszenierung von Ballhausen sowie der Züricher von Flimm: Roelles „langhingezogenes intensives Spiel mit Olga, wenn er ihr das Messer ansetzt, wurde meine Lieblingsszene: dies war ihre Vereinigung, anders konnten sie sich nicht vereinigen" (Fleißer 1989, 518). Eingearbeitet werden in diesen verzweiflungsvollen Dialog existenzielle Bilder der Qual, die an Dantes Höllenfahrt gemahnen. Beide befinden sie sich, so heißt es, „auf der gleichen Stufe des Fegefeuers" (F, 119). Olga spricht: „Auf einem Berg von Ekel haben wir uns zwei Gesichter aufgerichtet, daß sie einander ansehn müssen in Ewigkeit." (F, 118f.) Die Begegnung der beiden Stigmatisierten steht im Zeichen des Todes und des Fegefeuers.

Die Inkorporierung der Gesetze

Anders als in Büchners *Woyzeck* findet in Fleißers Drama jedoch kein Mord an der Frau statt; vielmehr übernehmen die äußeren Ereignisse die Regie. Olga, deren Selbstmord nicht gelingt, kehrt heim, Roelle gesteht seinen Diebstahl und ersehnt die Beichte. Das Schlussbild zeigt, wie er einen Zettel mit Beichtinstruktionen hervorholt, den er zunächst stotternd abliest und dann verspeist. „Roelle: Ich bin im Stande der Todsünde. Ich muß beichten, ich habe es gelernt. Aber ich weiß nichts, ich habe vergessen, wie man es macht. *Er holt einen Zettel hervor.* 'Ich armer sündiger Mensch klage mich an vor Gott dem Allmächtigen und Euch Priester an Gottes statt, daß ich seit meiner letzten Beichte vor wieviel Monaten folgende Sünden begangen habe: – gegen das vierte Gebot, wie oft? gegen das sechste Gebot, wie oft?' […] Das ist mein Zettel für mich, den könnte ich gleich essen. 'Gegen die sieben Hauptsünden – Ich bitte um eine heilsame Buße und um die priesterliche Lossprechung'. Das probiere ich. *Er ißt den Zettel auf.*" (F, 125) Fleißer folgt damit einem Regieeinfall. Roelle nimmt das religiöse System, die Buchstaben des Gesetzes, in sich auf; diese werden seinem Körper und seinem Begehren inkorporiert. Vorgeführt wird in verbuchstäblichter Form, wovon das gesamte Stück handelt: von der Inskription repressiver Gesetze in die Körper, durch Medizin, Polizei und Religion, durch Institutionen also, die die Grenze zwischen Normalität und Wahnsinn bestimmen und damit Ausgrenzungen institutionalisieren.

3.2 *Pioniere in Ingolstadt*

Sozialer Druck als Sujet

Legt Fleißer mit *Fegefeuer in Ingolstadt* eine dramatische 'Studie' über das „Rudelgesetz" vor, so geht es ihr in *Pioniere in Ingolstadt* – die erste Fassung ist ungedruckt; das einzig erhaltene Typoskript ist im Besitz der Autorin – um sozialen Druck und seine Weitergabe, und zwar innerhalb von militärischen Hierarchien, von Arbeitsverhältnissen und vor allem zwischen Mann und Frau. So konnte es zu Kritiken wie folgender kommen; ein empörter Rezensent schreibt: „Es mag sein, daß das Stück dichterischen Wert besitzt, wir wollen dies einmal als möglich unterstellen, aber jedenfalls steht das eine fest, daß man so etwas von einer jungen Dame nicht gutheißen kann." (Fleißer 1973, 115) Bei der Premiere kommt es zu einem Theaterskandal, da Fleißer auf Verlangen Brechts obszöne Szenen einarbeitet. Dieser Skandal wirkt auf Fleißer traumatisch, auch weil sie sich von Brecht verraten und verkauft fühlt (Kässens, Töteberg 1979, 24f.). Brecht ist an der Konzeption des Stückes wesentlich beteiligt. Fleißer notiert: „Anregung von Brecht: das Stück muß keine richtige Handlung haben, es muß zusammengebastelt sein, wie gewisse Autos, die man in Paris herumfahren sieht, Autos im Eigenbau aus Teilen, die sich der Bastler zufällig zusammenholen konnte, aber es fahrt halt, es fahrt! (Genau diese Forderung.) Es muß ein Vater und ein Sohn hinein, es muß ein Dienstmädchen hinein, es muß ein Auto hinein, das von einem Durchreisenden dem Sohn angedreht wird, weil es nicht mehr fährt. Die Soldaten müssen mit den Mädchen spazierengehn, ein Feldwebel muß sie schikanieren." (Fleißer 1 1972, 442) Das Auto allerdings hat Fleißer dann doch nicht auf die Bühne gebracht. In ihrem zweiten Ingolstädter Stück wird jedoch gezeigt, was alles passieren kann, wenn Pioniere in eine kleine Stadt einrücken. Und das kannte Fleißer aus eigener Erfahrung: Bis 1919 sind in Ingolstadt Pioniere stationiert; 1926 werden sie noch einmal aus Küstrin angefordert, um eine Brücke zu bauen (Kässens, Töteberg 1979, 54). Fleißer zeigt, wie sich der soziale Druck, der durch das Erscheinen der militärischen Einheit potenziert wird, umverteilt, d.h. wie er nach unten abgeleitet wird. Dieses 'Gesetz' wird von den Figuren selbst benannt, jedoch eher im Sinne einer heiteren Affirmation ohne Erkenntniswert – *Pioniere in Ingolstadt*, das ist festzuhalten, ist mit *Komödie* untertitelt. Der Feldwebel, der für den Brückenbau seiner Pioniere verantwortlich ist, wird von seinen Vorgesetzten gerüffelt, als das Baumaterial verschwindet; der Schwimmverein reißt sich das Holz für einen neuen Steg unter den Nagel. Dieser Handlungsstrang kommt in der Fassung von 1968 neu hinzu. Wird dem zerknirschten Feldwebel von seinem bierseligen Kompagnon zur Tröstung ganz im Bibelton erklärt: „Die Letzten werden die Ersten sein", so führt dieser aus – mit komischem Effekt: „Ich kann das von hier aus nicht sehn. Weil wir alle Arschlöcher sind, jawoll, und weil der Druck nach unten geht. Und weil sie mich gestaucht haben wegen dem Holz, jawoll." (P, 146) Und er wiederholt: „Je mehr nach unten, desto reißender der Zorn und desto mehr wirkt es sich aus. Der Druck geht nach unten. Fabian: Was machst du damit? Feldwebel: Ich gebe ihn weiter, den Druck." (P, 148) Diese Selbstbeschreibung fasst die Struktur des Stückes bündig zusammen, wobei der untere Rand der Gesellschaft vornehmlich von jungen Frauen in ökonomischen Abhängigkeitsverhältnissen, von Dienstmädchen, gebildet wird.

Brecht

Das Gesetz des Drucks

Allerdings kommt den Frauenfiguren in Fleißers Stück eine doppelte Funktion zu. Erst sie lassen die Hierarchie zwischen den Männern vollkommen sichtbar werden, ja es sind die Frauen, die Macht symbolisieren. Mit Lacan könnte formuliert werden, dass der Mann den Phallus *hat*, die Frau der Phallus aber *ist* und damit die gesellschaftlichen Differenzen signifiziert, d.h. sichtbar werden lässt. Derjenige, der die meisten Frauen um sich schart, ist der machtvollste – ein kulturelles Gesetz, dem Fleißers Drama präzise folgt. Entsprechend versucht jeder der Soldaten sich sein Kontingent zu sichern. Umgekehrt kann ein Versagen auf diesem Gebiet durch die Positionierung in der militärischen Hierarchie wettgemacht werden. Diesen Mechanismus lässt das 4. Bild, eine Bierzelt-Szene, deutlich werden. Der Feldwebel erklärt, als Berta zu Korl, dem Pionier, einem

Frauen als Symbol der Macht

Rangniederen, 'überläuft': „Das sind keine Mädchen für die Mannschaft. Das sind Mädchen für die Dienstgrade, verstanden." (P, 150) Doch der Schwerenöter Korl hält sich nicht an diese Ordre, ja rühmt sich seines leichten Spiels mit Frauen, so dass der Feldwebel drakonischere Maßnahmen ergreifen muss, um seine Demütigung wett zu machen. Er verlangt Korl diverse körperliche Übungen ab; zunächst muss dieser wiederholt grüßen, dann befiehlt der Feldwebel: „Hinlegen! Robben! *Korl muß sich hinlegen und robben.*" (P, 150) Dass die Frau jenseits ihrer Funktion (männliche) Macht sichtbar werden zu lassen, nichtsdestotrotz die letzte Position in diesem Gesellschaftsspiel innehat, wird ebenfalls deutlich. Nach der Auseinandersetzung zwischen Feldwebel und Pionier wird Berta in die Lehren des Liebesleidens eingewiesen. Korl erklärt: „Da kann ich bös sein, wenn eine gut zu mir ist. Die Frau wird von mir am Boden zerstört, verstehst. Da kenn ich keinen Bahnhof." (P, 151) Hatte Korl zuvor im Staub gelegen, so prophezeit er nun Berta, sie „am Boden zu zerstören". Die eigene Demütigung wird auf die Frau verschoben. Korls Lieblingssatz lautet entsprechend: „Einen Fetzen muß man aus euch machen" (P, 168), im Übrigen Worte, die Brecht zugeschrieben werden (Kässens, Töteberg 1979, 21). In dem Verhältnis zwischen Korl und Berta sieht Brecht denn auch, so geht aus dem Programmheft der Berliner Premiere hervor, „die Urform der Liebe [...] noch ziemlich rein erhalten" (Kässens, Töteberg 1979, 21). „Rein", so könnte man sagen, ist diese Beziehung tatsächlich deshalb, weil der Soldat Korl die Frauen als Menschenmaterial betrachtet und selbst als solches behandelt wird (Führich 1992, 48).

Frauen als Objekt der Macht

Unterwerfung und Arbeit

Die Unterwerfungsstrukturen, die in der militärisch-öffentlichen Sphäre herrschen, entsprechen denen im Bereich der Arbeit. Eingeschaltet in die Liebesspiele der Pioniere und die Episoden um den Holzklau sind Gespräche der wohlhabenden Brüder Fabian und Unertl, bei denen Berta als Dienstmädchen beschäftigt ist. Unertl schikaniert Berta in ähnlicher Weise wie der Feldwebel seine Untergebenen (P, 149). Es heißt z.B.: „Unertl [...] [g]*reift aus Schikane nach einem Teller. Zu Fabian:* Schau dir den Rand an, der da sitzt. Berta: Da sitzt kein Rand." (P, 156) Zugleich geben seine Drohungen ökonomische Verdinglichungszusammenhänge preis, wie sie auch in der militärischen Sphäre herrschen. Der Mensch ist im Wesentlichen Material. Unertl beschimpft Berta mit den Worten: „Bilden Sie sich nur nicht ein, bei mir können Sie mogeln. Wenn ich schon zahle, hole ich den Gegenwert aus einem Menschen heraus, ich wäre ja dumm." (P, 157) Und auch das Leitmotiv des Druckes wird in diesem Bereich aufgenommen, wenn Berta antwortet: „Immer drücken Sie drauf, sprengen einen herum." (P, 157) Zur Anschauung gebracht wird in Fleißers Stück mithin die „Gleichheit der Herrschaftsstrukturen des Militärs und des zivilen Lebens. Eine kritische Beschreibung der in der Weimarer Republik fortlebenden Strukturen des monarchischen Obrigkeitsstaates. Einer Gesellschaft ist dann der Vorwurf des Militarismus zu machen, wenn soldatische Verhaltensweisen auch zivile Entscheidungsprozesse bestimmen. Unertl hat dieselbe Macht über das Dienstmädchen Berta wie der Feldwebel über die Pioniere. [...] kaum verwunderlich, daß sich im Dritten Reich nur wenig Widerstand der Einschmelzung der Bevölkerung in die verschiedenen paramilitärischen Organisationen entgegenstellte." (Kässens, Töteberg 1979,

60f.) Entsprechend kommt dem weiblichen Personal auch im Bereich der Arbeit die Funktion zu, die männliche Machtposition auszugestalten. Auch hier fungiert die Frau im Wesentlichen als *copula* zwischen den männlichen Figuren; sie stabilisiert die homosozialen Bezüge. Als der Arbeitgeber von der Liaison Bertas erfährt, ist er nicht nur aufgebrachter Rivale, sondern ergeht sich in erotischen Vorstellungen, die sich an der Begegnung Bertas mit dem Anderen entzünden; er erklärt: „Ich kann einen Lebenswandel verlangen, wenn ich wen aufnehme in meinem Haus. Da können Sie mir ja eine galante Krankheit daherbringen. Sie sind doch nicht läufig." (P, 157f.) Und er bietet sich gar selbst an: „Wir bringen das nämlich auch noch zusammen. So weit brauchen Sie dafür gar nicht laufen. Berta: Ich muß schon bitten. Unertl: Ihr Soldat hat das nicht gepachtet. Wo faßt er Ihnen denn hin?" (P, 158) Berta erscheint ihm vor allem deshalb begehrenswert, weil ein anderer Mann im Spiel ist, weil das Begehren eines Anderen sein Dienstmädchen attraktiv erscheinen lässt – eine Art „mimetisches Begehren", wie es René Girard beschrieben hat. Diese Beziehungsstruktur lässt zugleich kenntlich werden, dass den Frauenfiguren, begeben sie sich auf die Suche nach einem Mann, tendenziell der Status von Prostituierten zukommt, der Status von öffentlichen Frauen, die allen Männern zur Verfügung stehen. Lässt erst das Begehren des anderen (Mannes) das eigene entstehen, so steht die Frau immer schon zwischen zwei Männern, hat den Raum der verbindlichen Zweierbeziehung bereits verlassen. Diese Dynamik bildet Fleißers Stück sehr genau ab, mithin das Paradox, dass das, was die Frau begehrenswert macht (das Verlangen eines anderen Mannes), sie zugleich entwertet; in *Fegefeuer in Ingolstadt* hatte Fleißer ähnliche Paradoxa der Anerkennung in Szene gesetzt. Diese komplexe Beziehungsdynamik bringt mit sich, dass die Zuwendung zu einem anderen Mann in hohem Maße sanktioniert wird. Unertl droht Berta: „Das geht auch anders herum. Sie bringe ich noch auf die Knie, Sie Person. Ich werde Sie schon sekieren. Sie sollen spüren, daß man Sie in der Gewalt hat." (P, 158) Der Arbeitgeber beansprucht also zugleich Liebhaber zu sein – auch in dieser Hinsicht erweisen sich die Sphären, die emotionale wie öffentliche, als analoge, ja identische.

Die Frau als *copula*

Mimetisches Begehren

Dass diese paramilitärische Struktur, die Arbeits-, Privatsphäre und das Militär durchzieht, tatsächlich einen kriegsähnlichen Zustand provoziert, zeigt sich unter anderem im 9. Bild, das auch in dramentechnischer Hinsicht brisant ist. Der Konflikt zwischen Feldwebel und Pionier entlädt sich in einem Sabotageakt. „Korl *klettert am Brückenskelett hoch*: Wenn einer kommt, unseren Vogelpfiff. *Er klettert höher und hantiert an der Verschraubung*. Bunny: Du kannst nicht alle Schrauben lockern, spinnst du, das fällt auf. Du reitest dich in was hinein. […] Korl: Der Schinder soll merken, daß zwischen ihm und der Mannschaft Krieg ist." (P, 155) Nach diesem Akt, der den Krieg im Kleinen vorwegnimmt, kommt es zu einer Gerichtsverhandlung. Doch alle Beteiligten besitzen ein Alibi, eben ihre Bettgeschichte, die hier durch ein einziges Zeichen vergegenwärtigt wird – durch ein Bett. Im Nebentext heißt es: *„Von der Decke senkt sich ein Bett herab, das in der Luft schweben bleibt, sonst bleibt die Bühne leer."* (P, 161) Eine mimetische Theaterpraxis wird also im Namen einer ausgestellten Semiose aufgegeben; vergegenwärtigt wird ein Dingsymbol, das

Paramilitärische Strukturen

Semiotisierung des Geschehens

noch dazu in eine Landschaft aus heterogenen akustischen Zeichen eingelassen wird; visueller und akustischer Eindruck treten auseinander. Es heißt weiter: „*Hinter der Bühne wird mit ruppigen Soldatenstimmen gesprochen*: Eidesstattliche Erklärung Kreszenz Pichler / Eidesstattliche Erklärung Hansi Mittermeier / Eidesstattliche Erklärung Karoline Perger / Eidesstattliche Erklärung Luise Bachl / Eidesstattliche Erklärung Maria Motzer [...] Stimme des Feldwebels: Schert euch zum Teufel!" (P, 161 f.) Damit wird der Einzelfall Berta zu einem seriellen, ist einer unter vielen. Diese Episierung der Situation – der Einzelfall ist Symptom eines Zustandes, so Szondis Definition – wird durch die formalen Mittel forciert, die auf Illusionismus verzichten und durch das verfremdende Kompositum von disparaten visuellen und akustischen Eindrücken die Dechiffrierungsleistung des Zuschauers herausfordern, ihn also vom Geschehen distanzieren. Damit könnte Brechts Bühnenpraxis sowie seine Theorie der rezeptionsästhetischen Distanzierung hier Pate gestanden haben. Brecht selbst hat Fleißers Drama entsprechend als Prototyp des von ihm angestrebten epischen Theaters bezeichnet, in einem Kölner Rundfunkgespräch (1929) sowie in dem Aufsatz *Kurze Beschreibung einer neuen Technik der Schauspielkunst, die einen Verfremdungseffekt hervorbringt* (1940) (Kässens, Töteberg 1979, 30).

Epik

Diese Szene, in der Intimität und Öffentlichkeit eng verklammert sind, trägt innerhalb der eng gegliederten Kette der sich potenzierenden Feindschaften wesentlich zu dem blutigen Ausgang des Geschehens bei. Der Ärger des Feldwebels führt zu weiteren Schikanen, die mit Mord, oder zumindest mit unterlassener Hilfeleistung, beantwortet werden. Als der Vorgesetzte in den Fluss fällt, wird er nicht gerettet, sondern das Seil durchschnitten. Doch auch diese Gewalttat ändert nichts an den Verhältnissen. Der neue Feldwebel, der das letzte Wort hat, „*ist auch nur eine neue Auflage des ertrunkenen Feldwebels.*" (P, 184) Im militärischen Geschäft kann jede beliebige Funktion von Anderen übernommen werden. Entsprechend herrschen in Fleißers Stück mechanische Vorgänge, die die Gruppe als uniformierte erscheinen lassen. Als sich die Pioniere zum Schluss durch einen Fotografen verewigen lassen, kommt es zu folgender Szene, deren stereotypisierendes Gleichmaß kaum zu überbieten ist: „Münsterer: Hier ist die Sammeladresse der Einheit. Sie brauchen nur noch die Namen, wer zahlt. Zur Kasse, wer sein Gruppenbild haben will. Pionier: Jäger – *zahlt.* Fotograf: Jäger – *schreibt.* Pionier: Pfaller – *zahlt.* Fotograf: Pfaller – *schreibt.* Pionier: Angerer – *zahlt.* Fotograf: Angerer – *schreibt.* Pionier: Gernsberger – *zahlt.* Fotograf: Gernsberger – *schreibt.* Pionier: Bachschneider – *zahlt.* Fotograf: Bachschneider – *schreibt.* Pionier: Roßkopf – *zahlt.* Fotograf: Roßkopf – *schreibt*" (P, 183). Die dramatische Aktion erstarrt in rhythmisiertem Gleichmaß, das die Uniformierung der Pioniere zur Anschauung bringt. Das letzte Wort hat entsprechend die Vorschrift – nicht aber eine der Figuren. Der Feldwebel rekapituliert den Verhaltenskodex der Truppe: „Ich erwarte von meiner Mannschaft ein vorbildliches Verhalten und daß mir keine Klagen aus der Bevölkerung kommen. Der Soldat muß wissen, daß er als Staatsbürger in Uniform immer im Blickfeld der Öffentlichkeit steht. Vor dem Verlassen der Kaserne prüft der Soldat seine Uniform." (P, 184 f.) Die „Klagen aus der Bevölkerung" wird diese Truppe nicht mehr vernehmen, ebenso wenig die Zuschauer. Die Sabotageakte wie die erotischen

Die Mechanik des Geschehens

Eskapaden stabilisieren also das hierarchische System, doch treiben zugleich seine Gewalt hervor, die die des Krieges antizipiert. Der Krieg erscheint als saubere Lösung aller Probleme. Korl erklärt über seinen Gegner, den Feldwebel: „So einer wäre schon lang weggeputzt von hinten in einem Krieg." (P, 156) Die paramilitärischen Strukturen, die in sämtlichen Bereichen herrschen, in öffentlichen wie privaten, laufen auf einen neuen Krieg zu.

Sprache und Komik

Allerdings darf nicht übersehen werden, dass *Pioniere in Ingolstadt* zugleich eine Komödie ist. Hinterlässt die Spirale der Gewalt zwar den Eindruck von Tragödie, so sorgt der „Bildungsjargon" gleichwohl für komische Effekte; die Versuche der Figuren, ihre Positionen über Verallgemeinerungen und Gesetze zu sichern, geraten nicht selten zur Farce, wenn sie sich einer Rede bedienen, die sich durch Hyperbolik, durch Übertreibungen, selbst desavouiert. Unertl, in der ersten Fassung noch Benke genannt, drangsaliert seine Bedienstete Berta z. B. mit den Worten – diese Szene wird in der Überarbeitung ausgestaltet: „Der Haushalt ist die gesündeste Abwechslung. Das ist statistisch erwiesen." (P, 137) Unterdrückung und Machtgelüst wird durch Pseudowissenschaftlichkeit gedeckt. Zu diesem Sprachverfahren sind zudem die zahlreichen Tautologien und Katachresen in der Figurenrede zu rechnen. Korl, ein wahrer Meister in Sachen Sprache, erklärt seiner kurzfristigen Geliebten Berta: „Von dir laß ich mich lang verklären mit der Verklärung." (P, 136) Dann fragt er: „Was ist jetzt? Stellen wir uns her, oder stellen wir uns nicht her?" (P, 137) Geben diese Sprachversuche auch das Ausmaß an Verdinglichung preis, dem die Figuren unterworfen sind – Berta beantwortet die Frage nach ihrem Namen mit dem Satz: „Eine Berta bin ich worden" (P, 135) –, so wirkt dieser Jargon gleichwohl komisch, beispielsweise auch in folgender kleinen Episode. Korl und Berta lassen sich auf einer Bank ohne Lehne nieder, die Korl durch seinen Arm ersetzt. Dann heißt es: „Berta *schmachtend*: Jetzt hab ich eine Lehne und weiß nicht, wie sie heißt. Korl: Korl. Berta *schmachtend*: Korl heißt sie." (P, 134)

Der Ehe-Schluss als Tragödie

Fleißer bedient sich also komödiantischer Mittel, doch sie distanziert sich zugleich von dieser Gattung und kommentiert sie ironisch. Das Geschehen endet mit einem prosaischen Koitus zwischen Berta und Korl, der buchstäblich ins Licht der Öffentlichkeit gerückt wird. Korl *„schlägt sich mit ihr in ein Gebüsch. Die Pioniere arbeiten weiter, es dauert eine gewisse Zeit. Sie singen: Was nützet mir ein schönes Mä – ädchen, wenn andere drin spazierengehn*? Roßkopf *schadenfroh*: Scheinwerfer nach links. *Berta und Korl kommen durch den Busch ins Licht. Die Pioniere johlen und pfeifen.*" (P, 182) Dieser 'Eheschluss', der die Komödientradition in pervertierter Form aufruft, wird nicht nur in seiner körperlichen Form durchgespielt, sondern noch dazu immanent durch das Publikum als theatralisch-komischer Akt ausgewiesen, Identifikation damit vermieden. Ausgerechnet das Komödiantische macht die Desillusion des komödiantischen Schlusses, des Eheschlusses, jedoch perfekt, indem sich die Pioniere als immanentes Publikum an dem Akt delektieren und so den Zuschauer distanzieren, dessen Blick für die Tragik frei wird. Berta verweist entsprechend ausdrücklich auf das, was im Unterschied zur Komödie hier fehlt: „Wir haben was ausgelassen, was wichtig ist. Die Liebe haben wir ausgelassen." (P, 182) Was Berta bleibt, ist eine Fotografie (und vielleicht ein Kind), ein Paar auf dem Papier. Kurz nach dem scheinbaren 'Höhepunkt' tritt der Fotograf auf; einer der Kameraden sagt zu Korl: „Na, Lettner, du wirst dich verewigen lassen mit deiner Verflossenen, soviel Anstand wirst du doch haben. Dann hat sie dich auf dem Papier. Korl: Komm, Berta. *Er stellt sich mit ihr in Positur.*" (P, 184) Das Paar, wie es für gewöhnlich den Komödienschluss ziert, wird als schöner, papierener Schein kenntlich, hinter dem sich eine ganz andere Wirklichkeit verbirgt – die der Unterdrückung, der Lieblosigkeit und der Ausbeutung. Das Komödienpaar wird zum leeren Zeichen, das den vorgeführten Ereignissen zuwiderläuft. Fleißer übernimmt Komödienstrukturen und formuliert eine immanente Kritik dieses Genres, auch weil ihr an der Demonstration von gesellschaftlichen Aggressions- und Unterwerfungsgesten gelegen ist.

Kommentierte Bibliographie

1. Zum bürgerlichen Trauerspiel, sozialen Drama und Volksstück

Aust, Hugo/Haida, Peter/Hein, Jürgen: Volksstück. Vom Hanswurstspiel zum sozialen Drama der Gegenwart. München 1989 (umfassendes Arbeitsbuch, das auf eine Vielzahl unbekannterer Autoren eingeht; sozialgeschichtlicher Ansatz).

Bügner, Torsten: Annäherungen an die Wirklichkeit. Gattung und Autoren des *neuen Volksstücks*. Frankfurt a.M. u.a. 1986.

Carl, Rolf-Peter: Theatertheorie und Volksstück bei Ödön von Horváth. In: Jürgen Hein (Hrsg.): Theater und Gesellschaft. Das Volksstück im 19. und 20. Jahrhundert. Düsseldorf 1973, 175–185.

Daunicht, Richard: Die Entstehung des bürgerlichen Trauerspiels in Deutschland. Berlin 1963 (betont innerästhetische Transformationen als Bedingung des bürgerlichen Trauerspiels).

Dimter, Walter: Die ausgestellte Gesellschaft. Zum Volksstück Horváths, der Fleißer und ihrer Nachfolger. In: Jürgen Hein (Hrsg.): Theater und Gesellschaft. Das Volksstück im 19. und 20. Jahrhundert. Düsseldorf 1973, 219–245.

Dosenheimer, Elise: Das deutsche soziale Drama von Lessing bis Sternheim. Konstanz 1949 (betrachtet das bürgerliche Trauerspiel und das soziale Drama im Kontext des bürgerlichen Leistungsethos; schlägt einen Bogen von Lessing zum expressionistischen Drama).

Eibl, Karl: Bürgerliches Trauerspiel. In: Hans-Friedrich Wessels (Hrsg.): Aufklärung. Ein literaturwissenschaftliches Studienbuch. Königstein/Ts. 1984, 66–87 (betont die Bedeutung der trivialdramatischen Produktionen).

Guthke, Karl S.: Das deutsche bürgerliche Trauerspiel. Stuttgart 5. Auflage 1994 (Metzler; komprimierter Überblick; am gängigen Kanon wird weitgehend festgehalten).

Hassel, Ursula: Familie im Drama. Bielefeld 2001.

Hassel, Ursula/Herzmann, Herbert (Hrsg.): Das zeitgenössische deutschsprachige Volksstück. Akten des internationalen Symposiums University College Dublin. 28. Februar–2. März 1991. Tübingen 1992.

Hauser, Arnold: Sozialgeschichte der Kunst und Literatur. Bd. 2. München 1953 (geht von der Bedeutung sozialgeschichtlicher Prozesse für die Gattung des bürgerlichen Trauerspiels aus).

Hein, Jürgen (Hrsg.): Theater und Gesellschaft. Das Volksstück im 19. und 20. Jahrhundert. Düsseldorf 1973.

Herzmann, Herbert: Tradition und Subversion. Das Volksstück und das epische Theater. Tübingen 1997 (verfolgt die Übernahmen aus dem Altwiener Volksstück in Gegenwartsdramen, z.B. bei Elfriede Jelinek).

Huyssen, Andreas: Drama des Sturm und Drang. Kommentar zu einer Epoche. München 1980 (fokussiert die Sturm und Drang-Bewegung als Aufklärungskritik; stellt die zentralen dramaturgischen Schriften vor und präsentiert überzeugende Lesarten zu Lenz: *Der Hofmeister*, Wagner: *Die Kindermörderin* und Schiller: *Kabale und Liebe*).

Jacobs, Jürgen: Zur Nachgeschichte des Bürgerlichen Trauerspiels im 20. Jahrhundert. In: Hans Dietrich Irmscher/Werner Keller (Hrsg.): Drama und Theater im 20. Jahrhundert. Festschrift für Walter Hinck. Göttingen 1983, 294–307 (leitet aus der Gattung des bürgerlichen Trauerspiels das Familiendrama sowie das soziale Drama mit politischer Ausrichtung ab).

Jacobs, Jürgen: Die Nöte des Hausvaters. Zum Bild der Familie im bürgerlichen Drama des 18. Jahrhunderts. In: Wirkendes Wort 34 (1984), 343–357.

Karthaus, Ulrich: Sturm und Drang. Epoche – Werk – Wirkung. München 2000 (stellt als Grundlage dieser Bewegung Johann Georg Hamann und Johann Gottfried Herder vor, profiliert den Geniebegriff und behandelt die Stücke von Gerstenberg, Klinger, Lenz u.a. als nicht-aristotelische Dramen).

Klotz, Volker: Geschlossene und offene Form im Drama. München 3. Auflage 1968 (immer noch einschlägiger Beitrag zur Dramentheorie; die Grundzüge des offenen und geschlossenen Dramas werden in Bezug auf Figuren, Raum, Zeit und Sprache beschrieben und an einzelnen Dramen, z.B. Büchners *Woyzeck*, verdeutlicht).

Komfort-Hein, Susanne: „Sie sei wer sie sei". Das bürgerliche Trauerspiel um Individualität. Pfaffenweiler 1995 (analysiert die einschlägigen Dramen vor dem Hintergrund der sich umstrukturierenden Geschlechterordnung im 18. Jahrhundert).

Koopmann, Helmut: Mögliche und unmögliche Aufklärung. Zum Verhältnis von dramatischer Form und Bürgerlichkeit. In: Christoph Jamme/Gerhard Kurz (Hrsg.): Idealismus und Aufklärung. Kontinuität und Kritik der Aufklärung in Philosophie und Poesie um 1800. Stuttgart 1988, 219–237.

Kormann, Eva: „Der täppische Prankenschlag eines

einzelgängerischen Urviechs ...". Das neue kritische Volksstück. Struktur und Wirkung. Tübingen 1990 (versucht eine Gattungsdefinition in Hinblick auf die Wirkungsästhetik, die die Dramen von Kroetz, Sperr, Wolfgang Deichsel, Peter Turrini, Karl Otto Mühl etc. prägen).

Lukács, Georg: Zur Soziologie des modernen Dramas. In: ders.: Schriften zur Literatursoziologie. Ausgewählt und eingeleitet von Peter Ludz. Neuwied 1961 (versteht das bürgerliche Trauerspiel als Ausdruck des Klassengegensatzes).

Luserke, Matthias: Sturm und Drang. Autoren – Texte – Themen. Stuttgart 1997 (Reclam; Schwerpunkt bilden die Autoren Goethe und Lenz; die Begriffsgeschichte und die ästhetischen Positionen werden ebenso rekonstruiert wie Gruppenbildungen und Gruppenbindungen der Zeit).

Mattenklott, Gert: Melancholie in der Dramatik des Sturm und Drang. Königstein/Ts. 2. Auflage 1985 (rekonstruiert den medizinisch-anthropologischen Melancholie-Diskurs des 18. Jahrhunderts und liest u. a. den *Hofmeister* von Lenz vor diesem Hintergrund).

McInnes, Edward: German Social Drama 1840–1900: From Hebbel to Hauptmann. Stuttgart 1976 (schlägt einen Bogen von den Sturm und Drang-Dramen zu den sozialen Dramen des Naturalismus).

Mönch, Cornelia: Abschrecken oder Mitleiden. Das deutsche bürgerliche Trauerspiel im 18. Jahrhundert. Versuch einer Typologie. Tübingen 1993 (differenzierte Auseinandersetzung mit denjenigen bürgerlichen Trauerspielen, die dem klassischen Kanon gemeinhin nicht zugerechnet werden; fokussiert werden die wirkästhetischen Differenzen der Stücke).

Pauli, Manfred: Spurensuche. Wirkungen von Brechts Volksstück-Konzept auf Stückeschreiber und Theater in der DDR. In: Ursula Hassel/Herbert Herzmann (Hrsg.): Das zeitgenössische deutschsprachige Volksstück. Akten des internationalen Symposiums University College Dublin. 28. Februar–2. März 1991. Tübingen 1992, 65–74.

Pfister, Manfred: Das Drama. Theorie und Analyse. München 1982 (Grundlagentext zur Dramentheorie).

Pikulik, Lothar: „Bürgerliches Trauerspiel" und Empfindsamkeit. Köln 1966 (dementiert den Zusammenhang von bürgerlicher Entwicklung und der literarischen Strömung der Empfindsamkeit).

Rochow, Christian: Das bürgerliche Trauerspiel. Stuttgart 1999 (Reclam; eine Einführung, die den Status quo der Forschung bündig vorstellt und mit leichten Korrekturen versieht; im letzten Kapitel werden, ähnlich wie in der Einführung von Guthke, Schwundformen des ausgehenden 18. Jahrhunderts vorgestellt).

Saße, Günter: Die aufgeklärte Familie. Untersuchungen zur Genese, Funktion und Realitätsbezogenheit des familialen Wertsystems im Drama der Aufklärung. Tübingen 1988 (detaillierte, textnahe Analysen vor allem der Lessingschen Dramen).

Saße, Günter: Die Ordnung der Gefühle. Das Drama der Liebesheirat im 18. Jahrhundert. Darmstadt 1996 (rekonstruiert einschlägige Ehe- und Liebeskonzepte; liest Lessings Stücke sowie Dramen des Sturm und Drang als Auseinandersetzung mit diesen prekären Modellen).

Sauder, Gerhard: Empfindsamkeit. Bd. 1: Voraussetzungen und Elemente. Stuttgart 1974. Bd. 3: Quellen und Dokumente. Stuttgart 1980 (betrachtet Empfindsamkeit als festen Bestandteil der Aufklärung und als Ausdruck einer sozialen Bewegung; geht ausführlich auf die englischen [Moral Sense School] und französischen Vorbilder [Enzyklopädisten] ein).

Schaarschmidt, Peter: Das moderne Volksstück. Sprache und Figuren. In: Jürgen Hein (Hrsg.): Theater und Gesellschaft. Das Volksstück im 19. und 20. Jahrhundert. Düsseldorf 1973, 201–217.

Schaer, Wolfgang: Die Gesellschaft im deutschen bürgerlichen Drama des 18. Jahrhunderts. Grundlagen und Bedrohung im Spiegel der dramatischen Literatur. Bonn 1963.

Schmitz, Thomas: Das Volksstück. Stuttgart 1990 (Metzler; schmale, für den ersten Zugang taugliche Einführung; behandelt werden Autoren zwischen Nestroy und Kroetz).

Sörensen, Bengt Algot: Herrschaft und Zärtlichkeit. Der Patriarchalismus und das Drama im 18. Jahrhundert. München 1984 (liest die bürgerlichen Trauerspiele als kritischen Kommentar der patriarchalen Familienstruktur).

Steinmetz, Horst: Das deutsche Drama von Gottsched bis Lessing. Ein historischer Überblick. Stuttgart 1987.

Szondi, Peter: Die Theorie des bürgerlichen Trauerspiels im 18. Jahrhundert. Der Kaufmann, der Hausvater und der Hofmeister. Hrsg. v. Gert Mattenklott. Frankfurt a. M. 1973 (instruktive Ausführungen, die den komplexen Zusammenhang von bürgerlicher Entwicklung und Ästhetik reflektieren).

Szondi, Peter: Theorie des modernen Dramas. In: ders.: Schriften. Bd. 1. Frankfurt a. M. 1978, 9–148 (einschlägige Dramentheorie, die die Krise der Dramatik um 1900 vor dem Hintergrund des Hegelschen Dialektik-Begriffes als komplexe Bewegung zwischen Form und Inhalt beschreibt).

Weber, Peter: Das Menschenbild des bürgerlichen Trauerspiels. Entstehung und Funktion von Lessings *Miß Sara Sampson.* Berlin 1970 (zweite, ergänzte Auflage Berlin 1976) (knüpft an die von Franz Mehring begründete Lessing-Forschung an, betont die gesellschaftspolitischen Intentionen des bürgerlichen Trauerspiels).

Zeller, Rosmarie: Struktur und Wirkung. Zu Konstanz und Wandel literarischer Normen im Drama zwischen 1750 und 1810. Bern/Stuttgart 1988 (legt einen semiotischen Ansatz zugrunde und beschreibt die innerliterarischen Veränderungen der gattungsästhetischen Normen).

2. Weiterführende Literatur

Aristoteles: Poetik (Griechisch/Deutsch). Übers. und hrsg. v. Manfred Fuhrmann. Stuttgart 1982.

Assmann, Aleida: Kanonforschung als Provokation der Literaturwissenschaft. In: Renate von Heydebrand (Hrsg.): Kanon – Macht – Kultur: Theoretische, historische und soziale Aspekte ästhetischer Kanonbildung. Stuttgart/Weimar 1998, 47–59.

Baßler, Moritz (Hrsg.): New Historicism. Literaturgeschichte als Poetik der Kultur. Frankfurt a.M. 1995 (einschlägige Aufsatzsammlung mit guter Einleitung).

Berger, Manfred/Hanke, Helmut/Hentschel, Franz/Koch, Hans u.a. (Hrsg.): Kulturpolitisches Wörterbuch. Berlin 1970.

Bogdal, Klaus-Michael: Schaurige Bilder. Der Arbeiter im Blick des Bürgers. Frankfurt a.M. 1978 (betont die Projektionsstrukturen bürgerlicher Literatur, die den Darstellungen des 'vierten Standes' inhärent sind).

Bogdal, Klaus-Michael: Zwischen Alltag und Utopie. Arbeiterliteratur als Diskurs des 19. Jahrhunderts. Opladen 1991.

Bogdal, Klaus-Michael: Historische Diskursanalyse der Literatur: Theorie, Arbeitsfelder, Analysen, Vermittlung. Opladen 1999 (vgl. für die DDR-Dramen 117–134).

Bovenschen, Silvia: Die imaginierte Weiblichkeit. Exemplarische Untersuchungen zu kulturgeschichtlichen und literarischen Präsentationsformen des Weiblichen. Frankfurt a.M. 1979.

Bronfen, Elisabeth: Nur über ihre Leiche: Tod, Weiblichkeit und Ästhetik. München 1994 (rekonstruiert die ästhetischen wie psychoanalytischen Bedingungen eines der beliebtesten Motive der Kunst, des Motivs der schönen Leiche).

Brunner, Otto: Adeliges Landleben und europäischer Geist. Leben und Werk Wolf Helmhards von Hohberg 1612–1688. Salzburg 1949 (beschreibt die vormoderne Lebensform des 'Ganzen Hauses').

Diderot, Denis: Der Hausvater. Ein Schauspiel in fünf Aufzügen. In: Gotthold Ephraim Lessing: Das Theater des Herrn Diderot. Aus dem Französischen. In: ders.: Werke und Briefe in 12 Bänden: Werke 1760–1766. Hrsg. v. Wilfried Barner. Frankfurt a.M. 1990, 23–123. = Hv

Erhart, Walter/Herrmann, Britta: Feministische Zugänge – 'Gender Studies'. In: Heinz Ludwig Arnold/Heinrich Detering (Hrsg.): Grundzüge der Literaturwissenschaft. München 1996, 498–515.

Erhart, Walter: Familienmänner. Über den literarischen Ursprung moderner Männlichkeit. München 2001.

Fauser, Markus: Einführung in die Kulturwissenschaft. Darmstadt 2003.

Geisenhanslüke, Achim: Einführung in die Literaturtheorie. Darmstadt 2003.

Grimminger, Rolf (Hrsg.): Hansers Sozialgeschichte der deutschen Literatur vom 16. Jahrhundert bis zur Gegenwart. Bd. 3: Deutsche Aufklärung bis zur Französischen Revolution 1680–1789. München/Wien 1980.

Habermas, Jürgen: Strukturwandel der Öffentlichkeit. Untersuchungen zu einer Kategorie der bürgerlichen Gesellschaft. Darmstadt/Neuwied 1962.

Hausen, Karin: Die Polarisierung der „Geschlechtscharaktere". Eine Spiegelung der Dissoziation von Erwerbs- und Familienleben. In: Werner Conze (Hrsg.): Sozialgeschichte der Familie in der Neuzeit Europas. Stuttgart 1976, 363–393.

Hettner, Hermann: Das moderne Drama. In: ders.: Deutsche Literaturdenkmale des 18. und 19. Jahrhunderts. Hrsg. v. Paul Alfred Merbach. Berlin/Leipzig 1924.

Herder, Johann Gottfried von: Adrastea. In: ders.: Sämtliche Werke. Bd. 23. Hrsg. v. Bernhard Suphan. Berlin 1877/1913.

Heydebrand, Renate von/Pfau, Dieter/Schönert, Jörg: Zur theoretischen Grundlegung einer Sozialgeschichte der Literatur. Ein struktural-funktionaler Entwurf. Hrsg. im Auftrag der Münchner Forschungsgruppe „Sozialgeschichte der deutschen Literatur 1770–1900". Tübingen 1988.

Honegger, Claudia: Die Ordnung der Geschlechter. Die Wissenschaft vom Menschen und das Weib 1750–1850. Frankfurt a.M. 1991.

Huber, Martin/Lauer, Gerhard: Nach der Sozialgeschichte. Konzepte für eine Literaturwissenschaft zwischen Historischer Anthropologie, Kulturgeschichte und Medientheorie. Tübingen 2000.

Iser, Wolfgang: Die Wirklichkeit der Fiktion – Elemente eines funktionsgeschichtlichen Textmodells. In: Rainer Warning (Hrsg.): Rezeptionsästhetik. Theorie und Praxis. München 1975, 277–324.

Iser, Wolfgang: Akte des Fingierens. Oder: Was ist das Fiktive im fiktionalen Text? In: ders./Dieter Henrich (Hrsg.): Funktionen des Fiktiven. München 1983 [Poetik und Hermeneutik, Bd. 10], 121–151.

Kaes, Anton: New Historicism: Literaturgeschichte im Zeichen der Postmoderne? In: Hartmut Eggert/Ulrich Profitlich/Klaus R. Scherpe (Hrsg.): Geschichte als Literatur. Formen und Grenzen der Repräsentation von Vergangenheit. Stuttgart 1990, 56–66.

Klinger, Cornelia: Beredtes Schweigen und verschwiegenes Sprechen. Genus im Diskurs der Philosophie. In: Renate Hof (Hrsg.): Genus. Zur Geschlechterdifferenz in den Kulturwissenschaften. Stuttgart 1985, 35–59.

Laqueur, Thomas: Auf den Leib geschrieben. Die Inszenierung der Geschlechter von der Antike bis Freud. Frankfurt a.M./New York 1992.

Lehmann, Johannes Friedrich: Der Blick durch die Wand. Zur Geschichte des Theaterzuschauers und des Visuellen bei Diderot und Lessing. Freiburg 2000 (Neubewertung der Dramaturgie Diderots und Lessings vor dem Hintergrund der Theoreme Foucaults).

Lillo, George: Der Kaufmann von Londen oder Begebenheiten Georg Barnwells. Ein bürgerliches Trauerspiel. Hrsg. v. Klaus-Detlef Müller. Tübingen 1981 (Einführung von Klaus-Detlef Müller 118–143).

Meyer, Reinhart: Von der Wanderbühne zum Hof- und Nationaltheater. In: Hansers Sozialgeschichte der deutschen Literatur vom 16. Jahrhundert bis zur Gegenwart. Bd. 3: Deutsche Aufklärung bis zur Französischen Revolution 1680–1789. Hrsg. v. Rolf Grimminger. München/Wien 1980, 186–216 (beschreibt die Nobilitierungsversuche des bürgerlichen Theaters im 18. Jahrhundert).

Meyer, Theo: Das naturalistische Drama. In: Hansers Sozialgeschichte der deutschen Literatur vom 16. Jahrhundert bis zur Gegenwart. Bd. 7: Naturalismus. Fin de Siècle. Expressionismus 1890–1918. Hrsg. v. York-Gothart Mix. München/Wien 2000, 64–76.

Neumeyer, Harald: Psychenproduktion. Zur Kindsmorddebatte in Gesetzgebung, Wissenschaft und Literatur um 1800. In: Roland Borgards/Johannes Friedrich Lehmann (Hrsg.). Diskrete Gebote. Geschichten der Macht um 1800. Festschrift für Heinrich Bosse. Würzburg 2002, 47–76.

Plassmann, Jens: Vom Ende der 'prinzipiellen Lösbarkeit'. Zum Konfliktausgang in der Darstellung der sozialistischen Gesellschaft durch die DDR-Dramatik der 70er Jahre. Frankfurt a.M. 1994.

Profitlich, Ulrich: Das Drama der DDR in den siebziger Jahren. In: Peter Uwe Hohendahl/Patricia Herminghouse (Hrsg.): Literatur der DDR. Frankfurt a.M. 1983, 114–152.

Rösch, Gertrud Maria: Geschichte und Gesellschaft im Drama. In: Hansers Sozialgeschichte der deutschen Literatur vom 16. Jahrhundert bis zur Gegenwart. Bd. 5: Zwischen Restauration und Revolution 1815–1848. Hrsg. v. Gert Sautermeister/Ulrich Schmid. München/Wien 1998, 378–420.

Rohde-Dachser, Christa: Expedition in den dunklen Kontinent. Weiblichkeit im Diskurs der Psychoanalyse. Berlin/Heidelberg 1991.

Rossbacher, Karlheinz: Literatur und Liberalismus. Zur Kultur der Ringstraßenzeit in Wien. Wien 1992 (sozialgeschichtliche Darstellung, die u.a. Anzengrubers Kirchenkampf beschreibt).

Schlaffer, Hannelore: Dramenform und Klassenstruktur. Eine Analyse der dramatis persona 'Volk'. Stuttgart 1972 (geht den Möglichkeiten der Repräsentation von Massen auf der Bühne nach; behandelt werden u.a. Büchner, Hauptmann sowie expressionistische Dramen von Kayser und Toller).

Schlaffer, Heinz: Der Bürger als Held. Sozialgeschichtliche Auflösungen literarischer Widersprüche. Frankfurt a.M. 1973.

Schulte-Sasse, Jochen: Drama. In: Hansers Sozialgeschichte der deutschen Literatur vom 16. Jahrhundert bis zur Gegenwart. Bd. 3: Deutsche Aufklärung bis zur Französischen Revolution 1680–1789. Hrsg. v. Rolf Grimminger. München/Wien 1980, 423–499 (profiliert den ökonomischen Aspekt des ästhetisch eingeübten bürgerlichen Ethos).

Schwanitz, Dietrich: Dichte Beschreibung. In: Jürgen Fohrmann/Harro Müller (Hrsg.). Systemtheorie der Literatur. München 1996, 276–291.

Voßkamp, Wilhelm: Gattungen als literarisch-soziale Institutionen. Zu Problemen sozial- und funktionsgeschichtlich orientierter Gattungstheorie und -historie. In: Walter Hinck (Hrsg.): Textsortenlehre – Gattungsgeschichte. Heidelberg 1977, 27–44.

Wechsel, Kirsten: Sozialgeschichtliche Zugänge. In: Heinz Ludwig Arnold/Heinrich Detering (Hrsg.): Grundzüge der Literaturwissenschaft. München 1996, 446–462.

3. Autoren und Autorinnen

Volker Braun

Braun, Volker: Die Kipper. In: ders.: Texte in zeitlicher Folge. Bd. 1. Leipzig 1989, 109–185. = Ki

Profitlich, Ulrich: Volker Braun. Studien zu seinem dramatischen und erzählerischen Werk. München 1985.

Rosellini, Jay: Volker Braun. München 1983 (Zu *Die Kipper*: 29–39) (grundlegende Darstellung zum Autor; das Frühwerk wird eher beiläufig behandelt).

Vormweg, Heinrich: Provokation für alle. Einige Anmerkungen zu den Stücken Volker Brauns. In: Heinz Ludwig Arnold (Hrsg.): Volker Braun. Sonderband aus der Reihe Text und Kritik. München 1977, 22–26.

Wallace, Ian: Volker Braun. Forschungsbericht. Amsterdam 1986.

Bertolt Brecht

Brecht, Bertolt: Die heilige Johanna der Schlachthöfe. In: ders.: Gesammelte Werke in acht Bänden. Bd. 1. Frankfurt a. M. 1967, 665–786. = Js

Brecht, Bertolt: Kleines Organon für das Theater. In: ders.: Schriften zum Theater 7, 1948–1956. Frankfurt a. M. 1964, 5–67.

Brecht, Bertolt: Über den Realismus. In: ders.: Gesammelte Werke. Bd. 8. Frankfurt a. M. 1976, 286–382.

Bahr, Gisela E.: „Und niemals wird eine Verständigung sein": *Im Dickicht der Städte*. In: Walter Hinderer (Hrsg.): Brechts Dramen. Neue Interpretationen. Stuttgart 1984, 67–88.

Benjamin, Walter: Versuche über Brecht. Hrsg. v. Rolf Tiedemann. Frankfurt a. M. 1966 (von der Brecht-Forschung häufig zitierte Ausführungen zum epischen Theater, insbesondere zu Brechts Begriff der Geste).

Berg, Günter/Jeske, Wolfgang: Bertolt Brecht. Stuttgart/Weimar 1998 (Metzler-Einführung, die von einem biographischen Abriss ausgeht und dem Dramatiker, Lyriker, Erzähler wie Theoretiker Brecht einzelne Kapitel widmet; eröffnet wird jeweils mit einem tabellarischen Überblick über die einschlägigen Texte).

Boner, Jürg: Dialektik und Theater. Die Dialektik im Theater Bertolt Brechts. Zürich 1995 (fasst Brechts episches Theater als dialektisches, zeigt dessen Funktionsweisen vor dem Hintergrund des Hegelschen wie Marxschen Dialektik-Begriffes und geht den Brüchen in Brechts Theorie nach).

Grimm, Reinhold: Brecht und Nietzsche oder Geständnisse eines Dichters. Fünf Essays und ein Bruchstück. Frankfurt a. M. 1979.

Hecht, Werner: Brechts Weg zum epischen Theater. Beitrag zur Entwicklung des epischen Theaters 1918 bis 1933. Berlin 1962.

Hecht, Werner: Drei Schwierigkeiten beim Interpretieren Brechts. In: ders.: Sieben Studien über Brecht. Frankfurt a. M. 1972, 179–219.

Hecht, Werner: Der Weg zum epischen Theater. In: ders. (Hrsg.): Brechts Theorie des Theaters. Frankfurt a. M. 1986, 45–90 (schlüssige Zusammenfassung der Dramaturgie Brechts).

Heinze, Helmut: Brechts Ästhetik des Gestischen. Versuch einer Rekonstruktion. Heidelberg 1992.

Hörnigk, Therese (Hrsg.): Berliner Brecht Dialog 1998. Frankfurt a. M. 1999. Hier: Der Vormittag der Literaturwissenschaftlerinnen und Literaturwissenschaftler (Moderation Helmut Lethen), 216–243 (gibt einen Einblick in die neueren Tendenzen der Brecht-Forschung, die die Rationalität der Brechtschen Stücke zugunsten von Momenten wie Körperlichkeit zu suspendieren versucht).

Kersting, Marianne: Das epische Theater. Zur Struktur des modernen Dramas. Stuttgart/Berlin/Köln/Mainz 1959 (etwas veraltetes Standard-Werk, das den historischen Antagonismus zwischen aristotelischem und nicht-aristotelischem Drama [Sophokles, Shakespeare] rekonstruiert; epische Dramen von Brecht, Paul Claudel, Thornton Wilder, Tennessee Williams etc. werden vorgestellt).

Ketelsen, Uwe-K.: Kunst im Klassenkampf: *Die heilige Johanna der Schlachthöfe*. In: Walter Hinderer (Hrsg.): Brechts Dramen. Neue Interpretationen. Stuttgart 1984, 106–124.

Knopf, Jan: Bertolt Brecht. Ein kritischer Forschungsbericht. Fragwürdiges in der Brecht-Forschung. Frankfurt a. M. 1974.

Knopf, Jan: Brecht-Handbuch. Theater. Eine Ästhetik der Widersprüche. Stuttgart/Weimar 1980 (einschlägige Zusammenfassung der Forschungspositionen und Grundbegriffe; zur *Heiligen Johanna der Schlachthöfe*: 105–114).

Knopf, Jan (Hrsg.): Brechts *Heilige Johanna der Schlachthöfe*. Frankfurt a. M. 1986 (materialreiche Zusammenstellung von Vorarbeiten Brechts, von Selbstaussagen, Quellen und Aufführungsberichten; die schwer verständlichen ökonomischen Vorgänge werden in separaten Aufsätzen behandelt).

Lethen, Helmut: Verhaltenslehre der Kälte. Lebensversuche zwischen den Kriegen. Frankfurt a. M. 1994 (nimmt eine Neuverortung Brechts vor dem Hintergrund des Gracianschen Ethos vor und entwirft ein eindringliches Bild des *inter bellum*).

Müller, Klaus-Detlef: Der Philosoph auf dem Theater. Ideologiekritik und 'Linksabweichung' in Bertolt Brechts *Messingkauf*. In: Heinz Ludwig Arnold (Hrsg.): Bertolt Brecht. Sonderband aus der Reihe Text und Kritik. München 1972, 45–71.

Müller, Klaus-Detlef: *Mann ist Mann*. In: Walter Hinderer (Hrsg.): Brechts Dramen. Neue Interpretationen. Stuttgart 1984, 89–105.

Müller, Klaus-Detlef/Joost, Jörg-Wilhelm/Voges, Michael: Bertolt Brecht. Epoche – Werk – Wirkung. München 1985 (sozialgeschichtlich orientierte Darstellung, die zur Beschreibung der Epoche Theoreme der Geschichtswissenschaft integriert).

Rülicke-Weiler, Käthe: Die heilige Johanna der Schlachthöfe. Fabelbau. In: Jan Knopf (Hrsg.): Brechts *Heilige Johanna der Schlachthöfe*. Frankfurt a. M. 1986, 291–305 (beschreibt den Phasenwechsel des industriellen Zyklus, den Brecht seinem Drama zugrunde legt).

Stephan, Inge: Hexe oder Heilige? Zur Geschichte der Jeanne d'Arc und ihrer literarischen Verarbeitung. In: dies./Sigrid Weigel (Hrsg.): Die verborgene Frau. Sechs Beiträge zu einer feministischen Literaturwissenschaft. Berlin 1988, 35–66 (betont die Differenz zwischen den Weiblichkeitskonstruktionen Schillers und Brechts).

Georg Büchner

Büchner, Georg: Woyzeck. Studienausgabe. Nach der Edition von Thomas Michael Mayer, hrsg. v. Burghard Dedner, Stuttgart 1999. = Wo

Canetti, Elias: Rede zur Verleihung des Georg Büchner-Preises (1972). In: ders.: Das Gewissen des Wortes. Essays. München/Wien 1975, 211–221.

Dedner, Burghard (Hrsg.): Büchner. Woyzeck. Erläuterungen und Dokumente. Stuttgart 2000 (Reclam; umfassende Einführung, die auch außerliterarische Felder wie Justiz, Psychiatrie und Naturwissenschaften berücksichtigt).

Glück, Alfons: Der 'ökonomische Tod': Armut und Arbeit in Georg Büchners *Woyzeck*. In: Georg Büchner Jahrbuch 4 (1984), 167–226 (betont den sozialgesellschaftlichen Bezug des Stückes; Büchner schildere das Vorproletariat, bediene nicht aber den christlichen Topos vom Armen).

Glück, Alfons: Militär und Justiz in Georg Büchners *Woyzeck*. In: Georg Büchner Jahrbuch 4 (1984), 227–247 (rekonstruiert die militärischen Hierarchien der Zeit).

Hartung, Günter: Die Technik der *Woyzeck*-Entwürfe. In: Henri Poschmann (Hrsg.): Wege zu Georg Büchner. Internationales Kolloquium der Akademie der Wissenschaften (Berlin-Ost). Berlin 1992, 204–233.

Kubik, Sabine: Krankheit und Medizin im literarischen Werk Georg Büchners. Stuttgart 1991 (betont die Wissenschaftskritik in Büchners Werk; die Interpretationen bleiben recht oberflächlich).

Mayer, Hans: Georg Büchner. *Woyzeck*. Vollständiger Text und Paralipomena. Dokumentation. Frankfurt a. M./Berlin/Wien 1963 (neben einer Analyse von Hans Mayer finden sich in dieser *Woyzeck*-Ausgabe Abdrucke der Gutachten, z. B. von Clarus, sowie Rezensionen zu Büchners Stück).

Meier, Albert: Georg Büchner. *Woyzeck*. München 1980 (Einführung UTB; zeigt u. a. auf, in welcher Weise gesellschaftliche Hierarchien die Solidarisierung der unterdrückten Schichten verhindern).

Oesterle, Ingrid: Verbale Präsenz und poetische Rücknahme des literarischen Schauers. Nachweise zur ästhetischen Vermitteltheit des Fatalismusproblems in Georg Büchners *Woyzeck*. In: Georg Büchner Jahrbuch 3 (1983), 168–199 (liest Büchners Text vor dem Hintergrund der grassierenden Schauerliteratur).

Poschmann, Henri: Georg Büchner. Dichtung der Revolution und Revolution der Dichtung. Berlin/Weimar 1983 (stellt Büchners Absage an Lessings Mitleidsethos ins Zentrum).

Poschmann, Henri: Textgeschichte als Lesergeschichte. Zur Entzifferung der *Woyzeck*-Handschriften. In: ders. (Hrsg.): Wege zu Georg Büchner. Internationales Kolloquium der Akademie der Wissenschaften (Berlin-Ost). Berlin 1992, 193–203 (differenzierter Blick auf die Editionsgeschichte).

Richards, David G.: Georg Büchners *Woyzeck*. Interpretation und Textgestaltung. Bonn 2. Auflage 1989.

Roth, Udo: Georg Büchners *Woyzeck* als medizinhistorisches Dokument. In: Georg Büchner Jahrbuch 9 (1995–99), 503–519 (rekonstruiert die medizingeschichtlichen Bezüge in Büchners Drama, die die Forschung bislang ausgemacht hat und verweist auf neue Quellen).

Rainer Werner Fassbinder

Fassbinder, Rainer Werner: Bremer Freiheit. Frau Geesche Gottfried. Ein bürgerliches Trauerspiel. In: ders.: Sämtliche Stücke. Frankfurt a. M. 1991, 603–643. = Br

Fassbinder, Rainer Werner: Antiteater: Katzelmacher. Preparadise sorry now. Die Betteloper. Frankfurt a. M. 1970.

Iden, Peter: Der Eindruck-Macher. Rainer Werner Fassbinder und das Theater. In: Peter W. Jansen/Wolfram Schütte (Hrsg.): Rainer Werner Fassbinder. München/Wien 1974, 17–28 (Sammlung von Rezensionen, Kritiken, Aufsätzen; ausführliche Filmografie).

Karsunke, Yaak: Anti-teatergeschichte. Die Anfänge. In: Peter W. Jansen/Wolfram Schütte (Hrsg.): Rainer Werner Fassbinder. München/Wien 1974, 7–16.
Roth, Wilhelm: Kommentierte Filmografie. In: Peter W. Jansen/Wolfram Schütte (Hrsg.): Rainer Werner Fassbinder. München/Wien 1974, 119–270.
Spaich, Herbert: Rainer Werner Fassbinder. Leben und Werk. Weinheim 1992.
Töteberg, Michael: Rainer Werner Fassbinder. Reinbek bei Hamburg 2002 (rororo-Monographie).

Marieluise Fleißer

Fleißer, Marieluise: Fegefeuer in Ingolstadt. Schauspiel in sechs Bildern (Wuppertaler Fassung 1971). In: dies.: Gesammelte Werke. Bd. 1: Dramen. Hrsg. v. Günther Rühle. Frankfurt a.M. 1972, 61–125. = F
Fleißer, Marieluise: Pioniere in Ingolstadt. Komödie in vierzehn Bildern (Fassung 1968). In: dies.: Gesammelte Werke. Bd. 1: Dramen. Hrsg. v. Günther Rühle. Frankfurt a.M. 1972, 127–185. = P
Fleißer, Marieluise: Fegefeuer in Ingolstadt (frühe Fassung). In: Zeit und Theater. Hrsg. v. Günther Rühle. Bd. 2: Von der Republik zur Diktatur 1925–1933. Frankfurt a.M./Berlin/Wien 1972, 105–153.
Fleißer, Marieluise: Die Dreizehnjährigen. In: dies.: Gesammelte Werke. Bd. 3: Gesammelte Erzählungen. Hrsg. v. Günther Rühle. Frankfurt a.M. 1972, 7–17.
Fleißer, Marieluise: 'Dreimal *Fegefeuer*'. In: dies.: Gesammelte Werke. Bd. 4: Aus dem Nachlaß. Hrsg. v. Günther Rühle. Frankfurt a.M. 1989, 518–520.
Fleißer, Marieluise: Der Heinrich Kleist der Novellen. In: dies.: Gesammelte Werke. Bd. 4: Aus dem Nachlaß. Hrsg. v. Günther Rühle. Frankfurt a.M. 1989, 403–407.
Fleißer, Marieluise: Materialien zum Leben und Schreiben der Marieluise Fleißer. Hrsg. v. Günther Rühle. Frankfurt a.M. 1973.
Brueckel, Ina: „Ich ahnte den Sprengstoff nicht". Leben und Schreiben der Marieluise Fleißer. Freiburg 1997 (rekonstruiert den Schreibprozess der Autorin aus feministisch-psychoanalytischer Sicht).
Döpper-Henrich, Angelika: „Entfremdung" in den dramatischen Schriften von Marieluise Fleißer. Frankfurt a.M. 1996 (fokussiert die Adoleszenzthematik aus psychoanalytischer Perspektive in den Dramen Fleißers).
Führich, Angelika: Aufbrüche des Weiblichen im Drama der Weimarer Republik. Brecht – Fleißer – Horváth – Gmeyner. Heidelberg 1992 (skizziert ein Bild der Frauenbewegungen in dieser Zeit und bewertet Fleißers Schriften vor diesem Hintergrund).
Göttel, Sabine: „Natürlich sind es Bruchstücke". Zum Verhältnis von Biographie und literarischer Produktion bei Marieluise Fleißer. Ingolstadt 1997 (Literatur gilt der Autorin als Widerstand und Verwerfung sowie als Perspektivenkontiguität und Fragmentierung, die sich der Erfahrung von biographischen Zusammenhängen verweigert).
Goffman, Erving: Stigma. Über Techniken der Bewältigung beschädigter Identität, Frankfurt a.M. 1967.
Jost, Vera: Die im Prinzip unaushaltbare Nähe zum Text. Mimetisches Schreiben bei Marieluise Fleißer und Elfriede Jelinek. In: Maria E. Müller/Ulrike Vedder (Hrsg.): Reflexive Naivität. Zum Werk Marieluise Fleißers. Berlin 2000, 160–174.
Kässens, Wend/Töteberg, Michael: Marieluise Fleißer. Velber bei Hannover 1979.
Lutz, Günther: Die Stellung Marieluise Fleißers in der bayerischen Literatur des 20. Jahrhunderts. Bern u.a. 1979.
Lutz, Günther: Marieluise Fleißer. Verdichtetes Leben. Dachau 1989.
Roumois-Hasler, Ursula: Dramatischer Dialog und Alltagsdialog im wissenschaftlichen Vergleich. Die Struktur der dialogischen Rede bei den Dramatikerinnen Marieluise Fleißer (*Fegefeuer in Ingolstadt*) und Else Lasker-Schüler (*Die Wupper*). Bern 1982 (linguistisch ausgerichtete Sprachanalyse).
Rühle, Günther: Leben und Schreiben der Marieluise Fleißer aus Ingolstadt. In: ders. (Hrsg.): Marieluise Fleißer. Gesammelte Werke. Bd. 1: Dramen. Frankfurt a.M. 1972, 7–60.
Sauer, Jutta: „Etwas zwischen Männern und Frauen." Die Sehnsucht der Marieluise Fleißer. Köln 1991 (autobiographisch-feministischer Ansatz).
Schulz, Genia: Fußwaschung und Weihwedel. Fleißers sprachlicher Körper. In: Maria E. Müller/Ulrike Vedder (Hrsg.): Reflexive Naivität. Zum Werk Marieluise Fleißers. Berlin 2000, 78–89.
Tax, Sissi: Marieluise Fleißer. Schreiben, Überleben. Ein biographischer Versuch. Basel/Frankfurt a.M. 1984.

Gerhart Hauptmann

Hauptmann, Gerhart: Vor Sonnenaufgang. Soziales Drama. In: ders.: Das gesammelte Werk. Ausgabe letzter Hand. Erste Abteilung. Bd. 1. Berlin 1943, 263–371. = Vs
Hauptmann, Gerhart: Die Weber. Schauspiel aus den vierziger Jahren. In: ders.: Das gesammelte Werk. Ausgabe letzter Hand. Erste Abteilung. Bd. 2. Berlin 1943, 1–102. = W

Hauptmann, Gerhart: Das Abenteuer meiner Jugend. In: ders.: Sämtliche Werke. Bd. 7: Autobiographisches. Hrsg. v. Hans Egon Hass. Frankfurt a. M./Berlin/Wien 1962–74, 451–1082.

Bellmann, Werner: Gerhart Hauptmann. *Vor Sonnenaufgang*. In: Dramen des Naturalismus. Interpretationen. Stuttgart 1988, 7–46 (verortet das Stück im Kontext zeitgenössischer Debatten über Alkoholismus, Darwinismus, Emanzipation etc.).

Brescius, Hans von: Gerhart Hauptmann. Zeitgeschehen und Bewußtsein in unbekannten Selbstzeugnissen. Eine politisch-biographische Studie. Bonn 1976.

Delbrück, Hansgerd: Gerhart Hauptmanns *Vor Sonnenaufgang*. Soziales Drama als Bildungskatastrophe. In: Deutsche Vierteljahrsschrift für Literaturwissenschaft und Geistesgeschichte 69 (1995), 512–545 (unterstreicht den transformativen Bezug des Stückes zu mythologischen Erzählungen, u. a. zum Ödipus-Mythos).

Gafert, Karin: Die Soziale Frage in Literatur und Kunst des 19. Jahrhunderts. Ästhetische Politisierung des Weberstoffes. Kronberg/Ts. 1973 (stellt Hauptmanns *Weber* in den Kontext der ästhetischen Adaptionen des Weberaufstandes und rekapituliert die Diskussionen um den fünften Akt).

Guthke, Karl S.: Gerhart Hauptmann. Weltbild im Werk. München 2. überarbeitete Auflage 1980 (liest *Die Weber* als ein Stück über Fatum und Fatalität).

Hildebrandt, Klaus: Gerhart Hauptmann und die Geschichte. München 1968.

Hilscher, Eberhard: Gerhart Hauptmann. Leben und Werk. Berlin 1969.

Hodenberg, Christina von: Aufstand der Weber. Die Revolte von 1844 und ihr Aufstieg zum Mythos. Bonn 1997 (Zu *Die Weber*: 151–170) (instruktive Rekapitulation der politisch-historischen Vorgänge sowie ihrer ästhetischen Verarbeitung).

Jacobs, Jürgen: Gerhart Hauptmanns *Weber*: Historien- und Zeit-Stück. In: Walter Hinck (Hrsg.): Geschichte als Schauspiel. Deutsche Geschichtsdramen. Interpretationen. Frankfurt a. M. 1981, 227–239 (deutet den Schluss als Hinweis auf die Indifferenz des Schicksals).

Martini, Fritz: Soziale Thematik und Formwandlungen des Dramas. In: Reinhold Grimm (Hrsg.): Episches Theater. Köln 1972, 246–278 (bewertet den Schluss von *Die Weber* als Relativierung des revolutionären Pathos).

Marx, Friedhelm: Gerhart Hauptmann. Stuttgart 1998 (Reclam; gibt einen Überblick über die Biographie sowie das dramatische und epische Werk Hauptmanns; die Bibliographie lässt an manchen Stellen etwas zu wünschen übrig).

Mittler, Rudolf: Theorie und Praxis des sozialen Dramas bei Gerhart Hauptmann. Hildesheim/Zürich/New York 1985.

Oellers, Norbert: Spuren Ibsens in Gerhart Hauptmanns frühen Dramen. In: Beda Allemann/Erwin Koppen (Hrsg.): Teilnahme und Spiegelung. Festschrift für Horst Rüdiger. Berlin/New York 1975, 397–414 (profiliert Gemeinsamkeiten in Bezug auf die Gattung Familiendrama).

Paschek, Helmut (Hrsg.): Gerhart Hauptmanns *Weber*. Eine Dokumentation. Berlin 1981 (u. a. Abdruck der Berichte des Journalisten Baginski).

Rey, William H.: Der offene Schluß der *Weber*. Zur Aktualität Gerhart Hauptmanns in unserer Zeit. In: The German Quarterly 55 (1982), 141–163.

Rothe, Wolfgang: Deutsche Revolutionsdramatik seit Goethe. Darmstadt 1989 (Zu *Die Weber*: 103–121) (betont die politische Stoßrichtung des Dramas *Die Weber*).

Schildberg-Schroth, Gerhard: Gerhart Hauptmann. *Die Weber*. Grundlagen und Gedanken zum Verständnis des Dramas. Frankfurt a. M. 2. Auflage 1988.

Schrimpf, Hans Joachim: Bürgerlich-konservative und marxistische Naturalismus-Kritik. Ein Beitrag zur Rezeptionsgeschichte Gerhart Hauptmanns. In: ders.: Der Schriftsteller als öffentliche Person. Von Lessing bis Hochhuth. Berlin 1977, 254–270.

Schößler, Franziska: Wahrnehmungsprozesse und Sehertum in Hauptmanns frühen Dramen. In: Maske und Kothurn. Internationale Beiträge zur Theaterwissenschaft 46 (2002), Heft 3–4, 131–150 (gezeigt wird, dass in Hauptmanns frühen Dramen eine Ausdifferenzierung der Wahrnehmungsakte vorgenommen wird).

Schumann, Barbara: Untersuchungen zur Inszenierungs- und Wirkungsgeschichte von Gerhart Hauptmanns Schauspiel *Die Weber*. Düsseldorf 1982.

Schwab-Felisch, Hans/Siedler, Wolf Jobst (Hrsg.): Gerhart Hauptmann. Die Weber. Dichtung und Wirklichkeit. Frankfurt a. M./Berlin/Wien 1959 (versammelt Quellen, die den Aufstand dokumentieren, Weberlieder der Zeit, Äußerungen Hauptmanns zum Schicksal der Weber sowie Kritiken und Stellungnahmen zum Stück).

Sprengel, Peter: Die Wirklichkeit der Mythen. Untersuchungen zum Werk Gerhart Hauptmanns aufgrund des handschriftlichen Nachlasses. Berlin 1982 (versierte Studie, die die scheinbare Opposition von Naturalismus und Neuromantik aufhebt).

Sprengel, Peter: Gerhart Hauptmann. Epoche – Werk – Wirkung. München 1984 (grundlegende

Einführung, die u. a. die Zensurstreitigkeiten und Theaterneugründungen der Zeit behandelt).
Sprengel, Peter: Gerhart Hauptmann. *Die Weber.* In: Dramen des Naturalismus. Interpretationen. Stuttgart 1988, 107–145 (bezieht die religiösen Visionen der Weber auf den Hysterie-Diskurs der Zeit).
Walach, Dagmar: Gerhart Hauptmann. *Die Weber.* Erläuterungen und Dokumente. Stuttgart 1999 (Reclam; dokumentiert die Entstehungsgeschichte, die Weber-Revolte von 1844 und den Prozess gegen Hauptmanns Stück; stellt zudem die Verfilmungen des Dramas vor).
Wehner, Walter: Weberaufstände und Weberelend in der deutschen Lyrik des 19. Jahrhunderts. Soziale Problematik und literarische Widerspiegelung. München 1981.
Wölfl, Sophie: Gerhart Hauptmanns *Die Weber.* Untersuchungen zur Rezeption eines 'naturalistischen' Dramas (Diss.). München 1979.
Wolff, Wilhelm: Das Elend und der Aufruhr in Schlesien. In: Hermann Püttmann (Hrsg.): Deutsches Bürgerbuch 1845. Darmstadt 1845, 190–192.
Zimmermann, Rolf Christian: Hauptmanns *Vor Sonnenaufgang.* Melodram einer Trinkerfamilie oder Tragödie menschlicher Blindheit. In: Deutsche Vierteljahrsschrift für Literaturwissenschaft und Geistesgeschichte 69 (1995), 494–511 (im Zentrum steht weiterhin die Frage, ob Loth das Sprachrohr des Autors sei oder aber seine Position kritisiert werde).

Friedrich Hebbel

Hebbel, Friedrich: *Maria Magdalena.* In: ders.: Sämmtliche Werke. Historisch-kritische Ausgabe. Hrsg. von Richard Maria Werner. Bd. 2: 1944–1851. Berlin 1936, 29–67. = Mm
Hebbel, Friedrich: Tagebücher. Historisch-kritische Ausgabe von Richard Maria Werner. Bd. 2: 1835–1839. Berlin/Steglitz 1909.
Hebbel, Friedrich: Sämmtliche Werke. Bd. 11: Vermischte Schriften 3. Kritische Arbeiten 2. Hrsg. v. Richard Maria Werner. Berlin 1945.
Hebbel, Friedrich: Briefwechsel 1829–1863. In: ders.: Historisch-kritische Ausgabe in fünf Bänden. Bd. 1. Hrsg. v. Otfried Ehrismann/U. Henry Gerlach/Günter Häntzschel u. a. München 1999.
Hein, Edgar: Hebbel. Maria Magdalena. München 1989 (Oldenbourg-Interpretation; stellt den literaturgeschichtlichen Bezug zum bürgerlichen Trauerspiel her, legt eine detaillierte Interpretation vor und behandelt Hebbels Hegel-Rezeption).
Kaiser, Herbert: Friedrich Hebbel. Geschichtliche Interpretation des dramatischen Werks. München 1983 (Zu *Maria Magdalena*: 53–63).
Lütkehaus, Ludker: Hebbel. Gegenwartsdarstellung, Verdinglichungsproblematik, Gesellschaftskritik. Heidelberg 1976 (Zu *Maria Magdalena*: 61–103) (betont die sozialgeschichtlichen Aspekte des Stückes).
Lütkehaus, Ludker: Friedrich Hebbel. *Maria Magdalena.* In: Gert Sautermeister/Jochen Vogt (Hrsg.): Text und Geschichte. Modellanalysen zur deutschen Literatur. München 1983.
Luserke, Matthias: Gewalt statt Katharsis – ein Paradigmenwechsel? Die Agonie des Bürgerlichen Trauerspiels in Hebbels *Maria Magdalena.* In: Günter Häntzschel (Hrsg.): „Alles Leben ist Raub". Aspekte der Gewalt bei Friedrich Hebbel. München 1992, 139–149.
Nölle, Volker: Hebbels dramatische Phantasie. Versuch einer kategorialen Analyse. Bern 1990 (abstraktionslastige Studie, die die 'metaphysischen Kategorien' des dichterischen Prozesses mit konkreten Fakten der Geschichte zu verbinden sucht).
Pörnbacher, Karl (Hrsg.): Hebbel. *Maria Magdalena.* Erläuterungen und Dokumente. Stuttgart 1970 (Reclam; enthält Textvarianten sowie Dokumente zur Entstehungs- und Wirkungsgeschichte).
Reinhardt, Hartmut: Apologie der Tragödie. Studien zur Dramatik Friedrich Hebbels. Tübingen 1989 (Zu *Maria Magdalena*: 168–282) (überzeugende Darstellung, die den Protagonisten als Reinkarnation des tragischen Heldenmusters beschreibt).

Ödön von Horváth

Horváth, Ödön von: Glaube Liebe Hoffung. Ein kleiner Totentanz in fünf Bildern. In: ders.: Gesammelte Werke. Bd. 1: Volksstücke. Schauspiele. Hrsg. v. Dieter Hildebrandt/Walter Huder/Traugott Krischke. Frankfurt a. M. 1970, 325–380. = Gl
Horváth, Ödön von: Gebrauchsanweisung. In: ders.: Gesammelte Werke. Bd. 4: Fragmente und Varianten, Exposés, Theoretisches, Briefe, Verse. Hrsg. v. Dieter Hildebrandt/Traugott Krischke. Frankfurt a. M. 1970, 659–665.
Bartsch, Kurt: Ödön von Horváth. Stuttgart/Weimar 2000 (Metzler-Einführung; ausgehend von einem biographischen Abriss werden drei Werkphasen von Horváth vorgestellt, das Frühwerk (bis 1925), das Werk zwischen 1926 und 1933 sowie das Spätwerk von 1933 bis 1938).
Carl, Rolf-Peter: Theatertheorie und Volksstück bei Ödön von Horváth. In: Jürgen Hein (Hrsg.): Theater und Gesellschaft. Das Volksstück im 19. und 20. Jahrhundert. Düsseldorf 1973, 175–185.

Fritz, Axel: Ödön von Horváth als Kritiker seiner Zeit. In: Dieter Hildebrandt/Traugott Krischke (Hrsg.): Über Ödön von Horváth. Frankfurt a. M. 1972, 46–58.
Gamper, Herbert: Todesbilder in Horváths Werk. In: Kurt Bartsch/Uwe Baur/Dietmar Goltschnigg (Hrsg.): Horváth-Diskussion. Kronberg/Ts. 1976, 67–81 (arbeitet die *memento mori*-Aspekte des Stückes überzeugend heraus).
Haag, Ingrid: Ödön von Horváth. Fassaden-Dramaturgie. Beschreibung einer theatralischen Form. Frankfurt a. M. 1995 (innovative Analyse der Bühnentechnik und Raumgestaltung in Horváths Dramen).
Haag, Ingrid: Der weiße Mantel der Unschuld. Dramatische Textur eines Horváthschen Motivs. In: Klaus Kastberger (Hrsg.): Ödön von Horváth. Unendliche Dummheit – dumme Unendlichkeit. Wien 2001 (4. Jg., Bd. 8 der Reihe *Profile*), 63–73 (geht dem Motiv der 'schönen Leiche' bei Horváth nach).
Kurzenberger, Hajo: Horváths Volksstücke. Beschreibung eines poetischen Verfahrens. München 1974.
Lethen, Helmut: Horváths Biotope und die „Weltoffenheit" in der Anthropologie der Zwischenkriegszeit. In: Klaus Kastberger (Hrsg.): Ödön von Horváth. Unendliche Dummheit – dumme Unendlichkeit. Wien 2001 (4. Jg., Bd. 8 der Reihe *Profile*), 5–18 (überzeugende Revision einer Vielzahl früherer Forschungsergebnisse).
Nolting, Winfried: Der totale Jargon. Die dramatischen Beispiele Ödön von Horváths. München 1976 (an Heidegger und Adorno orientierte, recht abstrakt angelegte Sprachanalyse der Horváthschen Stücke).
Schnitzler, Christian: Der politische Horváth. Untersuchungen zu Leben und Werk. Frankfurt a. M. u. a. 1990 (biographisch ausgerichtete Darstellung).
Schutte, Birgit: Ödön von Horváth. Verschwiegen – gefeiert – glattgelobt. Analyse eines ungewöhnlichen Rezeptionsverlaufs. Bonn 1980.

Franz Xaver Kroetz
Kroetz, Franz Xaver: Maria Magdalena. In: ders.: Stücke 2. Frankfurt a. M. 1989, 197–256. = Ma
Blevins, Richard W.: Franz Xaver Kroetz. The Emergence of a Political Playwright. New York 1983 (zu *Maria Magdalena*: 85–89).
Carl, Rolf-Peter: Franz Xaver Kroetz. München 1978 (Zu *Maria Magdalena*: 85–93) (überzeugende Analyse der dramaturgischen Probleme von Kroetzens *Maria Magdalena*- Adaption).
Jährig, Susanne: „Meinen bayrischen Menschen ein Stückchen gerecht werden". Interview mit Franz Xaver Kroetz. Bayrische Rundschau 31. Oktober 1974.
Panzner, Evalouise: Franz Xaver Kroetz und seine Rezeption. Die Intentionen eines Stückeschreibers und seine Aufnahme durch die Kritik. Stuttgart 1976.
Riewoldt, Otto: Franz Xaver Kroetz. Frankfurt a. M. 1985 (Materialien sowie Pressestimmen zur Uraufführung von *Maria Magdalena*).
Walther, Ingeborg C.: The Theater of Franz Xaver Kroetz. New York 1990 (zu *Maria Magdalena*: 91–96).

Jakob Michael Reinhold Lenz
Lenz, Jakob Michael Reinhold: Der Hofmeister oder Vortheile der Privaterziehung. Eine Komödie. In: ders.: Werke in 12 Bänden. Faksimiles der Erstausgaben seiner zu Lebzeiten selbstständig erschienenen Texte. Bd. 3. Hrsg. v. Christoph Weiß. St. Ingbert 2001. = Ho
Lenz, Jakob Michael Reinhold: Die Soldaten. Eine Komödie. In: ders.: Werke in 12 Bänden. Faksimiles der Erstausgaben seiner zu Lebzeiten selbstständig erschienenen Texte. Bd. 9. Hrsg. v. Christoph Weiß. St. Ingbert 2001. = S
Lenz, Jakob Michael Reinhold: Anmerkungen übers Theater. In: ders.: Werke in 12 Bänden. Faksimiles der Erstausgaben seiner zu Lebzeiten selbstständig erschienenen Texte. Bd. 5. Hrsg. v. Christoph Weiß. St. Ingbert 2001.
Lenz, Jakob Michael Reinhold: Tagebuch. In: ders.: Gesammelte Schriften. Hrsg. v. Franz Blei. Bd. 5: Schriften in Prosa. München/Leipzig 1913, 3–47.
Lenz, Jakob Michael Reinhold: Zerbin oder die neuere Philosophie. Eine Erzählung. In: ders.: Gesammelte Schriften. Hrsg. v. Franz Blei. Bd. 5: Schriften in Prosa. München/Leipzig 1913, 77–106.
Lenz, Jakob Michael Reinhold: Über die Soldatenehen. In: ders.: Werke und Briefe in drei Bänden. Bd. 2. Hrsg. v. Sigrid Damm. Leipzig 1987, 787–827.
Lenz, Jakob Michael Reinhold: Rezension des Neuen Menoza. In: ders.: Werke. Hrsg. v. Friedrich Voit, Stuttgart 1992, 415–420.
Becker-Cantarino, Barbara: Jakob Michael Reinhold Lenz. *Der Hofmeister*. In: Dramen des Sturm und Drang. Interpretationen. Stuttgart 1987, 33–56 (feministische Lesart, die vor allem auf die Leerstelle weiblicher Erziehung und Ausbildung in Lenz' Stück wie im 18. Jahrhundert hinweist).
Bosse, Heinrich: Berufsprobleme der Akademiker im Werk von J. M. R. Lenz. In: Inge Stephan/Hans-Gerd Winter (Hrsg.): „Unaufhörlich Lenz gele-

sen ...". Studien zu Leben und Werk von J. M. R. Lenz. Stuttgart/Weimar 1994, 38–51 (geht den Wirklichkeitsspuren in den Dramen von Lenz nach, u.a. durch präzise [Archiv-]Recherchen).
Bosse, Heinrich: Lenz' livländische Dramen. In: Anselm Maler (Hrsg.): Literatur und Regionalität. Frankfurt u.a. 1997, 75–100.
Durzak, Manfred: Lenz' *Der Hofmeister* oder Die Selbstkasteiung des bürgerlichen Intellektuellen. Lenz' Stück im Kontext des bürgerlichen Trauerspiels. In: David Hill (Hrsg.): Jakob Michael Reinhold Lenz. Studien zum Gesamtwerk. Opladen 1994, 110–119.
Goethe, Johann Wolfgang von: Aus meinem Leben. Dichtung und Wahrheit. In: Goethes Werke. Hamburger Ausgabe in 14 Bänden. Bd. 10. Hrsg. v. Erich Trunz. München 1982.
Guthke, Karl S.: Lenzens *Hofmeister* und *Soldaten*. Ein neuer Formtypus in der Geschichte des deutschen Dramas. In: Wirkendes Wort 9 (1959), 277–279.
Martini, Fritz: Die Einheit der Konzeption in J. M. R. Lenz' *Anmerkungen übers Theater.* In: Jahrbuch der Deutschen Schillergesellschaft 14 (1970), 158–182 (geht dem Verhältnis von Tragödie und Komödie in Lenz' Poetik nach).
McInnes, Edward: „Kein lachendes Gemälde". Beaumarchais, Lenz und die Komödie des gesellschaftlichen Dissens. In: Karin W. Wurst (Hrsg.): J. R. M. Lenz als Alternative? Positionsanalysen zum 200. Todestag. Köln/Weimar/Wien 1992, 123–137.
Hallensleben, Silvia: „Dies Geschöpf taugt nur zur Hure ...". Anmerkungen zum Frauenbild in Lenz' *Soldaten*. In: Inge Stephan/Hans-Gerd Winter (Hrsg.): „Unaufhörlich Lenz gelesen ...". Studien zu Leben und Werk von J. M. R. Lenz. Stuttgart/Weimar 1994, 225–242 (streicht die Abweichungen vom Schema des bürgerlichen Trauerspiels heraus).
Kagel, Martin: Strafgericht und Kriegstheater. Studien zur Ästhetik von Jakob Michael Reinhold Lenz. St. Ingbert 1997 (überzeugende Neuinterpretationen, die den Interferenzen zwischen militärischem Feld und Literatur nachgehen).
Lappe, Claus O.: „Wer hat Gustchens Kind gezeugt?" Zeitstruktur und Rollenspiel in Lenz' *Hofmeister.* In: Deutsche Vierteljahrsschrift für Literaturwissenschaft und Geistesgeschichte 54 (1980), 14–46 (diskutiert die Frage, die die [männliche] Forschung seit längerem umtreibt, die Frage nach der Vaterschaft Läuffers).
Krämer, Herbert (Hrsg.): Lenz. *Die Soldaten.* Erläuterungen und Dokumente. Stuttgart 1974.
Lützeler, Paul Michael: Jakob Michael Reinhold Lenz. *Die Soldaten.* In: Dramen des Sturm und Drang. Interpretationen. Stuttgart 1987, 129–159 (berücksichtigt in einer subtilen Lesart insbesondere die Sprachstrukturen und die Namensgebung).
Luserke, Matthias: J. M. R. Lenz. *Der Hofmeister. Der neue Menoza. Die Soldaten.* München 1993 (UTB; im Zentrum steht die repressive Sexualpolitik der Zeit, die in den Dramen als solche kenntlich gemacht wird).
Luserke, Matthias (Hrsg): J. M. R. Lenz im Spiegel der Forschung. Hildesheim/Zürich/New York 1995 (Wiederabdruck zentraler Aufsätze zu Lenz vom 18. Jahrhundert bis zur Gegenwart).
Madland, Helga Stipa: Image and Text. J. M. R. Lenz. Amsterdam, Atlanta 1994.
Müller, Maria E.: Die Wunschwelt des Tantalus. Kritische Bemerkungen zu sozialutopischen Entwürfen im Werk von J. M. R. Lenz. In: Literatur für Leser 3 (1984), 148–161 (analysiert den Essay *Über die Soldatenehen* vor dem Hintergrund der Dialektik der Aufklärung).
Preuß, Werner Hermann: Selbstkastration oder Zeugung neuer Kreatur. Zum Problem der moralischen Freiheit in Leben und Werk von J. M. R. Lenz. Bonn 1983 (sozialkritische Arbeit im Anschluss an die von Brecht und Rozanov beschriebene 'Klassenkritik' der Lenzschen Dramen).
Hinderer, Walter: Jakob Michael Reinhold Lenz. *Der Hofmeister.* In: Walter Hinck (Hrsg.): Die deutsche Komödie. Vom Mittelalter bis zur Gegenwart. Düsseldorf 1977, 66–88.
Höllerer, Walter: Jakob Michael Reinhold Lenz. *Die Soldaten.* In: Benno von Wiese (Hrsg.): Das deutsche Drama. Vom Barock bis zur Gegenwart. Interpretationen. Düsseldorf 1958, 127–146 (überzeugender Aufsatz, der den vielfältigen Sprachspielen in den *Soldaten* nachgeht).
Rozanov, Matvej N.: Jakob M. R. Lenz. Der Dichter der Sturm und Drangperiode. Sein Leben und seine Werke. Übers. v. C. v. Gütschow. Leipzig 1909.
Sauder, Gerhard: Empfindsamkeit – sublimierte Sexualität. In: Klaus P. Hansen (Hrsg.): Empfindsamkeiten. Passau 1990, 167–177.
Schmalhaus, Stefan: Literarische Anspielungen als Darstellungsprinzip. Studien zur Schreibmethodik von Jakob Michael Reinhold Lenz. Münster/Hamburg 1994 (zu *Die Soldaten*: 68–73).
Schöne, Albrecht: Säkularisation als sprachbildende Kraft. Studien zur Dichtung deutscher Pfarrerssöhne. Göttingen 2. Auflage 1968 (einschlägige Studie, die dem biblischen Motiv des verlorenen Sohnes bei Lenz nachgeht).
Schulz, Georg-Michael: Jacob Michael Reinhold Lenz. Stuttgart 2001.

Schulz, Georg-Michael: „Läuffer läuft fort". Lenz und die Bühnenanweisung im Drama des 18. Jahrhunderts. In: David Hill (Hrsg.): Jakob Michael Reinhold Lenz. Studien zum Gesamtwerk. Opladen 1994, 190–201 (konturiert das mimische Darstellungsprinzip von Lenz).

Stephan, Inge/Winter, Hans-Gerd (Hrsg.): „Unaufhörlich Lenz gelesen ...". Studien zu Leben und Werk von J. M. R. Lenz. Stuttgart/Weimar 1994 (einschlägiger Sammelband mit überzeugenden Lektüren).

Voit, Friedrich (Hrsg): Lenz. *Der Hofmeister oder Vorteile der Privaterziehung*. Erläuterungen und Dokumente. Stuttgart 1986 (dargestellt wird der sozialgesellschaftliche Hintergrund; Dokumente zur Entstehungs- und Wirkungsgeschichte; berücksichtigt wird Brechts *Hofmeister*-Bearbeitung).

Weigel, Sigrid: Die geopferte Heldin und das Opfer als Heldin. Zum Entwurf weiblicher Helden in der Literatur von Frauen und Männern. In: Inge Stephan/Sigrid Weigel (Hrsg.): Die verborgene Frau. Sechs Beiträge zu einer feministischen Literaturwissenschaft. Berlin 1988, 138–152 (betont, dass das Weiblichkeitskonzept des bürgerlichen Trauerspiels in Lenzens Drama *Die Soldaten* modifiziert wird).

Werner, Franz: Soziale Unfreiheit und 'bürgerliche Intelligenz' im 18. Jh. Der organisierende Gesichtspunkt in J. M. R. Lenzens Drama *Der Hofmeister oder Vorteile der Privaterziehung*. Frankfurt a. M. 1981 (sozialgeschichtliche Darstellung der diversen Stände, die in Lenz' Drama vorgestellt werden, incl. Münzumrechnungen und Preisvergleiche).

Wilson, W. Daniel: Zwischen Kritik und Affirmation. Militärphantasien und Geschlechterdisziplinierung bei J. M. R. Lenz. In: Inge Stephan/Hans-Gerd Winter (Hrsg.): „Unaufhörlich Lenz gelesen ...". Studien zu Leben und Werk von J. M. R. Lenz. Stuttgart/Weimar 1994, 52–85 (*gender*-orientierte Lesart von *Über die Soldatenehen;* profiliert die Disziplinierung der Geschlechterrollen aus dem Geist des Militärs in Lenzens Essay).

Zelle, Carsten: Ist es eine Komödie? Ist es eine Tragödie? Drei Bemerkungen dazu, was bei Lenz gespielt wird. In: Karin W. Wurst (Hrsg.): J. R. M. Lenz als Alternative? Positionsanalysen zum 200. Todestag. Köln/Weimar/Wien 1992, 138–157.

Zimmermann, Rolf Christian: Marginalien zur Hofmeister-Thematik und zur 'Teutschen Misere' bei Lenz und Brecht. In: Hans Dietrich Irmscher/Werner Keller (Hrsg.): Drama und Theater im 20. Jahrhundert. Festschrift für Walter Hinck. Göttingen 1983, 213–227.

Gotthold Ephraim Lessing

Lessing, Gotthold Ephraim: Miß Sara Sampson. Ein Trauerspiel in fünf Aufzügen. In: ders.: Werke. Hrsg. v. Herbert G. Göpfert. München 1971, 9–100. = Ms

Lessing, Gotthold Ephraim: Emilia Galotti. In: ders.: Werke und Briefe in 12 Bänden. Bd.: Werke 1770–1773. Hrsg. v. Klaus Bohnen. Frankfurt a. M. 2000, 291–371. = Eg

Lessing, Gotthold Ephraim: Das Theater des Herrn Diderot. Aus dem Französischen. In: ders.: Werke und Briefe in 12 Bänden. Bd.: Werke 1760–1766. Hrsg. v. Wilfried Barner. Frankfurt a. M. 1990, 11–230.

Lessing, Gotthold Ephraim: Hamburgische Dramaturgie. In: ders.: Werke und Briefe in 12 Bänden. Bd.: Werke 1767–1769. Hrsg. v. Klaus Bohnen. Frankfurt a. M. 1985, 181–694.

Lessing, Gotthold Ephraim: Briefwechsel über das Trauerspiel. Gotthold Ephraim Lessing, Moses Mendelssohn, Friedrich Nicolai. Hrsg. und kommentiert von Jochen Schulte-Sasse. München 1972.

Barner, Wilfried/Grimm, Gunter E./Kiesel, Helmuth/Kramer, Martin: Lessing. Epoche – Werk – Wirkung. München 5. neubearbeitete Auflage 1987 (ausführliche Rekonstruktion der gesellschaftspolitischen Verhältnisse im 18. Jahrhundert; Lessings Religionskritik wird ebenso zum Thema wie die Stationen der Wirkungsgeschichte).

Bauer, Gerhard: G. E. Lessing. *Emilia Galotti*. München 1987.

Brenner, J. Peter: Gotthold Ephraim Lessing. Stuttgart 2000 (Reclam; den literaturkritischen wie religionspolemischen Schriften Lessings wird ein besonderer Stellenwert beigemessen).

Eibl, Karl: Identitätskrise und Diskurs. Zur thematischen Kontinuität von Lessings Dramatik. In: Jahrbuch der Deutschen Schillergesellschaft 21 (1977), 138–191.

Fick, Monika: Lessing-Handbuch. Leben – Werk – Wirkung. Stuttgart/Weimar 2000 (berücksichtigt werden gesellschaftspolitische Kontexte wie philosophische Strömungen der Aufklärung; die Einzelinterpretationen werden in diesem Umfeld verortet).

Göbel, Klaus: Lessing. *Emilia Galotti*. München 3. Auflage 1996 (Oldenbourg-Interpretationen).

Grimm, Gunter: Rezeptionsgeschichte. Grundlegungen einer Theorie. Mit Analysen und Bibliographie. München 1977 (zu *Miß Sara Sampson* und *Emilia Galotti*: 162–183).

Henning, Hans: Lessings *Emilia Galotti* in der zeitgenössischen Rezeption. Leipzig 1981 (Darstel-

lung der Rezeptionsgeschichte; liest das Drama als offenes und leitet daraus seine [politische] Appellfunktion ab).
Janz, Rolf-Peter: „Sie ist die Schande ihres Geschlechts". Die Figur der femme fatale bei Lessing. In: Jahrbuch der Deutschen Schillergesellschaft 23 (1979), 207–221 (setzt sich auf innovative Weise mit der Figur Orsina auseinander).
Klemme, Hans-Peter: Nach dem Vorhang. *Emilia Galotti* und Lessings Dramaturgie der kritischen Reflexion. Hannover 2000 (betritt nicht wesentlich neue Interpretationswege; profiliert die gesellschaftspolitische Brisanz des tragischen Ausgangs).
Kublitz, Maria: Maskierungen des weiblichen Sprechens. Eine feministische Lesart der *Emilia Galotti*. In: Diskussion Deutsch 20 (1989), 4–18 (aufgezeigt wird, dass Weiblichkeit in diesem Stück vornehmlich als Projektionsfläche fungiert).
Kuttenkeuler, Wolfgang: *Miß Sara Sampson* (1755). „... nichts als 'Fermenta cognitionis". In: Lessings Dramen. Interpretationen. Stuttgart 1987, 7–44 (bezeichnet die Tugendkritik Lessings als eine Spielart seiner Kritik an Vorurteilen).
Müller, Jan-Dirk (Hrsg.): Lessing. *Emilia Galotti*. Erläuterungen und Dokumente. Stuttgart 1971 (Reclam; widmet sich vor allem dem Stoff der Virginia-Legende und seiner Tradition; Dokumente zur Entstehungs- und Wirkungsgeschichte).
Müller, Klaus-Detlef: Das Virginia-Motiv in Lessings *Emilia Galotti*. Anmerkungen zum Strukturwandel der Öffentlichkeit. In: Orbis Litterarum 42 (1987), 305–316 (unterstreicht Lessings Entpolitisierung der Virginia-Erzählung).
Neumann, Peter Horst: Der Preis der Mündigkeit. Über Lessings Dramen. Stuttgart 1977.
Nolting, Winfried: Die Dialektik der Empfindung. Lessings Trauerspiele *Miß Sara Sampson* und *Emilia Galotti*. Stuttgart 1986 (berücksichtigt den sprachlichen Aspekt des Dramas und der Empfindsamkeitsdoktrin).
Prutti, Brigitte: Bild und Körper. Weibliche Präsenz und Geschlechterbeziehungen in Lessings Dramen *Emilia Galotti* und *Minna von Barnhelm*. Würzburg 1996 (interessanter Neuansatz, der Weiblichkeitsimagines und Gattungsnormen verknüpft).
Pütz, Peter: Die Leistung der Form. Lessings Dramen. Frankfurt a.M. 1986 (profiliert die Bedeutung der literarischen Form gegenüber den aufklärerischen Inhalten von Lessings Dramen).
Reichel, Veronica (Hrsg.): Lessing. *Miß Sara Sampson*. Erläuterungen und Dokumente. Stuttgart 1985.
Schulte-Sasse, Jochen: Das Opfer der Tugend. Zu Lessings *Emilia Galotti* und einer Literaturgeschichte der 'Vorstellungskomplexe' im 18. Jahrhundert. Bonn 1983.
Steinmetz, Horst: Emilia Galotti (1772). In: Lessings Dramen. Interpretationen. Stuttgart 1987, 87–137 (profiliert die Zufallsdramatik des Stückes).
Ter-Nedden, Gisbert: Lessings Trauerspiele. Der Ursprung des modernen Dramas aus dem Geist der Kritik. Stuttgart 1986 (überzeugende Analyse, die den Bezügen zu mythologischen Erzählungen wie zur Tradition nachgeht und Lessings modernisierende Eingriffe beschreibt).

Heiner Müller
Müller, Heiner: Die Bauern. In: ders.: Die Umsiedlerin oder Das Leben auf dem Lande. Berlin 1975, 19–111. = Ba
François, Jean-Claude: Heiner Müllers *Die Umsiedlerin oder Das Leben auf dem Lande*. Zum Kontext einer kulturpolitischen Affaire in der DDR. In: Theo Buck/Jean-Marie Valentin (Hrsg.): Heiner Müller. Rückblicke, Perspektiven. Frankfurt a.M. 1995, 77–100 (stellt einen Vergleich der diversen Bauern-Stücke in der DDR an).
Greiner, Bernhard: Von der Allegorie zur Idylle. Die Literatur der Arbeitswelt in der DDR. Heidelberg 1974 (zu *Die Bauern*: 85–95).
Hacks, Peter: Über den Vers in Müllers Umsiedlerin-Fragment. In: ders.: Die Maßgaben der Kunst. Gesammelte Aufsätze. Düsseldorf 1977, 78–83 (bezeichnet den Jambus in Müllers Stück als dialektischen, der die sozialistische Aufbauarbeit reflektiert).
Keller, Andreas: Drama und Dramaturgie Heiner Müllers zwischen 1956 und 1988. Frankfurt a.M. 1992.
Schulz, Genia: Heiner Müller. Stuttgart 1980 (Zu *Die Bauern*: 35–48) (überzeugende Metzler-Einführung).
Vaßen, Florian: Der Tod des Körpers in der Geschichte. Tod, Sexualität und Arbeit bei Heiner Müller. In: Heinz Ludwig Arnold (Hrsg.): Heiner Müller. Sonderband aus der Reihe Text und Kritik. München 1982, 45–57 (zeigt u.a. die Ambivalenz des Müllerschen Frauenbildes auf).
Wieghaus, Georg: Zwischen Auftrag und Verrat. Werk und Ästhetik Heiner Müllers. Frankfurt a.M. 1984.

Friedrich Schiller
Schiller, Friedrich: Kabale und Liebe. Ein bürgerliches Trauerspiel (Erstausgabe 1784). In: ders.: Werke und Briefe in zwölf Bänden (BDK). Bd. 2: Dramen 1. Hrsg. v. Gerhard Kluge. Frankfurt a.M. 1988, 561–677. = Kl

Alt, Peter-André: Schiller: Leben – Werk – Zeit. München 2000.

Darsow, Götz Lothar: Friedrich Schiller. Stuttgart/Weimar 2000 (Zu *Kabale und Liebe*: 45–53) (Metzler; liest die Werke Schillers vor dem Hintergrund der anthropologischen wie medizinischen (Körper-)Diskurse der Zeit; zugleich Habil.).

Duncan, Bruce: „An Worte läßt sich trefflich glauben". Die Sprache der Luise Millerin. In: Wolfgang Wittkowski (Hrsg.): Friedrich Schiller. Kunst, Humanität und Politik in der späten Aufklärung. Ein Symposium. Tübingen 1982, 26–31.

Graham, Ilse: Schiller's Drama. Talent and Integrity. London 1974 (Zu *Kabale und Liebe*: 110–120) (unterstreicht den ökonomischen Aspekt des Dramas).

Guthke, Karl S.: Schillers Dramen. Idealismus und Skepsis. Tübingen/Basel 1994 (zu *Kabale und Liebe*: 95–132) (konturiert die Kritik an idealistischen Positionen, die Schillers Werken eingeschrieben ist).

Herrmann, Hans Peter: Musikmeister Miller, die Emanzipation der Töchter und der dritte Ort der Liebenden. Schillers bürgerliches Trauerspiel im 18. Jahrhundert. In: Jahrbuch der Deutschen Schillergesellschaft 28 (1984), 223–247.

Herrmann, Hans Peter/Herrmann, Martina: Friedrich Schiller. *Kabale und Liebe*. Grundlagen und Gedanken zum Verständnis des Dramas. Frankfurt a.M. 1985 (rekonstruiert die sozioökonomische Stellung der Figuren).

Koopmann, Helmut: Friedrich Schiller. Bd. 1: 1759–1794. Stuttgart 2. Auflage 1977.

Müller-Seidel, Walter: Das stumme Drama der Luise Millerin (1955). In: Klaus L. Berghahn/Reinhold Grimm (Hrsg.): Schiller. Zur Theorie und Praxis der Dramen. Darmstadt 1972, 131–147 (profiliert die Sprachohnmacht Luises).

Schafarschik, Walter (Hrsg.): Friedrich Schiller: *Kabale und Liebe*. Erläuterungen und Dokumente. Stuttgart ergänzte Auflage 2001 (präsentiert u.a. das Fragment der ersten Niederschrift sowie Varianten).

Scheuer, Helmut: „Theater der Verstellung" – Lessings *Emilia Galotti* und Schillers *Kabale und Liebe*. In: Der Deutschunterricht 43 (1991), 58–74.

Erwin Strittmatter

Strittmatter, Erwin: Katzgraben. Szenen aus dem Bauernleben. Berlin 1954.

Emmerich, Wolfgang: Kleine Literaturgeschichte der DDR. Darmstadt/Neuwied 1981.

Rindfleisch, Ruth: Erwin Strittmatter. In: Hans Jürgen Geerdts (Hrsg.): Literatur der DDR in Einzeldarstellungen. Stuttgart 1972, 244–270.

Ernst Toller

Toller, Ernst: Der deutsche Hinkemann. Eine Tragödie in drei Akten. In: ders.: Gesammelte Werke. Bd. 2: Dramen und Gedichte aus dem Gefängnis (1918–1924). Hrsg. v. John M. Spalek/Wolfgang Frühwald. München/Wien 1978, 191–247. = Hi

Bütow, Thomas: Der Konflikt zwischen Revolution und Pazifismus im Werk Ernst Tollers. Mit einem dokumentarischen Anhang: Essayistische Werke Tollers. Briefe von und über Toller. Hamburg 1973.

Dove, Richard: Ernst Toller. Ein Leben in Deutschland. Übers. v. Marcel Hartges. Göttingen 1993 (differenzierte biographische Darstellung).

Haar, Carel ter: Ernst Toller. Appell oder Resignation? München 1977.

Haar, Carel ter: Biographischer Überblick. In: Jost Hermand (Hrsg.): Zu Ernst Toller. Drama und Engagement. Stuttgart 1981, 10–24.

Frühwald, Wolfgang/Spalek, John M.: Der Fall Toller. Kommentar und Materialien. München/Wien 1979 (deutet *Hinkemann* als Allegorie der Nachkriegsgesellschaft).

Frühwald, Wolfgang: *Hinkemann*. In: Jost Hermand (Hrsg.): Zu Ernst Toller. Drama und Engagement. Stuttgart 1981, 148–160.

Grunow-Erdmann, Cordula: Die Dramen Ernst Tollers im Kontext ihrer Zeit. Heidelberg 1994 (differenzierte Motivanalyse).

Reimers, Kirsten: Das Bewältigen des Wirklichen. Untersuchungen zum dramatischen Schaffen Ernst Tollers zwischen den Weltkriegen. Würzburg 2000 (liefert nicht wesentlich neue Einsichten im Vergleich zu früheren Forschungspositionen).

Lixl, Andreas: Ernst Toller und die Weimarer Republik 1918–1933. Heidelberg 1986 (entspricht der Tendenz der Forschung, Tollers Werk biographisch oder politisch zu lesen; betont den Bezug zu Büchners *Woyzeck*).

Heinrich Leopold Wagner

Wagner, Heinrich Leopold: Die Kindermörderin. Ein Trauerspiel. Hrsg. v. Jörg-Ulrich Fechner. Stuttgart 1969 (mit Auszügen aus der Bearbeitung von K.G. Lessing und der Umarbeitung von Wagner). = Km

Hinck, Walter: Metamorphosen eines Wiegenliedes: H. L. Wagner, Heine, G. Hauptmann, Toller, Brecht. In: Karl-Heinz Schirmer/Bernhard Sowinski (Hrsg.): Zeiten und Formen in Sprache und Dichtung. Festschrift für Fritz Tschirch zum

70. Geburtstag. Köln/Wien 1972, 290–306 (unterstreicht die Zufallsdramaturgie in Wagners Stück).

Hinck, Walter: Produktive Rezeption heute: Am Beispiel der sozialen Dramatik von J. M. R. Lenz und H. L. Wagner. In: ders. (Hrsg.): Sturm und Drang. Ein literaturwissenschaftliches Studienbuch. Kronberg/Ts. 1978, 257–267.

Mayer, Dieter: Vater und Tochter. Anmerkungen zu einem Motiv im deutschen Drama der Vorklassik. Lessing: *Emilia Galotti.* Lenz: *Die Soldaten.* Wagner: *Die Kindermörderin.* Schiller: *Kabale und Liebe.* In: Literatur für Leser 1980, Heft 3, 135–147.

Mayer, Dieter: Heinrich Leopold Wagners Trauerspiel *Die Kindermörderin* und die Dramentheorie des Louis Sébastien Mercier. In: Literatur für Leser 1981, Heft 2, 79–92.

Saße, Günter: Die Ordnung der Gefühle. Das Drama der Liebesheirat im 18. Jahrhundert. Darmstadt 1996 (Zu *Die Kindermörderin*: 205–225) (referiert die recht spärliche Forschung und dementiert die scheinbare Zufallsdramaturgie Wagners).

Schwarz, Manfred: Die Kindestötung in ihrem Wandel vom qualifizierten zum privilegierten Delikt (jur. Diss.). Berlin 1935 (rekonstruiert die juristischen Debatten über den Kindsmord).

Sörensen, Bengt Algot: Herrschaft und Zärtlichkeit. Der Patriarchalismus und das Drama im 18. Jahrhundert. München 1984 (Zu *Die Kindermörderin*: 130–142) (fokussiert die Gesellschaftskritik Wagners).

Stockmeyer, Clara: Soziale Probleme im Drama des Sturmes und Dranges. Frankfurt a. M. 1922 (Nachdruck 1974) (versteht das Stück als Kritik an der Vaterfigur).

Dramatik der 1990 Jahre

Bukowski, Oliver: Londn – LÄ – Lübbenau. Ein Hardcoreschwank in Lausitzer Mundart. Berlin 1994.

Bukowski, Oliver: Gäste. In: Theater heute. April 1999, 61–68.

Düffel, John von: Elite I.1. In: Nils Tabert (Hrsg.): Playspotting 2. Neue deutsche Stücke. Reinbek bei Hamburg 2002, 265–300.

Hochhuth, Rolf: Das Recht auf Arbeit. In: ders.: Das Recht auf Arbeit. Nachtmusik. Zwei Dramen. Reinbek bei Hamburg 2000, 7–139.

Jonigk, Thomas: Täter. In: Theater heute. Februar 2000, 58–68.

Loher, Dea: Tätowierung. In: dies.: Olgas Raum, Tätowierung. Leviathan. Drei Stücke. Frankfurt a. M. 1994, 65–144. = Tä

Loher, Dea: Der Dritte Sektor. In: Theater heute. Mai 2001, 55–66.

Mayenburg, Marius von: Feuergesicht. In: ders.: Feuergesicht. Parasiten. Zwei Stücke. Frankfurt a. M. 2000, 7–69.

Ostermaier, Albert: Erreger. In: ders.: Erreger. Es ist Zeit. Abriss. Stücke und Materialien. Frankfurt a. M. 2002, 7–46.

Rinke, Moritz: Republik Vineta. In: Theater heute. November 2000, 54–67 (ebenso abgedruckt in: ders.: Trilogie der Verlorenen. Stücke. Reinbek bei Hamburg 2002, 153–235).

Schimmelpfennig, Roland: Pusch up 1–3. In: Theater heute. November 2001, 58–67.

Widmer, Urs: Top Dogs. In: Theater heute. Februar 1997, 42–50. = To

Geisenhanslüke, Achim: Körper – Familie – Gewalt. Bemerkungen zum zeitgenössischen Theater am Beispiel von Dea Loher und Marius von Mayenburg. In: Mitteilungen des Deutschen Germanistenverbandes: Zeitgenössisches Theater und Unterricht 48 (2001), Heft 3, 394–405 (liest die Stücke der Autoren und Autorinnen in Bezug auf die von Hans-Thies Lehmann entwickelte Kategorie des postdramatischen Theaters).

Kammler, Clemens: Das Theater der Gegenwart in didaktischer Perspektive. In: Mitteilungen des Deutschen Germanistenverbandes: Zeitgenössisches Theater und Unterricht 48 (2001), Heft 3, 372–393 (legt eine Analyse von *Top Dogs* von Urs Widmer vor).

Müller, Harald/Weiler, Christel (Hrsg.): Neue deutschsprachige Dramatik. Stück-Werk 3. Arbeitsbuch. Berlin 2001 (stellt eine Vielzahl von jungen Autoren und Autorinnen vor; bietet eine Übersicht über die Stücke sowie Aufführungsdaten; weiterführende Essays, die erste Interpretationsansätze liefern).

Personenregister

Anzengruber, Ludwig 63, 68–69
Aristoteles 31, 34, 102

Bahr, Hermann 76
Baierl, Helmut 85
Bassewitz, Henning Adam von 45
Bauer, Wolfgang 14, 84
Berg, Alban 64
Brahm, Otto 69
Braun, Volker 85, 88–89
Brecht, Bertolt 7, 8, 14, 29, 38–43, 76, 77, 82–84, 85, 86, 89, 121, 132–133, 134
Brentano, Clemens 58
Büchner, Georg 9, 10, 27, 34, 37, 63, 64–67, 72, 75, 88, 129, 132
Bukowski, Oliver 93
Burri, Emil 82

Canetti, Elias 9
Clarus, Johann Christian August 65

Diderot, Denis 7, 8, 10, 31, 34, 46–47
Dryden, John 31
Düffel, John von 94

Fassbinder, Rainer Maria 10, 84, 89, 90, 91–93
Fleißer, Marieluise 10, 14, 76, 77, 82, 84, 89, 123–138
Foucault, Michel 9, 21, 22
Franzos, Karl Emil 64
Freiligrath, Ferdinand 111
Freud, Sigmund 79, 80

Genève, Pierre Clément de 45
Girard, René 131, 135
Goethe, Johann Wolfgang von 34, 62, 67, 83, 105
Gottsched, Johann Christoph 29
Greenblatt, Stephen 25
Grillparzer, Franz 8
Gryphius, Andreas 47
Gutzkow, Karl 63, 64, 73

Hacks, Peter 8, 88
Halbe, Max 69
Handke, Peter 14
Hauptmann, Elisabeth 82
Hauptmann, Gerhart 9, 10, 38–39, 63, 64, 68, 69–72, 77, 109–123
Hebbel, Friedrich 7, 8, 64, 72–76, 90–91, 125
Hegel, Georg Wilhelm Friedrich 75
Heine, Heinrich 110, 111
Hensel, Friederike Sophie 28
Herder, Johann Gottfried von 8, 50
Hettner, Hermann 7, 63
Hochhuth, Rolf 84, 94
Holz, Arno 68
Horváth, Ödön von 10, 14, 27, 76, 77, 79–82, 84, 89, 90, 127
Houwald, Ernst von 63
Hübner, Karl Wilhelm 111
Hupel, August Wilhelm 55

Ibsen, Henrik 68, 69, 71, 77
Iffland, August Wilhelm 60, 63
Ihering, Herbert 123
Immermann, Karl Leberecht 63

Jelinek, Elfriede 14
Jonigk, Thomas 95

Kerr, Alfred 123
Kipphardt, Heinar 8, 84
Kleist, Heinrich von 73
Kotzebue, August von 62, 63
Kroetz, Franz Xaver 10, 14, 77, 84, 89–91

La Roche, Sophie 108
Lasker-Schüler, Else 125
Lenz, Jakob Michael Reinhold 8, 9, 10, 23, 29, 34–38, 44, 52–57, 63, 67, 71, 96–109
Lessing, Gotthold Ephraim 7, 9, 10, 12, 13, 14, 25, 29–34, 44, 46, 47–52, 60, 73, 75, 77, 101, 103, 125
Lillo, George 7, 31, 33, 34, 44–46, 47
Loher, Dea 94

Mann, Thomas 77
Martini, Christian Leberecht 47
Marx, Karl 83, 84, 115
Mayenburg, Marius von 94–95
Mendelssohn, Moses 29, 103
Mercier, Louis-Sébastien 7, 33, 34
Miller, Arthur 84
Montesquieu, Charles-Louis de Sécondat 105
Moore, Edward 44–45
Moritz, Karl Philipp 62
Müller, Friedrich (genannt Maler Müller) 58
Müller, Heiner 85, 86–88

Nicolai, Friedrich 29, 34, 103
Norris, Frank 82

Opitz, Martin 31
Ostermaier, Albert 94

Parsons, Talcott 18
Pfeil, Johann Gottlob Benjamin 14
Prutz, Robert 110

Raupach, Ernst von 63
Rinke, Moritz 94
Rousseau, Jean-Jacques 105

Schaufert, Hippolyt 111
Schiller, Friedrich von 7, 52, 60–62, 65, 73, 82, 83, 84, 58, 118
Schimmelpfennig, Roland 94
Schirmer, Adolph 111
Schlaf, Johannes 68
Schlegel, Johann Elias 47
Schmid, Christian Heinrich 14
Schmidlin, Karl 110
Schneer, Alexander 110
Schönherr, Karl 68, 69
Schopenhauer, Arthur 8
Schröder, Friedrich Ludwig 55
Schubart, Christian Friedrich Daniel 58
Seghers, Anna 86
Semmig, Hermann 111
Shakespeare, William 35, 67, 88
Sinclair, Upton 82
Sperr, Martin 14, 77, 84, 89
Sternheim, Carl 14
Strindberg, August 8, 77, 81
Strittmatter, Erwin 85–86
Sudermann, Hermann 68
Szondi, Peter 8, 10, 12, 31, 34, 38, 41, 43, 45, 136

Toller, Ernst 77–79, 117
Tolstoi, Lev N. 70
Tschechow, Anton P. 8
Turrini, Peter 14, 77, 84, 89

Valentin, Karl 42

Wagner, Heinrich Leopold 8, 44, 52, 57–60, 125
Weber, Max 45
Wedekind, Frank 101, 125
Weerth, Georg 110
Weise, Christian 47
Weiss, Peter 84
Weiße, Christian Hermann 30
Widmer, Urs 93–94
Wiese, Sigismund 64
Wilder, Thornton 84
Williams, Tennessee 84
Willkomm, Ernst 110
Wolff, Wilhelm 119

Zimmermann, Bernd-Alois 100
Zola, Emile 68, 110, 114

Sachregister

Adel, Landadel, Aristokratie 55, 63, 97
Adoleszenz 101, 125
Ästhetische Revisionen 10, 13, 68
Alkoholismus 23, 68, 70
Analytisches Drama 38, 70
Aufklärung 54, 57, 107–108
Aufstieg 63, 68, 69, 109
Ausgrenzung 91, 123–124, 131–132
Autorität und Zärtlichkeit 46, 48, 55, 60

Bauernstück 69, 89
Bildungsjargon 37, 68, 80, 127, 137
Bote 38–39, 70, 112

Determination 10, 34, 39, 43, 53, 68, 71, 77, 109
'Die schöne Leiche' 26–27, 66–67, 81
Diskursanalyse 22

Ehre 74, 91
Empfindsamkeit 12, 46, 47, 48, 50, 53, 58, 60, 100, 108–109
Entindividualisierung 29, 37–38, 39, 76, 82
Epik 10, 36, 37, 39, 116
Episches Theater 38, 39–43, 83, 136

Fallhöhe 8, 50, 130
Familie 8–9, 13, 27, 44, 46, 51, 68, 69, 77, 105, 125–127
Faschismus 76–77, 79, 80
Frauenbilder 25, 99, 117–118

Gattungstheorien 29–43
Gender Studies 13, 24–28, 67
Geschlechterverhältnisse 25, 80, 87–88, 92–93, 104, 106–107, 132–134
Geschlechtscharaktere 24, 107
Geste 41, 81, 83
Guckkastenbühne 10, 40

Identifikation 38, 40–41, 86
Illusion 9, 40, 42, 69, 111, 118, 136
Individualisierung 29, 32, 34
Informationsvergabe 14, 32–33, 104
Institution Theater 17

Jambus 83, 86, 88

Kanon 10, 13, 27–28
Kausalität 32
Kindsmord 22, 23, 57–58, 71–72, 90, 108
Klassizistische Regelpoetik, Ständeregel 10, 30–32, 33, 34, 44, 103
Kleinbürgertum 7, 9, 58, 72, 73, 89
Komödie 35–36, 43, 48, 53, 56–57, 78, 86, 91, 100–101, 103–104, 122, 137–138
Kulturwissenschaft 20–24

Lesen 24, 55, 61

Männerbünde 80, 81, 91
Männlichkeitskonstruktionen 27
Masse 110–112, 120–121, 122–123, 131
Milieu 20, 23, 38, 67–68, 71, 72, 80
Mitleid 14, 29–30, 38, 66, 75–76, 89–90, 112
Mutter 25, 26, 27, 28, 48, 51, 58, 72, 73, 75, 118
Mythisierung 69, 71, 72, 82, 113

New Historicism 22–23

Ökonomie 9, 14–15, 17–18, 62, 65, 74, 81, 82–84, 85–89, 92, 93–94, 134
Offenes Drama 10, 34, 36–37

Pathos, Pathosformeln 7, 72, 86, 120
Performanz 21, 27, 103
Poetische Gerechtigkeit 14, 51
Privatheit 30, 33
Projektionsstrukturen 8, 25, 51, 60–61

Raum/Zeit 33, 36–37, 52, 69, 100, 118, 121
Realismus 52, 57, 80, 92, 96
Rezeptionsästhetik 19–20

Schicksalsdrama 49, 62, 63, 71, 73
Schwundformen 12, 62
Sozialgeschichte 12, 16–20, 24, 113
Sprache 33, 37, 67, 69–70, 75, 79, 90, 96–97, 98, 99, 116–117, 119, 125, 127
Sprechende Namen 53, 77, 79, 88, 94, 97–98
Ständekonflikt 44, 52

Tableau 13, 47, 57
Theaterreflexion 101–104, 121–122
Theoriekritik 70, 107
Traditionsbezug 48, 49, 53, 67, 72, 73, 83, 130–131
Trieb 54–55, 79, 101–102, 104, 109
Trivialdramatik 11, 13, 14
Tugend 50–51, 58, 65

Vater-Sohn-Beziehung 27, 46, 52, 54, 57
Vater-Tochter-Beziehung 28, 46, 50, 52, 56, 60, 61–62, 74, 98–99

V-Effekte 41–42, 43
Vererbung 23, 38, 71
Verführte Unschuld 28, 47, 61, 99
Verhör 59–60, 128–129
Volksstück 10, 14, 68, 79, 80, 86

Zufallsdramaturgie 51–52, 56, 59